U0598232

中国传统文化常识

齐士怀 编

群众出版社

·北京·

图书在版编目（CIP）数据

中国传统文化常识／齐士怀编 . —北京：群众出版社，2017.4
ISBN 978-7-5014-5664-2

Ⅰ.①中… Ⅱ.①齐… Ⅲ.①中华文化—通俗读物 Ⅳ.①K203-49

中国版本图书馆 CIP 数据核字（2017）第 055178 号

中国传统文化常识

齐士怀 编

出版发行：	群众出版社
地　　址：	北京市丰台区方庄芳星园三区 15 号楼
邮政编码：	100038
经　　销：	新华书店
印　　刷：	北京市泰锐印刷有限责任公司

版　　次：	2017 年 4 月第 1 版
印　　次：	2019 年 8 月第 4 次
印　　张：	14.75
开　　本：	787 毫米×1092 毫米　1/16
字　　数：	270 千字

书　　号：	ISBN 978-7-5014-5664-2
定　　价：	55.00 元

网　　址：	www.qzcbs.com
电子邮箱：	qzcbs@sohu.com

营销中心电话：010-83903254
读者服务部电话（门市）：010-83903257
警官读者俱乐部电话（网购、邮购）：010-83903253
综合分社电话：010-83901870

本社图书出现印装质量问题，由本社负责退换
版权所有　侵权必究

前　言

随着社会的发展，中国在世界上的影响愈来愈大，国学的社会地位凸显。而国人，特别是青年一代，国学知识匮乏的现实，实在是令人担忧。中华民族传统文化是中华民族五千年的根脉，了解、继承、传播民族历史文化是每一个炎黄子孙的责任。

本书涉及知识面广，历史跨越度大，沿着华夏历史发展的轨迹，介绍了中华民族传统文化经典常识。全书分十个部分，分别为国学经典，中国传统节日与习俗，民族文化，中国礼仪，人际关系与人的称谓，五行、天干地支、生肖、历法节气，文学常识，中国国粹之说，传说，古诗文。

本书采用文字、图、表、照片等多种表现形式，深入浅出、通俗易懂，不但可以成为普及传统文化知识的教材，适合中、小学生学习，应对各类升学考试，也可以作为历史知识普及读物，丰富、提高成年人的文化内涵素养。

在写作本书的过程中，笔者参考了大量的书籍和网络资料，在此一并致谢。

齐士怀

2017 年 3 月 29 日

目　　录

第一部分 国学经典

一、国学概念

"国学"之意是指以中国传统文化典籍为载体，是一个国家治国、齐家、修身的所有学术、文化的总和。国学涵盖了自然科学和社会科学的所有门类，在国家的发展中是不可或缺的，还要不断创新发展中华民族传统文化体系。它是有别于西方学术、独具特点且自成体系的文化形态；是中国固有的文化传统、人文理念和认识方法，也包括了医学、戏剧、书画、星相、数术，等等。

国学是中国传统文化的精髓，对中国政治、经济、军事等各方面具有极大的影响，对于传承文明，增强民族凝聚力，以及中华民族的复兴起着重要作用。中华文化经典即是中华文化中最优秀、最精华、最有价值的典范性著作。它们是经过时间淘漉和历史沉淀的文化精品。

国学分为先秦诸子、儒释道三家等，儒家贯穿并主导中国思想史，其他居从属地位。国学的主干是儒学，儒家思想就个体讲，有仁、义、礼、智、信、忠、恕、孝、悌等思想。

仁：仁爱，是孔子思想体系的理论核心。"仁"体现在政治上是强调"德治"。爱人即为"仁"的实质和基本内容，而此种爱人又是推己及人，由亲亲而扩大到泛众。

义：行为适合于"礼"。孔子以"义"作为评判人们的思想、行为的道德原则。义有君子义与小人义，君子义为大我，小人义为小我。大我，为大众、为社会也；小我，撮伙偏党也。

礼：儒家倡导的政治与伦理范畴。"礼"是道德规范和生活准则。

智：同"知"，知是一个道德范畴，是一种人的行为规范知识。

信：指待人处事的诚实不欺，言行一致的态度。"信"作为"仁"的具体体现，是贤者之德，凡在言论和行为上做到真实无妄，便能取得他人的信任；当权者讲信用，百姓也会以真情相待而不欺上。

忠：己欲立而立人，己欲达而达人。忠乃表现于与人交往中的忠诚老实。国人爱国是最根本的忠。

恕：己所不欲，勿施于人，包含宽恕、容人之意。

孝：孝悌是仁的基础，孝包括对父母的赡养和对长辈的尊重。如缺乏孝敬之心地赡养父母，也就视同于饲养，乃大逆不孝。父母可能有过失，儿女应该婉言规劝，力求其改正，而不是绝对服从。这些思想正是中国古代道德文明的体现。

悌：指对兄长的敬爱之情。孔子把悌与孝并称，视之"为仁之本"。

孔子是人不是神。把孔子推上神坛的是后人，并非孔子的过错。在 2500 年前，孔子的思想和成就能达到那样的高度，我们应该充分肯定和尊重，其中今天仍有价值的部分应该很好地珍惜利用。把孔子和儒家学说说得一文不值，是极端和片面的；把孔子作为神来膜拜，把儒学作为《圣经》来推崇，也是非理性的。这两种极端的观点将越来越没有市场。

如何对待传统文化，毛泽东在《新民主主义论》中的一段话有着重要的指导意义，他说："中国的长期封建社会中，创造了灿烂的古代文化。清理古代文化的发展过程，剔除其封建性糟粕，吸收其民主性的精华，是发展民族新文化、提高民族自信心的必要条件，但是决不能无批判地兼收并蓄。"以科学的、批判的态度去继承，其本身就是在促进中华优秀传统文化的发展。

国学有一个基本的分类，将其分为六个部分。这六部分构成了国学的前身。

第一部分：六艺：《诗》《书》《礼》《乐》《易》《春秋》六部经典。小六艺：礼、乐、射、御、数、术，可以具体培养人的人格和各种技能。大六艺：就是六经。任何时候，经总是排在首位的。这就是中国的精神，是国学精神中很重要的东西。

第二部分：诸子百家：儒家、道家、墨家、法家、名家、阴阳家、农家、纵横家、小说家等。历代有《黄帝阴符经》《老子》《庄子》《郁离子》和《素书》等诸子百家的经典。

第三部分：诗和赋，它们是两种不同的文学体裁。

第四部分：兵书。

第五部分：术数。譬如作为占筮（shì）的《周易》。

第六部分：方技。房中术、医术都是方技。

二、中国历史阶段的划分

1. 史前史：从元谋人出现到夏朝建立以前，约 170 万年前至约公元前 2070 年；

2. 上古史：夏朝到秦朝建立以前，公元前 2070 年至公元前 221 年；

3. 中古史：秦朝到宋朝建立以前，公元前 221 年至公元 960 年；

4. 近古史：960 年至 1840 年；

5. 近代史：1840 年至 1919 年五四运动；

6. 现代史：1919 年至 1949 年民国期间；

7. 当代史：1949 年至今。

朝代顺序：

夏朝：约公元前 2029 年至约公元前 1559 年，共计 471 年。

商朝：约公元前 1559 年至约公元前 1046 年，共计 438 年。

周朝：约公元前 1046 年至公元前 256 年，分西周、东周。东周分为春秋、战国，共计 867 年。

秦朝：公元前 221 年至公元前 206 年，公元前 221 年秦王嬴政统一六国，首称皇帝，共计 16 年。

西楚：公元前 206 年至公元前 202 年，西楚霸王项羽，共计 5 年。

西汉：公元前 202 年至公元 8 年，汉高祖刘邦，共计 210 年。

新朝：公元 8 年腊月至公元 23 年十月六日，新太祖建兴帝王莽，共计 16 年。

玄汉：公元 23 年至公元 25 年，更始帝刘玄，共计 3 年。

东汉：公元 25 年至公元 220 年，汉光武帝刘秀，共计 196 年。

三国：公元 220 年至公元 280 年，魏、蜀、吴三国鼎立，共计 61 年。

晋朝：公元 265 年至公元 420 年，分为西晋（265 年至 316 年）、东晋（317 年至 420 年），共计 156 年。

南北朝：公元 420 年至公元 589 年，共计 170 年。

隋朝：公元 581 年至公元 618 年，隋文帝杨坚，共计 38 年。

唐朝：公元 618 年至公元 907 年，唐高祖李渊，共计 290 年。

五代：公元 907 年至公元 960 年，后梁、后唐、后晋、后汉、后周，共计 54 年。

十国：公元 891 年至公元 979 年，共计 89 年。

宋朝：公元 960 年至公元 1279 年，分为北宋（960 年至 1127 年）、南宋（1127 年至 1279 年），共计 320 年。

元朝：公元 1271 年至公元 1368 年，元太祖孛儿只斤·铁木真，共计 89 年。

明朝：公元 1368 年至公元 1644 年，明太祖朱元璋，共计 277 年。

清朝：公元 1616 年至公元 1912 年，清太祖爱新觉罗·努尔哈赤，共计 267 年。

朝代口诀：

盘古开天神话传，三皇五帝数千年。炎帝黄帝华夏祖，尧舜禹王位让贤。

夏商西周奴隶制，东周列国变封建。秦汉统一开疆域，三国纷争起战乱。西晋东晋南北朝，隋唐疆域又扩展。五代十国闹割据，宋辽夏金归大元。明朝船队下西洋，清朝锁国被破关。民国内战加外战，人民共和开新篇。中国近代史分成几个时期，屈辱百年（1840年至1949年）。

中国近代史始自1840年中英鸦片战争爆发，历经清王朝晚期、中华民国临时政府时期、北洋军阀时期和国民政府时期，是中国半殖民地半封建社会逐渐形成到瓦解的历史。

从1840年开始，英、法等西方列强接连发动了侵略中国的战争。资产阶级维新派进行了维新变法运动。

1911年辛亥革命推翻了清王朝的统治，开创了近代民族民主革命。中国的近代化艰难起步。

1919年爆发的五四爱国运动，标志着资产阶级领导的旧民主主义革命的结束和无产阶级领导的新民主主义革命的开始。

1921年中国共产党成立，中国革命的面貌从此焕然一新。中国共产党为反抗国民党统治，进行工农武装革命，开始了中国革命道路的艰难探索。

1931年日本帝国主义发动"九一八"事变，中华民族面临严重的民族危机。1937年日本帝国主义发动"七七事变"，民族全面抗战从此开始。经过八年浴血奋战，终于第一次取得了近代反侵略战争的彻底胜利。

抗日战争胜利后，中国面临着两种命运、两种前途的决战。中国共产党领导人民进行了三年多的解放战争，推翻了国民党在中国内地的统治，取得了新民主主义革命的伟大胜利。

三、诸子百家

代表人物	孔子	老子	韩非子	墨子	邓析	邹衍	鬼谷子	吕不韦			孙武	扁鹊	
十二家	儒	道	法	墨	名	阴阳	纵横	杂	农	小说	兵	医	
九流	儒	道	法	墨	名	阴阳	纵横	杂	农				
三教	儒	道											佛
时间	春秋	战国	战国	战国	战国	战国	战国	战国	战国		春秋	战国	
书籍	《论语》《孟子》	《道德经》《庄子》《列子》	《韩非子》				《战国策》	《吕氏春秋》			《孙子兵法》等	《黄帝内经》等	
主张	仁政恕道	无为而治	以法治国		论辩名实	五行学说	游说诸侯	兼儒墨合名法	农业为本	民间传说	指导战争		

（一）名词解释

1. 三皇五帝

三皇：伏羲、女娲、神农（炎帝）。

五帝：五帝有五种说法：黄帝、颛顼（zhuān xū）、帝喾（kù）、尧、舜；宓（fú）戏（伏羲）、神农、黄帝、尧、舜；太昊（hào）、炎帝、黄帝、少昊、颛顼；少昊、颛顼、帝喾、尧、舜；黄帝、少昊、颛顼、帝喾、尧。

其中第三种说法最为流行，意指东、西、南、北、中五个方位的天神，东方太昊，南方炎帝，西方少昊，北方颛顼，中央黄帝。伏羲和神农不是一个人。中国传说中的三皇五帝，三皇是伏羲、女娲、神农。可见二者不同。最近的电视剧《远古的传说》中说神农是炎帝被黄帝打败后改的名，显示其退出一统天下的竞争，而神农（炎帝）是伏羲的儿子。

2. 三教

三教原指先秦时期的三大传统宗教——儒、墨、道。汉末至西晋，佛教传入中国，加之墨教消亡，故三教逐渐改称儒、释、道（释：佛教）。儒家治国育德，道家明理修身，佛家觉悟养心。

3. 九流

阴阳、儒、墨、名、法、道、纵横、杂、农九家称为"九流"。

人物又有上、中、下九流之分：

上九流：帝王、圣贤、隐士、童仙、文人、武士、农、工、商。

中九流：举子、医生、相命、丹青、书生、琴棋、道、僧、尼。

下九流：师爷、衙差、升秤（秤手）、媒婆、走卒、时妖（巫婆）、盗、窃、娼。

4. 十二家

中国古代学术界都依从班固，百家就成了"九流"。今人吕思勉在《先秦学术概论》一书中再增"兵、医"，认为："故论先秦学术，实可分为阴阳、儒、墨、名、法、道、纵横、杂、农、小说、兵、医十二家也。"

5. 诸子百家

诸，多的意思，子，古代对具有一定社会地位的成年男子的尊称；"诸子百家"中的诸子特指孔子、老子、韩非子、墨子、鬼谷子等各家中的代表性人物。

"百家"按照"百家姓"的"姓"以"子"称呼代表的思想家。主要人物有：孔子、孟子、墨子、荀子、老子、庄子、列子、韩非子、商鞅、申不害、许行、告子、杨子、公孙龙、惠子、孙武、孙膑、张仪、苏秦、田骈（pián）、慎子、尹文、邹衍（yǎn）、晏（yàn）子、吕不韦、管子、鬼谷子等。诸子百家的许多思想给后代留下了深刻的启示。

（二）诸子百家产生的原因

西周灭亡，促使人们更多地转向对天下兴亡的思考，打破了"庶人不议"的观念，取而代之的是"处士横议"的活跃风气。人们不再崇信"天道"，进而在如何统一天下、治理国家、教化民众等方面形成了各种不同的学派。这些学派的创立者和代表人物被合称为"诸子"，"百家"则指这些学派。最有影响的主要是儒家、墨家、道家和法家。各学派的人物针对一些社会问题四处游说，推行自己的政治主张，或著书立说。人们的思想空前活跃，在中国文化史上形成了一个百家争鸣的空前繁荣局面。

（三）代表人物

1. 儒家

代表人物：孔子（春秋）、孟子（战国）、荀卿（战国）、董仲舒（西汉）。

二程（北宋，程颢（hào）和程颐）、朱熹（南宋）、王阳明（明代）。

作品：《论语》《孟子》《荀子》。

儒家是在春秋战国时期"百家争鸣"中出现的一个重要学派。由著名思想家、教育家孔子创立，由著名思想家、文学家孟子加以发展。

儒家学说所倡导的"仁、义、礼、智、信"，成为中国传统思想的核心及道德的主流。

孔子，名丘，字仲尼，鲁国陬（zōu）邑（今山东曲阜）人，祖籍宋国栗（今河南商丘市夏邑县）。他生于鲁襄公二十二年（公元前551年），卒于鲁哀公十六年（公元前479年），享年73岁。他是儒家的始创人物，被后世尊为"万世师表"，也被称为"圣人"。

孔子周游列国，先后到了卫、陈、蔡、楚、宋等国，宣扬其政治抱负，但皆不能如愿。孔子不能施展自己的抱负，心灰意冷，68岁遂返回鲁国。自此以后，他潜心讲学和著书，在此期间与弟子重新编订了《五经》并撰写了《春秋》，为的是要记载春秋时代所发生的大事，阐发儒家的价值观。他一生主要贡献在于，奠定了教育的基础；在政治上采取保守主义，主张恢复西周礼乐制度；但在教育上倡导"因材施教""有教无类"这些开明的启发式教育方法。他对于思想领域的开创性见解，间接地促进了春秋战国时期"诸子百家"这一文化鼎盛现象的形成。

孔子去世后，弟子们将他一生的话语，去芜存菁（jīng）地摘录下来，编成《论语》。《论语》是孔子的"言行录"，具有较高的文学价值，是儒家学说的必读经典。

孟子，名轲，字子舆（yú），又字子车，鲁国（今山东邹城）人。生于公元前 372 年，卒于公元前 289 年，享年 84 岁。孟子是孔子的孙子子思的再传弟子，也是继孔子以后的儒家大师。

孟子在母亲的教育下，学成以后以孔子的继承者自任，招收弟子，并且游历列国，宣扬"仁政""王道"的主张，提倡"民为贵，社稷次之，君为轻"。他到过齐、宋、鲁、滕、梁等国，见过梁惠王、齐宣王等君主。虽然受到了尊敬与礼遇，可是因为被认为思想保守，不合当时潮流，又没有得到重用，只有滕文公曾经试图推行他的政治主张。

到了晚年，孟子回乡讲学，和他的弟子万章、公孙丑等，从事著书的工作，写成了《孟子》，包括《梁惠王》《公孙丑》《滕文公》《离娄》《万章》《告子》《尽心》。由于每篇的分量很多，又分成上、下两篇，因此，全书共有十四卷。孟子的言论和事迹差不多都保存在这七篇之中。

荀子，名况，字卿，赵国郇（xún）邑（今山西安泽）人，生于周郝王二年（公元前 313 年），卒于秦始皇九年（公元前 235 年），享年 78 岁。战国后期著名思想家、教育家。荀子是继孔子、孟子以后最大的儒学大师。他的思想记载于《荀子》一书中，对中国两千多年的封建社会产生了广泛而深远的影响。荀子曾经游历燕、齐、楚、秦、赵多国，后家居兰陵至死。

在兰陵时，荀子开始教书与写书，有名的韩非和李斯就是他这时候的学生。他也在这段时间完成了他的代表作品——《荀子》。荀子虽是儒家之继承人，但他并没有盲目地将儒家学说全盘接收，而是将儒家学说融会贯通、加以发挥，提出了"性本恶"等影响后世深远的学说。

2. 道家

代表人物：老子、庄子、列子。

作品：《道德经》《庄子》《列子》。

道家是战国时期的重要学派之一，又称"道德家"。这一学派以春秋末年老子关于"道"的学说作为理论基础，以"道"说明宇宙万物的本质、本源、构成和变化。认为天道无为，万物自然化生，否认上帝鬼神主宰一切，主张道法自然，顺其自然；提倡清静无为，守雌守柔，以柔克刚。政治理想是"小国寡民""无为而治"。老子以后，道家内部分化为不同的派别，著名的有四大派：庄子学派、杨朱学派、宋尹学派和黄老学派。

3. 墨家

代表人物：墨子。

作品：《墨子》。

墨家是战国时期的重要学派之一，创始人为墨翟。

这一学派以"兼相爱，交相利"作为学说的基础：兼，视人如己；兼爱，即爱人如己。"天下兼相爱"，就可达到"交相利"的目的。政治上主张尚贤、尚同和非攻；经济上主张强本节用；思想上提出尊天事鬼。同时，又提出"非命"的主张，强调靠自身的努力实现"富、贵、安、治"的目标。

墨家有严密的组织，成员多来自社会下层，相传皆能赴汤蹈火，以自苦励志。其徒属从事谈辩者，称"墨辩"；从事武侠者，称"墨侠"；领袖称"巨（钜）子"。其纪律严明，相传"墨者之法，杀人者死，伤人者刑"（《吕氏春秋·去私》）。

墨翟死后，墨家分裂为三派。至战国后期，汇合成两支：一支注重认识论、逻辑学、数学、光学、力学等学科的研究，是谓"墨家后学"（亦称"后期墨家"）；另一支则转化为秦汉社会的游侠。

4. 法家

代表人物：韩非、李斯、商鞅。

作品：《韩非子》。

法家是战国时期的重要学派之一，因主张以法治国，"不别亲疏，不殊贵贱，一断于法"，故称之为法家。春秋时期，管仲、子产即是法家的先驱。战国初期，李悝、商鞅、申不害、慎到等开创了法家学派。战国末期，韩非综合商鞅的"法"、慎到的"势"和申不害的"术"，成为法家思想学说之大成者。

这一学派，经济上主张废井田，重农抑商，奖励耕战；政治上主张废分封，设郡县，君主专制，仗势用术，以严刑峻法进行统治；思想和教育方面，则主张禁断诸子百家学说，以法为教，以吏为师。其学说为君主专制的大一统王朝的建立提供了理论根据和行动方略。

《汉书·艺文志》著录法家著作有二百一十七篇，其中最重要的是《商君书》和《韩非子》。

5. 名家

代表人物：邓析、惠施、公孙龙和桓（huán）团。

作品：《公孙龙子》。

名家是战国时期的重要学派之一，因从事论辩名（名称、概念）实（事实、实在）等主要学术活动而被后人称为名家。当时，人则称为"辩者""察士"或"刑（形）名家"。

6. 阴阳家

代表人物：邹衍。

阴阳家是战国时期的重要学派之一，因提倡"阴阳五行"学说，并用它解释社会人事而得名。这一学派源于上古执掌天文历数的统治阶层。

阴阳学说认为，阴阳是事物本身具有的正反两种对立和转化的力量，可用于说明事物发展变化的规律。五行学说认为，万物皆由金、木、水、火、土五种元素组成，其间有相生和相克两大定律，可用于说明宇宙万物的起源和变化。邹衍综合二者，根据"五行相生相克说"，把五行的属性释为"五德"，创"五德终始说"，并以之作为历代王朝兴废的规律，为新兴的大一统王朝的建立提供理论根据。

7. 纵横家

代表人物：苏秦、张仪，两人均是鬼谷子的弟子，后来成为了对手。

创始人：鬼谷子。主要言论传于《战国策》。

纵横家是战国时期以纵横捭阖（bǎi hé）之策游说诸侯，从事政治、外交活动的谋士。列为诸子百家之一。

苏秦主张南与北合纵，力主燕、赵、韩、魏、齐、楚六国合纵以拒秦。张仪事秦，首创东与西六国连横，力破合纵。纵横家由此得名。他们对于战国时的政治、军事格局有重要影响。

8. 杂家

代表人物：吕不韦。

汇合了先秦各派学说，"兼儒墨，合名法"，故史称"杂家"。秦相吕不韦聚集门客编著的《吕氏春秋》，是典型的杂家著作集。书成之日，悬于国门，声称能改动一字者赏千金。此为"一字千金"。

9. 农家

农家是战国时期的重要学派之一。因注重农业生产而得名。此派出自上古管理农业生产的官吏。他们认为农业是衣食之本，应放在一切工作的首位。此派对农业生产技术和经验也注意记录和总结。《吕氏春秋》中的《上农》《任地》《辩土》《审时》等篇，被认为是研究先秦农家的重要资料。

10. 小说家

小说家，先秦九流十家之一，乃采集民间传说议论，借以考察民情风俗。《汉书·艺文志》云："小说家者流，盖出于稗（bài）官。街谈巷语，道听途说者之所造也。"

11. 兵家

创始人：孙武。

代表人物：春秋末有孙武、司马穰苴（ráng jū）；战国有孙膑（"兵圣"孙武是孙膑的爷爷）、吴起、尉缭、魏无忌、白起等。

今存兵家著作有《黄帝阴符经》《六韬》《三略》《孙子兵法》《司马法》《孙膑兵法》《吴子》《尉缭子》等。各家学说虽有异同，但其中包含了丰富的朴素唯物论与辩证法因素。兵家的实践活动与理论，影响当时及后世甚大，为我国古代宝贵的军事思想遗产。

兵家分为兵权谋家、兵形势家、兵阴阳家和兵技巧家四类。

12. 医家

中国医学理论的形成，是在公元前5世纪下半叶到公元3世纪中叶，共经历了700多年。医家泛指所有从事医学研究的人。

战国扁鹊创望、闻、问、切四诊法。秦国太医李醯（xī）自知医术不如扁鹊，派人扮猎户杀之。

战国问世，西汉编定的《黄帝内经》是我国现存较早的重要医学文献。

东汉《神农本草经》，中国第一部完整的药学著作。

东汉医学家华佗，被称为"神医"，他发明的麻沸散，比西方早1600多年。

东汉末年张仲景，被称为"医圣"，其代表作《伤寒杂病论》是后世中医的重要经典。

唐朝孙思邈的《千金方》，全面总结历代和当时的医药学成果，并有许多创见，在我国医药学历史上占有重要地位。

唐高宗时期编修的《唐本草》，是世界上最早的、由国家颁行的药典。

明朝李时珍的《本草纲目》，全面总结了16世纪以前的中国医药学，被誉为"东方医药巨典"。

（四）战国常识

1. 战国七雄区域分布

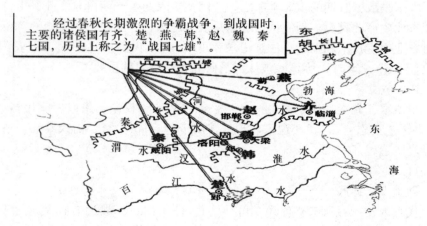

经过春秋长期激烈的争霸战争，到战国时，主要的诸侯国有齐、楚、燕、韩、赵、魏、秦七国，历史上称之为"战国七雄"。

2. 战国七雄都城

燕：都城蓟（天津蓟县），疆域在今天的河北北部、北京、天津、辽宁南部、内蒙古部分地区，后来拓展到朝鲜半岛。

赵：都城邯郸（河北），疆域包括河北中南部、山西北部和东部、河南北部、山东西部等。

齐：都城临淄（山东），疆域包括山东大部、河北东南部、江苏北部、安徽北部等。

魏：都城安邑，后迁大梁（河南开封），包括山西南部（一小部分）、河南中部和东部、安徽西北部。

韩：都城平阳（山西临汾），后迁至新郑（河南新郑），疆域包括山西中部、河南西部、陕西东南部。

楚：都城郢（湖北荆州），后迁至寿春（安徽寿县），最大时疆域包括湖北、湖南、江西、贵州部分、重庆、河南南部、安徽中南部、山东西南部、江苏南部、浙江北部。

秦：都城雍，商鞅变法后迁至咸阳。疆域包括陕西大部、山西西南部（一小部分）、河南西部（一小部分）、甘肃东南部、四川部分。

四、国学经典简介

（一）蒙学经典

《蒙求》《弟子规》《三字经》《百家姓》《千字文》《小学诗》《鉴略妥注》《了凡四训》《声律启蒙》《训蒙骈句》《颜氏家训》《幼学琼林》《增广贤文》《朱子家训》。

（二）二十四史

《史记》《前汉书》《后汉书》《三国志》《晋书》《宋书》《南齐书》、《梁书》《陈书》《魏书》《北齐书》《周书》《隋书》《南史》《北史》、《旧唐书》《新唐书》《新五代史》《旧五代史》《宋史》《辽史》《金书》《元史》《明史》。

（三）四书——《大学》《中庸》《论语》《孟子》

《大学》：原本是《礼记》中的一篇。相传为孔子弟子曾参（公元前505—前434年）作。按朱熹和宋代另一位著名学者程颐的看法，《大学》是孔子及其门徒留下来的遗书，是儒学的入门读物，所以，朱熹把它列为"四书"之首。

《中庸》：原来也是《礼记》中的一篇。一般认为它出于孔子的嫡孙子思（公元前483至公元前402年）之手，《史记·孔子世家》中称"子思作《中庸》"。

《论语》：是记载孔子及其学生言行的一部书。《论语》成书于春秋战国之际，是孔子的学生及其再传弟子所记录整理。《论语》是记载孔子及其学生言行的一部书。《论语》涉及哲学、政治、经济、教育、文艺等诸多方面，内容非常丰富，是儒学最主要的经典。时至今日影响至深。

《孟子》：是记载孟子及其学生言行的一部书。孟子（公元前 372 至公元前 289 年），名轲，字子舆，战国中期邹国（今山东邹县东南人），离孔子的故乡曲阜不远。他是著名的思想家、政治家、教育家，孔子学说的继承者。元、明以后《孟子》一书又成为科举考试的内容，更是读书人的必读书。

（四）五经——《周易》《尚书》《诗经》《礼记》《左传》

《周易》：也称《易》《易经》，儒家经典之首。《周易》是占卜之书，其外层神秘，而内蕴的哲理至深至弘。经多人完成，作者应是筮官。该书广泛记录了西周社会各方面，具有史料价值、思想价值和文学价值。以前的人们对自然与人类变幻规律的认识模式，从没有超越阴阳八卦的思维框架。

《周易》包括《经》和《传》两部分。《经》文由六十四卦卦象及相应的卦名、卦辞、爻（yáo）名、爻辞等组成。《传》一共七种十篇，有《彖（tuàn）》上下篇、《象》上下篇、《文言》、《系辞》上下篇、《说卦》、《杂卦》和《序卦》。古人把这十篇"传"合称"十翼"，意指《传》是附属于《经》的羽翼，即用来解说《经》的内容。

《尚书》："尚"便是指"上"、"上古"，该书是古代最早的一部历史文献汇编。记载上起传说中的尧舜时代，下至东周（春秋中期），约一千五百年。基本内容是古代帝王的文告和君臣谈话内容的记录。古时称赞人"饱读诗书"，"诗书"便是分别指《诗经》《尚书》。

《诗经》：中国第一本诗歌总集。汇集了从西周初年到春秋中期五百多年的诗歌三百零五篇，是西周初至春秋中期的诗歌总集。《诗》从内容上分"风""雅""颂"三部分。"风"为土风歌谣，"雅"为西周王畿（jī）的宫廷正声雅乐，"颂"为贵族家族宗庙祭祀的舞曲歌词。从手法上分"赋""比""兴"。"风""雅""颂""赋""比""兴"为诗经六义。此书广泛地反映了当时社会生活的各个方面，被誉为"古代社会的人文百科全书"。

《礼记》：一部儒家思想的资料汇编。《礼记》只是解说《仪礼》之书。《礼记》有两种传本，一种是戴德所编，有 85 篇，今存 40 篇，称《大戴礼记》；另一种便是我们现在所见的《礼记》，是戴德的侄子戴圣选编的 49 篇，称《小戴礼记》。

《左传》：也称《左氏春秋》《春秋古文》《春秋左氏传》，古代编年体历史著作。作者为春秋时期的左丘明。它的取材范围包括了王室档案、鲁史策书、诸侯国史等。内容包括诸侯国之间的聘问、会盟、征伐、婚丧、篡弑等，对后世史学文学都有重要影响。《左传》本不是儒家经典，但自从它立于学官，后来又附在《春秋》之后，就逐渐被儒者当成经典。

（五）《战国策》（中国古代史学名著、国别体史书）

《战国策》是战国时期各国史官记载的策士们游说诸侯国的言论资料。记载了战国时期谋臣策士相互辩论时所提出的政治主张和斗争策略以及相互倾轧的阴谋诡计。它在一定程度上反映了各诸侯国之间和各国内部各阶级、阶层之间尖锐复杂的矛盾斗争，统治集团的争权夺利、相互倾轧、昏庸腐朽，以及兼并战争给人民带来的痛苦和灾难。这些都为研究战国史提供了丰富的资料。

《战国策》是一部国别体史学著作，又称《国策》。记事年代起于战国初年，止于秦灭六国，约有 240 年的历史。分为十二策，三十三卷，共四百九十七篇。

《战国策》基本上自成一家，就是纵横家。其道德哲学观多取道家，社会政治观接近法家，独与儒家抵牾（wǔ）不合，因而为后世学者所诟病。

作者并非一人，成书并非一时，书中文章作者大多不知是谁。西汉刘向编定为三十三篇，书名亦为刘向所拟定。

出自《战国策》的成语：一尘不染、大庭广众、两败俱伤、南辕北辙、亡羊补牢、鹬蚌相争，渔翁得利、羽毛未丰、引锥刺股、门庭若市、返璞归真、狡兔三窟、狐假虎威、惊弓之鸟、安步当车、不遗余力、不翼而飞、侧目而视、高枕无忧、汗马功劳、画蛇添足、挥汗成雨、三人成虎、龙阳泣鱼。

（六）《史记》

《史记》的作者是司马迁，西汉人，称其书为"太史公书"，是我国第一部纪传体史书，对后世史学影响深远，记载了从传说中的黄帝到汉武帝长达三千年的历史。全书共 130 篇，包括本纪（帝王传记）12 篇，世家（记诸侯本系）30 篇，列传（序列人臣事迹）70 篇，表 10 篇，书（记经济、天文、历法、礼乐等方面的情况）8 篇，共 526500 字。其中《陈涉世家》对陈胜起义给予高度评价；《河渠书》《平准书》《货殖列传》反映了社会经济生活；《匈奴列传》《西南夷列传》等记述了少数民族的活动，都是本书的优点。

对部分历史人物的叙述，语言生动，形象鲜明，在文学史上也有很高的地位。鲁迅称它是"史家之绝唱，无韵之《离骚》"。

（七）《山海经》

《山海经》是中国先秦古籍。一般认为主要记述的是古代神话、地理、动物、植物、矿物、巫术、宗教、历史、医药、民俗、民族等方面的内容。《山海经》原来是有图的，叫《山海图经》，魏晋以后已失传。《山海经》记载了许多诡异的怪兽以及光怪陆离的神话故事，《山海经》全书 18 卷，其中"山经" 5 卷、"海经" 8 卷、"大荒经" 4 卷、"海内经" 1 卷，共约 31000 字。记载了 100 多个邦国、550 座山、300 条水道以及邦国山水的地理、风土物产等信息。其中《山经》所载的大部分是历代巫师、方士和祠官的踏勘记录，经长期传写编纂，多少会有所夸饰，但仍具有较高的参考价值。

（八）《黄帝内经》

《黄帝内经》是中国传统医学四大经典著作之一，是第一部冠以中华民族先祖"黄帝"之名的巨著，是中医现存成书最早的一部医学典籍，是研究人的生理学、病理学、诊断学、治疗原则和药物学的医学巨著。在理论上建立了中医学上的"阴阳五行学说""脉象学说""藏象学说""经络学说""病因学说""病机学说""病症""诊法"论治及"养生学""运气学"等学说。其医学理论是建立在中国古代哲学理论的基础之上的，反映了中国古代朴素唯物主义辩证思想。

（九）《道德经》

《道德经》，又称《道德真经》《老子》《五千言》《老子五千文》，是中国古代先秦诸子分家前的一部著作，为其时诸子所共仰。他是春秋时期老子（即李耳）所作的哲学著作，是中国历史上最伟大的名著之一。在先秦时《吕氏春秋·注》称为《上至经》，在汉初则直呼《老子》。自汉景帝起此书被尊为《道德经》，至唐太宗曾令人将《道德经》翻译为梵文。唐高宗尊称《道德经》为《上经》，唐玄宗时更尊称此经为《道德真经》。古代马王堆版是上篇《德篇》和下篇《道篇》不分章，现代通行版本共81章，前37章是《道篇》，后44章为《德篇》。

《道德经》对中国哲学、科学、政治、宗教等产生了深刻影响。据联合国教科文组织统计，《道德经》是除《圣经》以外被译成外国文字发布量最多的文化名著。

（十）《楚辞》

《楚辞》是屈原创作的一种新诗体，是中国文学史上第一部浪漫主义诗歌总集。"楚辞"的名称，西汉初期已有之，直至刘向编辑成集。东汉王逸作章句。原收战国楚人屈原、宋玉及汉代淮南小山、东方朔、王褒、刘向等人辞赋共16篇。后增入王逸的《九思》，成17篇。全书以屈原作品为主，其余各篇也是承袭屈赋的形式。因其运用楚地的文学样式、方言声韵和风土物产等，具有浓厚的地方色彩，故名《楚辞》，对后世诗歌产生了深远影响。

《楚辞》对中国文化有不同寻常的意义，特别是文学方面，它开创了中国浪漫主义文学的诗篇，令后世称此种文体为"楚辞体""骚体"。四大体裁诗歌、小说、散文、戏剧中皆不同程度地存在其身影。

《楚辞》一书，既非出自一人之手，也不出于一个时代，它是不同的时代和不同的人们逐渐纂辑增补而成的，自战国至东汉，历经三四百年，共分五个阶段。

1. 先秦时期，包含《离骚》《九辩》两篇，纂辑者可能是宋玉。此为

《楚辞》的雏形。

2. 西汉武帝时期。增辑作品七篇：《九歌》《天问》《九章》《远游》《卜居》《渔父》《招隐士》，增辑者为淮南王宾。

3. 以上九篇作品的合集，是淮南王刘安以后、刘向以前的《楚辞》通行本。西汉元帝、成帝时期，增辑作品四篇：《招魂》《九怀》《七谏》《九叹》，增辑者为刘向。

4. 班固以后、王逸以前的阶段，增辑作品三篇：《哀时命》《惜誓》《大招》，增辑者已不可考。以上16篇作品的合集，就是王逸作《楚辞章句》时所据的十六卷《楚辞》本。

5. 东汉后期，增辑作品一篇：《九思》，增辑者为王逸。王逸撰《楚辞章句》，并附入自己的作品《九思》，成十七卷，即后世流传的十七卷本《楚辞》。

（十一）《孙子兵法》

中国古典军事文化著作《孙子兵法》又称《孙武兵法》《吴孙子兵法》《孙子兵书》《孙武兵书》等，是中国现存最早的兵书，也是世界上最早的军事著作，被誉为"兵学圣典"。处处表现了道家与兵家的哲学。共有6000字左右，一共13篇，分别为：始计篇、作战篇、谋攻篇、军形篇、兵势篇、虚实篇、军争篇、九变篇、行军篇、地形篇、九地篇、火攻篇和用间篇。

《孙子兵法》是中国古代军事文化遗产中的璀璨瑰宝，优秀传统文化的重要组成部分，内容博大精深，思想精邃富赡，逻辑缜密严谨，是古代军事思想精华的集中体现。作者为春秋时期的吴国将军孙武。

《孙子兵法》诞生至今已有两千五百年的历史，历代都有研究。李世民说"观诸兵书，无出孙武"。兵法是谋略，谋略不是小花招，而是大战略、大智慧。如今，《孙子兵法》已经走向世界。它也被翻译成多种语言，在世界军事史上具有重要的地位。

（十二）《古文观止》

《古文观止》所选之文上起先秦，下至明末，大体反映了先秦至明末散文发展的大致轮廓和主要面貌。其中包括《左传》34篇、《国语》11篇、《公羊传》3篇及《礼记》6篇。

《古文观止》是清人吴楚材、吴调侯于康熙三十三年（1694年）选定的古代散文选本。二人均是浙江绍兴人，长期设馆授徒，此书是为学生编的教材。《古文观止》由清代吴兴祚审定并作序，序言中称"以此正蒙养而裨后学"，当时为读书人的启蒙读物。康熙三十四年（1695年）正式镌版印刷。书名"古文观止"意指文集所收录的文章代表文言文的最高水平，学习文言文至此观止矣。

（十三）《儒林外史》

《儒林外史》是我国文学史上一部杰出的现实主义长篇讽刺小说。书中所表现的是清代作者吴敬梓的所历所闻。小说以生动形象的笔墨，逼真地反映了社会，是一幅活生生的社会面貌图，共56回。成书于1749年（乾隆十四年）或稍前，先以抄本传世，初刻于1803年（嘉庆八年）。以写实主义描绘各类人士对于"功名富贵"的不同表现，一方面真实地揭示人性被腐蚀的过程和原因，从而对当时吏治的腐败、科举的弊端、礼教的虚伪等进行了深刻的批判和嘲讽；另一方面热情地歌颂了少数人物以坚持自我的方式所做的对于人性的守护，从而寄寓了作者的理想。白话的运用已趋纯熟自如，人物性格的刻画也颇为深入细腻，尤其是采用高超的讽刺手法，使该书成为中国古典讽刺文学的佳作。该书代表着中国古代讽刺小说的高峰，它开创了以小说直接评价现实生活的范例。

作者吴敬梓出身望族。曾祖父和祖父两代人"科第仕宦多显者"共有六名进士，其中榜眼、探花各一名。吴敬梓1722年（康熙六十一年）考取秀才，同年父亲病逝。他过着挥霍浪子的生活。1729年（雍正七年），他应科举时，被斥责为"文章大好人大怪"，遭到侮辱。在吴敬梓看来，只有视功名利禄如粪土的叛逆者，才称得上是人品高洁。后愤懑离开故土，靠卖文和朋友接济为生。1736年（乾隆元年），吴敬梓参加博学鸿词科预试。安徽巡抚赵国麟正式荐举他入京廷试，但他"坚以疾笃辞"，从此不再参加科举考试。至晚年，常处于饥寒交迫中。这样的个人经历，令他本人对考八股、开科举等利弊感受尤深。中国当时已经出现了资本主义生产关系的萌芽，但统治者还在采用大兴文字狱，考八股、开科举，提倡理学以统治思想等方法以牢笼士人。吴敬梓反对八股文、科举制，憎恶士子们醉心于制艺，热衷功名利禄的习尚。他把这些观点反映在《儒林外史》里，以讽刺的手法，对丑恶的事物进行深刻揭露。

（十四）《资治通鉴》

《资治通鉴》是北宋著名史学家、政治家司马光和他的助手刘攽（bān）、刘恕、范祖禹、司马康等人历时十九年编纂的一部规模空前的编年体通史巨著。记载了从战国到五代共1362年的史实。在这部书里，编者总结出了许多经验教训，供统治者借鉴。宋神宗认为此书"鉴于往事，有资于治道"，即以历史的得失作为鉴诫来加强统治，所以定名为《资治通鉴》。

《资治通鉴》全书294卷，约300万字，另有《考异》《目录》各30卷。是我国编年体史书中包含时间最长的一部巨著（我国第一部编年体史书是

《春秋》）。

《资治通鉴》所记历史，上起周威烈王二十三年（公元前403年），下至后周显德六年（959年）共1362年，按朝代分为16纪，即《周纪》五卷、《秦纪》三卷、《汉纪》六十卷、《魏纪》十卷、《晋纪》四十卷、《宋纪》十六卷、《齐纪》十卷、《梁纪》二十二卷、《陈纪》十卷、《隋纪》八卷、《唐纪》八十一卷、《后梁纪》六卷、《后唐纪》八卷、《后晋纪》六卷、《后汉纪》四卷以及《后周纪》五卷。

《资治通鉴》的内容以政治、军事和民族关系为主，兼及经济、文化和历史人物评价，目的是通过对事关国家盛衰、民族兴亡的统治阶级政策的描述警示后人。

《资治通鉴》是一部编年体通史，《史记》为第一部纪传体通史，《春秋》为现存最早的编年体史书。按时间先后叙述史事，往往用追叙和终言的手法，说明史事的前因后果，容易使人得到系统而明晰的印象。它的内容以政治、军事的史实为主，借以展示历代君臣治乱、成败、安危之迹，作为历史的借鉴。叙述了各族人民的生活与斗争。

（十五）《吕氏春秋》

《吕氏春秋》是战国末年（公元前239年前后）秦国丞相吕不韦组织门客集体编撰的杂家著作，又名《吕览》。此书共分为十二纪、八览、六论，共十二卷，一百一十六篇，二十余万字。在公元前239年写成，当时正是秦国统一六国前夕。

《吕氏春秋》内容驳杂，有儒、道、墨、法、兵、农、纵横、阴阳家等各家思想，所以《汉书·艺文志》等将其列入杂家。内容从盘古开天辟地说起，一直说到做人务本之道、治国之道以及如何认识、分辨事物，如何用民、为君等。

《吕氏春秋》保存着先秦各家各派的不同学说，还记载了不少古史旧闻、古人遗语、古籍佚文及一些古代科学知识，其中不少内容是其他书中所没有的。

在过去，《吕氏春秋》深得人们的好评。司马迁称它"备天地万物古今之事"。在《报任安书》中，甚至把它与《周易》《春秋》《国语》《离骚》等相提并论。东汉高诱在给它作注时说它"大出诸子之右"。

（十六）弟子规（三言韵文）

《弟子规》原名《训蒙文》，为清朝康熙年间秀才李毓秀所作，其内容采用《论语》"学而篇"第六条"弟子，入则孝，出则弟，谨而信，泛爱众，而亲仁，行有余力，则以学文"的文义，列述弟子在家、出外、待人、接物与学习上应该恪守的守则规范。

后经清朝贾存仁修订改编，并改名为《弟子规》。《弟子规》共有 360 句、1080 个字，三字一句，两句或四句连意，合辙押韵，朗朗上口。

全篇先为"总叙"，然后分为"入则孝、出则悌、谨、信、泛爱众、亲仁、余力学文"七个部分。

1. 弟子规　圣人训　首孝悌（tì）　次谨信

【解释】弟子规，是圣人的教诲。首先要孝敬父母、友爱兄弟姊妹，其次要谨言慎行、讲求信用。

2. 泛爱众　而亲仁　有余力　则学文

【解释】博爱大众，亲近有仁德的人。有多余的时间和精力，则学习有益的学问。

3. 父母呼　应勿缓　父母命　行勿懒

【解释】父母呼唤，应及时应答，不要拖延迟缓；父母交代的事情，要立刻动身去做，不可拖延或推辞偷懒。

4. 父母教　须敬听　父母责　须顺承

【解释】对父母教诲，应该恭敬地聆听；做错了事，受到父母的教育和责备时，应当虚心接受，不可强词夺理。

5. 冬则温　夏则清　晨则省　昏则定

【解释】冬天寒冷时提前为父母温暖被窝；夏天酷热时提前帮父母把床铺扇凉；早晨起床后，先探望父母，向父母请安；晚上伺候父母就寝后，才能入睡。

6. 出必告　反必面　居有常　业无变

【解释】出门时告诉父母去向，返家后，面告父母报平安；起居作息，要有规律；做事有常规，不要任意改变，以免父母忧虑。

7. 事虽小　勿擅为　苟擅为　子道亏

【解释】事情虽小，也不要擅自做主和行动；如擅自行动造成错误，让父母担忧，有失做子女的本分。

8. 物虽小　勿私藏　苟私藏　亲心伤

【解释】公物虽小，也不要私自占为己有；如果私藏公物，缺失品德，就会让父母伤心。

9. 亲所好　力为具　亲所恶　谨为去

【解释】父母喜欢的事情，应该全力去做；父母厌恶的事情，要小心谨慎不要去做。

10. 身有伤　贻（yí）亲忧　德有伤　贻亲羞

【解释】自己的身体受到伤害，父母就会忧虑；做出伤风败德的事，父母就会蒙受羞辱。

11．亲爱我　孝何难　亲憎我　孝方贤

【解释】父母喜爱我们的时候，孝顺不是困难的事情；父母不喜欢我们或管教过于严厉的时候，孝顺父母才难能可贵。

12．亲有过　谏（jiàn）使更　怡吾色　柔吾声

【解释】父母有过错的时候，应小心劝导改过向善；劝导时要和颜悦色、态度诚恳。

13．谏不入　悦复谏（jiàn）号泣随　挞（tà）无怨

【解释】如果父母不高兴时不听规劝，等到父母高兴的时候，继续规劝；父母不听恳劝，我们虽难过得痛哭流涕，也要恳求父母改过；纵然遭遇到责打，也无怨无悔，以免父母铸成大错。

14．亲有疾　药先尝　昼夜侍　不离床

【解释】父母亲生病时，要替父母先尝药的冷热和安全；要昼夜服侍，一时不离开父母床前。

15．丧三年　常悲咽　居处变　酒肉绝

【解释】父母去世之后，守孝三年，经常追思、感怀父母的养育之恩；自己的生活起居必须调整改变，不能贪图享受，应该戒绝酒肉。

16．丧尽礼　祭尽诚　事死者　如事生

【解释】办理父母的丧事要合乎礼节，不可铺张浪费；祭奠父母要诚心诚意；对待去世的父母，要像生前一样恭敬。

17．兄道友　弟道恭　兄弟睦　孝在中

【解释】兄长要友爱弟妹，弟妹要恭敬兄长；兄弟姊妹能和睦相处，父母欢喜，孝道就在其中了。

18．财物轻　怨何生　言语忍　忿自泯（mǐn）

【解释】轻财重义，怨恨就无从生起；言语上包容忍让，愤怒自然消失。

19．或饮食　或坐走　长者先　幼者后

【解释】饮食用餐，就座行走，长者优先，幼者在后。

20．长呼人　即代叫　人不在　己即到

【解释】长辈呼唤别人，应代为传唤和转告；如果那个人不在，前去转告。

21．称尊长　勿呼名　对尊长　勿现能

【解释】称呼尊者长辈，不可以直呼姓名；在尊长面前，谦虚有礼，不可炫耀自己的才能。

22．路遇长　疾趋揖（yī）长无言　退恭立

【解释】路上遇见长辈，应恭敬问好；长辈没有说话时，应退后恭敬站立一旁，等待长辈离去。

23. 骑下马　乘下车　过犹待　百步余

【解释】骑马或乘车，遇见长辈，应下马或下车问候；等待长者离开百步之远，方可续行。

24. 长者立　幼勿坐　长者坐　命乃坐

【解释】长辈站立时，晚辈不可先行就座；长辈坐定以后，吩咐坐下才可以坐。

25. 尊长前　声要低　低不闻　却非宜

【解释】在尊长面前说话，要低声细气；声音太低而听不清楚，也不合适。

26. 进必趋　退必迟　问起对　视勿移

【解释】到尊长面前，应快步向前；退回去时，稍慢一些才合礼节；长辈问话时，应当注视聆听，不可以东张西望。

27. 事诸父　如事父　事诸兄　如事兄

【解释】对待别人的父辈，要如同对待自己的父亲一般孝顺恭敬；对待别人的兄长，如同对待自己的兄长一样友爱尊敬。

28. 朝起早　夜眠迟　老易至　惜此时

【解释】早上要比长辈起得早，晚上要比长辈睡得晚；人生易老，珍惜时光。

29. 晨必盥（guàn）　兼漱口　便溺回　辄（zhé）净手

【解释】早晨起床，务必洗脸梳妆、刷牙漱口；大小便后，马上洗手。

30. 冠必正　纽必结　袜与履（lǚ）　俱紧切

【解释】穿戴仪容整洁，扣好衣服纽扣；袜子穿平整，鞋带应系紧。

31. 置冠服　有定位　勿乱顿　致污秽

【解释】放置衣服时，要有固定的位置；衣物不要乱放，避免造成脏乱。

32. 衣贵洁　不贵华　上循份　下称家

【解释】服装贵在整洁，不在华丽；穿着上要根据自己的身份，与家庭的情况相称。

33. 对饮食　勿拣择　食适可　勿过则

【解释】对待饮食，不要挑食偏食；饮食适量，不要过少过量。

34. 年方少　勿饮酒　饮酒醉　最为丑

【解释】少年未成，不可饮酒；酒醉之态，最为丑陋。

35. 步从容　立端正　揖深圆　拜恭敬

【解释】走路步伐从容稳重，站立要端正；上门拜访他人时，拱手鞠躬，真诚恭敬。

36. 勿践阈（yù）勿跛（bǒ）倚　勿箕踞　勿摇髀（bì）

【解释】进门时不要踩在门槛上，站立不要歪斜；坐的时候不可以伸出两腿，腿不可抖动。

37. 缓揭帘　勿有声　宽转弯　勿触棱

【解释】进入房间时，揭帘子、开关门的动作轻缓，不要发出声响；在室内行走，宽处转弯，不要撞到物品的棱角，以免受伤。

38. 执虚器　如执盈　入虚室　如有人

【解释】拿着空的器具，要像里面装满东西一样，小心谨慎以防跌倒或打破；进入无人的房间，也要像有人在一样，不可以随便。

39. 事勿忙　忙多错　勿畏难　勿轻略

【解释】做事不要慌慌张张，忙中容易出错；不要畏惧困难，不可草率行事。

40. 斗闹场　绝勿近　邪僻事　绝勿问

【解释】打斗、赌博、色情等不良场所，绝对不要接近；对邪恶的事情，不要好奇过问。

41. 将入门　问孰存　将上堂　声必扬

【解释】将要入门之前，应先问："有人在吗?"进入客厅之前，应先提高声音，让屋里的人知道有人来了。

42. 人问谁　对以名　吾与我　不分明

【解释】屋里的人问："是谁呀?"应该回答名字；若回答："是我。"让人无法分辨是谁。

43. 用人物　须明求　倘不问　即为偷

【解释】借用别人的物品，要明着向人请求并征得同意；没有征得同意，擅自取用是偷窃行为。

44. 借人物　及时还　后有急　借不难

【解释】借人物品，及时归还；以后若有急用，再借不难。

45. 凡出言　信为先　诈与妄　奚可焉

【解释】开口说话，诚信为先；欺骗和胡言乱语，不可使用。

46. 话说多　不如少　惟其是　勿佞（nìng）巧

【解释】话多不如话少；说话实事求是，不要妄言取巧。

47. 奸巧语　秽污词　市井气　切戒之

【解释】不要讲奸邪取巧的话语、下流肮脏的词语；势利市井之气，千万都要戒之。

48. 见未真　勿轻言　知未的　勿轻传

【解释】没有得知真相之前，不要轻易发表意见；不知道真相的传言，不可轻信而再次传播。

49. 事非宜　勿轻诺　苟轻诺　进退错

【解释】对不合理的要求，不要轻易答应；如果轻易答应，就会使自己进退两难。

50. 凡道字　重且舒　勿急疾　勿模糊

【解释】说话时吐字清楚，语速缓慢；说话不要太快、吐字模糊不清。

51. 彼说长　此说短　不关己　莫闲管

【解释】不要当面说别人的长处，背后说别人的长短；不关自己的是非，不要无事生非。

52. 见人善　即思齐　纵去远　以渐跻（jī）

【解释】看见他人的善举，要立即学习看齐；纵然能力相差很远，也要努力去做，逐渐赶上。

53. 见人恶　即内省　有则改　无加警

【解释】看见别人的缺点或不良行为，要反省自己；有则改之，无则加以警惕。

54. 唯德学　唯才艺　不如人　当自砺（lì）

【解释】唯有品德才学可以与人相比，不如别人，应当自我激励，修养德才。

55. 若衣服　若饮食　不如人　勿生戚（qī）

【解释】若是穿着饮食不如他人，不要攀比生气。

56. 闻过怒　闻誉（yù）乐　损友来　益友却

【解释】如听到别人批评就生气，听到别人称赞就欢喜，坏朋友就会来找你，良朋益友就会离你而去。

57. 闻誉（yù）恐　闻过欣　直谅士　渐相亲

【解释】听到他人的称赞，唯恐过誉；听到别人的批评，欣然接受，良师益友就会渐渐和你亲近。

58. 无心非　名为错　有心非　名为恶

【解释】不是有心故意做错的，称为过错；若是明知故犯的，便是罪恶。

59. 过能改　归于无　倘掩（yǎn）饰　增一辜（gū）

【解释】知错改过，错误就会消失；如果掩饰过错，就是错上加错。

60. 凡是人　皆须爱　天同覆　地同载

【解释】凡是人类，皆须相亲相爱；因为同顶一片天，同住地球上。

61. 行高者　名自高　人所重　非貌高

【解释】德行高尚者，名声自然崇高；人们敬重他，并非他的容貌外表好。

62. 才大者 望自大 人所服 非言大

【解释】大德大才者，威望自然高大；人们佩服他，并非他会说大话。

63. 己有能 勿自私 人所能 勿轻訾（zī）

【解释】自己有能力，不要自私自利，要帮助别人；他人有能力，不要嫉妒，应当欣赏学习。

64. 勿谄（chǎn）富 勿骄贫 勿厌故 勿喜新

【解释】不要献媚巴结富有的人，也不要在穷人面前骄傲自大；不要喜新厌旧。

65. 人不闲 勿事搅 人不安 勿话扰

【解释】别人正在忙碌，不要去打扰；别人心情不好，不要用闲言闲语去打扰。

66. 人有短 切莫揭 人有私 切莫说

【解释】别人的短处，切记不要去揭短；别人自私自利，切记不要去评说。

67. 道人善 即是善 人知之 愈思勉

【解释】赞美他人的善行就是行善；别人听到你的称赞，就会更加勉励行善。

68. 扬人恶 即是恶 疾之甚 祸且作

【解释】赞扬他人的恶行，就是在做恶事；对别人过分指责批评，会给自己招来灾祸。

69. 善相劝 德皆建 过不规 道两亏

【解释】互相劝善，德才共修；有错不能互相规劝，两个人的品德都会亏欠。

70. 凡取与 贵分晓 与宜多 取宜少

【解释】取得或给予财物，贵在分明，该取则取，该予则予；给予宜多，取得宜少。

71. 将加人 先问己 己不欲 即速已

【解释】要求别人做的事情，先反省问自己愿不愿意做，自己不愿意做的事情，应立刻停止要求，不要强求别人去做。

72. 恩欲报 怨欲忘 报怨短 报恩长

【解释】欲报答别人的恩情，就要忘记对别人的怨恨；应该短期抱怨、长期报恩。

73. 待婢仆 身贵端 虽贵端 慈而宽

【解释】对待婢女和仆人，自己要品行端正、以身作则；虽然品行端正很重要，但是仁慈宽厚更可贵。

74. 势服人　心不然　理服人　方无言

【解释】仗势逼迫别人服从，对方难免口服心不服；以理服人，别人才会心悦诚服。

75. 同是人　类不齐　流俗众　仁者稀

【解释】同样是人，善恶正邪，心智高低，良莠不齐；流于世俗的人众多，仁义博爱的人稀少。

76. 果仁者　人多畏　言不讳　色不媚

【解释】如果有一位仁德的人出现，大家自然敬畏他；他直言不讳，不会察色献媚。

77. 能亲仁　无限好　德日进　过日少

【解释】亲近有仁德的人，向他学习，是无限好的事情；他会使我们的德行与日俱增，过错逐日减少。

78. 不亲仁　无限害　小人进　百事坏

【解释】不亲近仁义君子，会有无穷的祸害；奸邪小人会乘虚而入，影响我们，导致整个人生的失败。

79. 不力行　但学文　长浮华　成何人

【解释】不能身体力行入则孝、出则悌、谨而信、泛爱众、而亲仁，纵有知识，也只是增长自己华而不实的习气，变成一个不切实际的人。

80. 但力行　不学文　任己见　昧（mèi）理真

【解释】只是身体力行，不肯读书学习，就容易依着自己的偏见做事，也会看不到真理。

81. 读书法　有三到　心眼口　信皆要

【解释】读书的方法有三到：眼到、口到、心到，三者缺一不可。

82. 方读此　勿慕彼　此未终　彼勿起

【解释】做学问要专一，不能一门学问没搞懂，又想搞其他学问。

83. 宽为限　紧用功　功夫到　滞塞通

【解释】读书计划要有宽限，用功要加紧；用功到了，学问就通了。

84. 心有疑　随札（zhá）记　就人问　求确义

【解释】不懂的问题，记下笔记，就向良师益友请教，求得正确答案。

85. 房室清　墙壁净　几案洁　笔砚正

【解释】房间整洁，墙壁干净，书桌清洁，笔墨整齐。

86. 墨磨偏　心不端　字不敬　心先病

【解释】墨磨偏了，心思不正，写字就不工整，心绪就不好了。

87. 列典籍　有定处　读看毕　还原处

【解释】书架取书，读完之后，放归原处。

88. 虽有急　卷束齐　有缺坏　就补之

【解释】虽有急事，也要把书本收好再离开，有缺损就要修补。

89. 非圣书　屏勿视　蔽聪明　坏心志

【解释】不良书刊，摒弃不看，以免蒙蔽智慧和坏了心志。

90. 勿自暴　勿自弃　圣与贤　可驯致

【解释】遇到挫折，不要自暴自弃，通过身体力行圣贤的训诫，就可以达到圣贤的境界。

（十七）《三字经》

《三字经》是宋朝王应麟所作，内容大都采用韵文，每三字一句，四句一组，像一首诗一样，背诵起来如同唱儿歌，用来教育子女朗朗上口，十分有趣，又能启迪心智。时人觉得本书内容很好，纷纷翻印，因此广为流传，历久不衰，成为历朝历代最重要的童蒙养正教材之一。

随着时间的推移，在《三字经》的内容上，不同历史时期皆有所修改或增加。清末民初的著名学者章太炎（字炳麟）的《三字经》增订本，是一个世纪以来流传最广的版本。

1949 年后，又对《三字经》进行了修订。主要涉及一些民族史观内容的修订。

《三字经》是中国的传统启蒙教材。在中国古代经典当中，《三字经》是最浅显易懂的读本之一。《三字经》取材典范，包括中国传统文化的文学、历史、哲学、天文地理、人伦义理、忠孝节义等，而核心思想又包括了"仁、义、诚、敬、孝"。背诵《三字经》的同时，就了解了常识、传统国学及历史故事，以及故事内涵中做人做事的道理。

在格式上，三字一句朗朗上口，因其文通俗、顺口、易记等特点，使其与《百家姓》《千字文》并称为中国传统蒙学三大读物，合称"三百千"。《三字经》与《百家姓》《千字文》并称为三大国学启蒙读物。《三字经》是中华民族珍贵的文化遗产，它短小精悍、朗朗上口，千百年来，家喻户晓。其内容涵盖了历史、天文、地理、道德以及一些民间传说，所谓"熟读《三字经》，可知千古事"。基于历史原因，《三字经》难免含有一些精神糟粕、艺术瑕疵，但其独特的思想价值和文化魅力仍然为世人所公认，被历代中国人奉为经典并不断流传。

1. 人之初，性本善。性相近，习相远。

【解释】人出生之初，禀性本身都是善良的，天性也都相差不多，只是后天所处的环境不同和所受教育不同，彼此的习性才形成了巨大的差别。

2. 苟不教，性乃迁。教之道，贵以专。

【解释】如果从小不好好教育，善良的本性就会变坏。为了使人不变坏，最重要的方法就是要专心一致地去教育孩子。

3. 昔孟母，择邻处。子不学，断机杼。

【解释】战国时，孟子的母亲曾三次搬家，是为了使孟子有个好的学习环境。一次孟子逃学，孟母就折断了织布的机杼来教育孟子。

4. 窦燕山，有义方。教五子，名俱扬。

【解释】五代时，燕山人窦禹钧教育儿子很有方法，他教育的五个儿子都很有成就，同时科举成名。

5. 养不教，父之过。教不严，师之惰。

【解释】仅仅是供养儿女吃穿，而不好好教育，是父母的过错。只是教育，但不严格要求就是做老师的懒惰了。

6. 子不学，非所宜。幼不学，老何为。

【解释】小孩子不肯好好学习，是很不应该的。一个人倘若小时候不好好学习，到老的时候既不懂做人的道理，又无知识，那么到老的时候都很难有所作为。

7. 玉不琢，不成器。人不学，不知义。

【解释】玉不打磨雕刻，不会成为精美的器物；人若是不学习，就不懂得礼仪，不能成才。

8. 为人子，方少时。亲师友，习礼仪。

【解释】做儿女的，从小时候就要亲近老师和朋友，从他们那里学习到许多为人处世的礼节和知识。

9. 香九龄，能温席。孝于亲，所当执。

【解释】东汉人黄香，九岁时就知道孝敬父亲，替父亲暖被窝。这是每个孝顺父母的人都应该实行和效仿的。

10. 融四岁，能让梨，弟于长，宜先知。

【解释】汉代人孔融四岁时，就知道把大的梨让给哥哥吃，这种尊敬和友爱兄长的道理，是每个人从小就应该知道的。

11. 首孝悌，次见闻。知某数，识某文。

【解释】人生首务，莫大于孝悌，事亲事长，孝悌乃一件大事。其次，是多见天下之事，以广其所知，多闻古今之理，以广其所学。知十百千万之数为某数，识古今圣贤之事为某文也。

12. 一而十，十而百。百而千，千而万。

【解释】中国采用十进位算术方法：一到十是基本的数字，然后十个十是一百，十个一百是一千，十个一千是一万……一直变化下去。

13. 三才者，天地人。三光者，日月星。

【解释】应该知道一些常识。三才指的是天、地、人三个方面。三光就是太阳、月亮、星星。

14. 三纲者，君臣义。父子亲，夫妇顺。

【解释】三纲是人与人之间关系应该遵守的三个行为准则，就是君王与臣子的言行要合乎义理，父母子女之间要相亲相爱，夫妻之间要和顺相处。

15. 曰春夏，曰秋冬。此四时，运不穷。

【解释】春、夏、秋、冬叫作四季。季节不断变化，春去夏来，秋去冬来，循环往复，永不停止。

16. 曰南北，曰西东。此四方，应乎中。

【解释】东、南、西、北叫作"四方"，是指各个方向的位置。这四个方位，必须有个中央位置对应，才能把各个方位定出来。

17. 曰水火，木金土。此五行，本乎数。

【解释】"五行"就是金、木、水、火、土。这是中国古代用来指宇宙各种事物的抽象概念，是根据一、二、三、四、五这五个数字和组合变化而产生的。

18. 十干者，甲至癸。十二支，子至亥。

【解释】"十干"指的是甲、乙、丙、丁、戊、己、庚、辛、壬、癸，又叫"天干"；"十二支"指的是子、丑、寅、卯、辰、巳、午、未、申、酉、戌、亥，又叫"地支"，是古代计时的标记。

19. 曰黄道，日所躔（chán）。曰赤道，当中权。

【解释】太阳运行轨道叫"黄道"，在地球中央有一条假想的与地轴垂直的大圆圈，这就是赤道。

20. 赤道下，温暖极。我中华，在东北。

【解释】在赤道地区，温度最高，气候特别炎热，从赤道向南北两个方向，气温逐渐变低。中国地处地球的东北边。

21. 寒燠（yù）均，霜露改。右高原，左大海。

【解释】中国气候冷暖匀称而有霜露。右边是高原，左边是大海。

22. 曰江河，曰淮济。此四渎，水之纪。

【解释】中国直接流入大海的有长江、黄河、淮河和济水，这四条大河是中国河流的代表。

23. 曰岱华，嵩恒衡。此五岳，山之名。

【解释】中国的五大名山，称为"五岳"，就是东岳泰山、西岳华山、中岳嵩山、南岳衡山、北岳恒山，这五座山是中国大山的代表。

24. 古九州，今改制。称行省，三十五。

【解释】中国汉时以辖九州统管全国，现为省，总共三十五个。

25. 曰士农，曰工商。此四民，国之良。

【解释】知识分子、农民、工人和商人，是国家的栋梁，称为四民，这是社会重要的组成部分。

26. 曰仁义，礼智信。此五常，不容紊。

【解释】人都能以仁、义、礼、智、信这五种法则作为处世做人的标准，社会就会永葆祥和，所以每个人都应遵守，不可怠慢疏忽。

27. 地所生，有草木。此植物，遍水陆。

【解释】除了人类，在地球上还有花草树木，这些属于植物，在陆地上和水里到处都有。

28. 有虫鱼，有鸟兽。此动物，能飞走。

【解释】虫、鱼、鸟、兽属于动物。动物有的能在天空中飞，有的能在陆地上走，有的能在水中游。

29. 稻粱菽，麦黍稷。此六谷，人所食。

【解释】人类生活主食有的来自植物，像稻子、高粱、各种豆类、小麦、小米、谷子，这六种粮食是人类的重要食品。

30. 马牛羊，鸡犬豕。此六畜，人所饲。

【解释】在动物中有马、牛、羊、鸡、狗和猪，这叫六畜。这些动物和六谷一样本来都是野生的。后来被人们渐渐驯化后，才成为人类日常生活的必需品。

31. 曰喜怒，曰哀惧。爱恶欲，七情具。

【解释】高兴叫作喜，生气叫作怒，伤心叫作哀，害怕叫作惧，心里喜欢叫作爱，讨厌叫作恶，内心很贪恋叫作欲，合起来叫七情。这是人生下来就有的七种感情。

32. 青赤黄，及黑白。此五色，目所识。

【解释】青色、黄色、赤色、黑色和白色，这是中国古代传统五行中的五种颜色，是人们的肉眼能够识别的。

33. 酸苦甘，及辛咸。此五味，口所含。

【解释】在平时所吃的食物中，全能用嘴巴分辨出来的，有酸、甜、苦、辣和咸这五种味道。

34. 膻焦香，及腥朽。此五臭，鼻所嗅。

【解释】鼻子可闻出东西的气味，气味主要有五种，即羊膻味、烧焦味、香味、鱼腥味和腐朽味。

35. 匏土革，木石金。丝与竹，乃八音。

【解释】中国古代人把制造乐器的材料，分为八种，即匏瓜、黏土、皮革、木块、石头、金属、丝线与竹子，称为"八音"。

36．曰平上，曰去入。此四声，宜调协。

【解释】人说话的声调分为平、上、去、入四种。四声的运用必须和谐，听起来才能使人舒畅。

37．高曾祖，父而身。身而子，子而孙。

【解释】高祖父生曾祖父，曾祖父生祖父，祖父生父亲，父亲生自己本身，已生儿子，儿子再生孙子。

38．自子孙，至玄曾。乃九族，人之伦。

【解释】由自己的儿子、孙子再接下去，就是曾孙和玄孙。从高祖父到玄孙称为"九族"。这"九族"代表着人的长幼尊卑秩序和家族血统的承续关系。

39．父子恩，夫妇从。兄则友，弟则恭。

【解释】父亲与儿子之间要注重相互的恩情，夫妻之间的感情要和顺，哥哥对弟弟要友爱，弟弟对哥哥则要尊敬。

40．长幼序，友与朋。君则敬，臣则忠。

【解释】年长的和年幼的交往要注意长幼尊卑的次序；朋友相处应该互相讲信用。如果君主能尊重他的臣子，官吏们就会对他忠心耿耿了。

41．此十义，人所同。当顺叙，勿违背。

【解释】前面提到的十义：父慈、子孝、夫和、妻顺、兄友、弟恭、朋信、友义、君敬、臣忠，这是人人都应遵守的，千万不能违背。

42．斩齐衰，大小功。至缌麻，五服终。

【解释】斩衰、齐衰、大功、小功和缌麻，这是中国古代亲族中不同的人死去时穿的五种孝服。

43．礼乐射，御书数。古六艺，今不具。

【解释】礼法、音乐、射箭、驾车、书法和算数是古代读书人必须学习的六种技艺，这六种技艺到现在已经没有人能同时具备了。

44．惟书学，人共遵。既识字，讲说文。

【解释】在六艺中，只有书法现今社会还是每个人都推崇的。当一个人认识字以后，就可以去研究《说文解字》，这样对于研究高深的学问是有帮助的。

45．有古文，大小篆。隶草继，不可乱。

【解释】中国文字发展经历了古文、大篆、小篆、隶书、草书，这一定要认清楚，不可搞混乱了。

46．若广学，惧其繁。但略说，能知原。

【解释】假如想广泛地学习知识，实在是不容易的事，也无从下手，但如能做大体研究，还是能了解到许多基本的道理的。

47. 凡训蒙，须讲究。详训诂，明句读。

【解释】凡是教导刚入学的儿童的老师，必须把每个字都讲清楚，每句话都要解释明白，并且使学童读书时懂得断句。

48. 为学者，必有初。小学终，至四书。

【解释】作为一个学者，求学的初期打好基础，把小学知识学透了，才可以读"四书"。

49. 论语者，二十篇。群弟子，记善言。

【解释】《论语》有二十篇，是孔子的弟子们，以及弟子的弟子们，记载有关孔子言论的一部书。

50. 孟子者，七篇止。讲道德，说仁义。

【解释】《孟子》是孟轲所作，共分七篇，也是有关品行修养、发扬道德仁义等优良德行的言论。

51. 作中庸，乃孔伋。中不偏，庸不易。

【解释】作《中庸》这本书的是孔伋，"中"是不偏的意思，"庸"是不变的意思。

52. 作大学，乃曾子。自修齐，至平治。

【解释】作《大学》这本书的是曾参，他提出了"修身齐家治国平天下"的主张。

53. 孝经通，四书熟。如六经，始可读。

【解释】把孝经的道理弄明白了，四书读熟了，才可以去读六经这样深奥的书。

54. 诗书易，礼春秋。号六经，当讲求。

【解释】《诗》《书》《易》《礼》《春秋》，再加上《乐》称六经，这是中国古代儒家的重要经典，应当仔细阅读。

55. 有连山，有归藏。有周易，三易详。

【解释】《连山》《归藏》《周易》是我国古代的三部书，这三部书合称"三易"，"三易"是用"卦"的形式来说明宇宙间万事万物循环变化的道理的书籍。

56. 有典谟，有训诰。有誓命，书之奥。

【解释】《书经》的内容分六个部分：一典，是立国的基本原则；二谟，即治国计划；三训，即大臣的态度；四诰，即国君的通告；五誓，起兵文告；六命，国君的命令。

57. 我周公，作周礼。著六官，存治体。

【解释】周公作了《周礼》，其中记载着当时六官的官制以及国家的组成情况。

58. 大小戴，注礼记。述圣言，礼乐备。

【解释】戴德和戴圣整理并且注释《礼记》，传述和阐扬了圣贤的著作，这使后代人知道了前代的典章制度和有关礼乐的情形。

59. 曰国风，曰雅颂。号四诗，当讽咏。

【解释】《国风》《大雅》《小雅》《颂》，合称为四诗，它是一种内容丰富、感情深切的诗歌，值得去朗诵。

60. 诗既亡，春秋作。寓褒贬，别善恶。

【解释】由于周朝的衰落，《诗经》也就跟着被冷落了，所以孔子就作《春秋》，在这本书中隐含着对现实政治的褒贬以及对各国善恶行为的分辨。

61. 三传者，有公羊。有左氏，有谷梁。

【解释】三传就是公羊高所著的《公羊传》，左丘明所著的《左传》和谷梁赤所著的《谷梁传》，这些是解释《春秋》的书。

62. 经既明，方读子。撮其要，记其事。

【解释】经传读熟了然后读子书。子书繁杂，必须选择比较重要的读，并且要记住每件事的本末因果。

63. 五子者，有荀扬。文中子，及老庄。

【解释】五子是指荀子、扬子、文中子、老子和庄子。他们所写的书，便称为子书。

64. 经子通，读诸史。考世系，知终始。

【解释】经书和子书读熟了以后，再读史书、读史时必须要考究各朝各代的世系，明白它们盛衰的原因，才能从历史中吸取教训。

65. 自羲农，至黄帝。号三皇，居上世。

【解释】自伏羲氏、神农氏到黄帝，这三位上古时代的帝王都能勤政爱民、非常伟大，因此后人尊称他们为"三皇"。

66. 唐有虞，号二帝。相揖逊，称盛世。

【解释】黄帝之后，有唐尧和虞舜两位帝王，尧认为自己的儿子不肖，而把帝位传给了德才兼备的舜，在两位帝王的治理下，天下太平，人人称颂。

67. 夏有禹，商有汤。周文武，称三王。

【解释】夏朝的开国君主是禹，商朝的开国君主是汤，周朝的开国君主是文王和武王。这几个德才兼备的君王被后人称为"三王"。

68. 夏传子，家天下。四百载，迁夏社。

【解释】禹把帝位传给自己的儿子，从此天下就成为一个家族所有的了。经过四百多年，夏被汤灭掉，从而结束了它的统治。

69. 汤伐夏，国号商。六百载，至纣亡。

【解释】汤朝征讨夏朝，定国号为商，过了六百多年，直到纣的灭亡。

70. 周武王，始诛纣。八百载，最长久。

【解释】周武王起兵灭掉商朝，杀死纣王，建立周朝，周朝的历史最长，前后延续了八百多年。

71. 周辙东，王纲坠。逞干戈，尚游说。

【解释】自从周平王东迁国都后，对诸侯的控制力就越来越弱了。诸侯国之间时常发生战争，而游说之士也开始大行其道。

72. 始春秋，终战国。五霸强，七雄出。

【解释】东周分为两个阶段，一是春秋时期，二是战国时期。春秋时的齐桓公、宋襄公、晋文公、秦穆公和楚庄王号称五霸。战国的七雄分别为齐、楚、燕、韩、赵、魏、秦。

73. 嬴秦氏，始兼并。传二世，楚汉争。

【解释】战国末年，秦国的势力日渐强大，把其他诸侯国都灭掉了，建立了统一的秦朝。秦传到二世胡亥，天下又开始大乱，最后，形成了楚汉相争的局面。

74. 高祖兴，汉业建。至孝平，王莽篡。

【解释】汉高祖打败项羽，建立汉朝。汉朝帝位传了两百多年，到了孝平帝时，就被王莽篡夺了。

75. 光武兴，为东汉。四百年，终于献。

【解释】王莽篡权后，改国号为新，天下大乱，刘秀推翻更始帝，恢复国号为汉，史称东汉光武帝，东汉延续四百年，到汉献帝的时候灭亡。

76. 魏蜀吴，争汉鼎。号三国，迄两晋。

【解释】东汉末年，魏国、蜀国、吴国争夺天下，形成三国相争的局面。后来魏灭了蜀国和吴国，但被司马炎篡夺了帝位，建立了晋朝，晋又分为东晋和西晋两个时期。

77. 宋齐继，梁陈承。为南朝，都金陵。

【解释】晋朝王室南迁以后，不久就衰亡了，继之而起的是南北朝时期。南朝包括宋、齐、梁、陈，国都建在金陵。

78. 北元魏，分东西。宇文周，与高齐。

【解释】北朝则指的是元魏。元魏后来也分裂成东魏和西魏，西魏被宇文觉篡了位，建立了北周；东魏被高洋篡了位，建立了北齐。

79. 迨至隋，一土宇。不再传，失统绪。

【解释】杨坚重新统一了中国，建立了隋朝，历史上称为隋文帝。他的儿子隋炀帝杨广即位后，荒淫无道，隋朝很快就灭亡了。

80. 唐高祖，起义师。除隋乱，创国基。

【解释】唐高祖李渊起兵反隋，最后隋朝灭亡，他战胜了各路反隋义军，取得天下，建立起唐朝。

81. 二十传，三百载。梁灭之，国乃改。

【解释】唐朝的统治近三百年，总共传了二十位皇帝。到唐昭宣帝被朱全忠篡位，建立了梁朝，唐朝从此灭亡。为和南北朝时期的梁相区别，历史上称为后梁。

82. 梁唐晋，及汉周。称五代，皆有由。

【解释】后梁、后唐、后晋、后汉和后周五个朝代的更替时期，历史上称作五代，这五个朝代的更替都有着一定的原因。

83. 炎宋兴，受周禅。十八传，南北混。

【解释】赵匡胤接受了后周"禅让"的帝位，建立宋朝。宋朝传了十八个皇帝之后，北方的少数民族南下侵扰，结果又成了南北混战的局面。

84. 辽与金，皆称帝。元灭金，绝宋世。

【解释】北方的辽人、金人和蒙古人都建立了国家，自称皇帝，最后蒙古人灭了金朝和宋朝，建立了元朝，重新统一了中国。

85. 舆图广，超前代。九十年，国祚废。

【解释】元朝的疆域很广大，所统治的领土，超过了以前的每一个朝代。然而它只维持了短短九十年，就被农民起义推翻了。

86. 太祖兴，国大明。号洪武，都金陵。

【解释】元朝末年，明太祖朱元璋起义，最后推翻元朝统治，统一全国，建立大明，年号洪武，定都在金陵。

87. 迨成祖，迁燕京。十六世，至崇祯。

【解释】到明成祖即位后，把国都由金陵迁到北方的燕京。明朝共传了十六个皇帝，直到崇祯皇帝为止，明朝就灭亡了。

88. 权阉肆，寇如林。李闯出，神器焚。

【解释】明朝末年，宦官专权，天下大乱，老百姓纷纷起义，以"闯王"李自成为首的起义军攻破北京，迫使崇祯皇帝自杀，明朝最后灭亡。

89. 清世祖，膺景命。靖四方，克大定。

【解释】清军入关后，清世祖顺治皇帝在北京登上帝座，平定了各地的混乱局面，使得老百姓可以重新安定地生活。

90. 由康雍，历乾嘉。民安富，治绩夸。

【解释】顺治皇帝以后，分别是康熙、雍正、乾隆和嘉庆四位皇帝，在此期间，天下太平，人民生活比较安定，国家也比较强盛。

91. 道咸间，变乱起。始英法，扰都鄙。

【解释】清朝道光、咸丰年间，发生了变乱，英军发动鸦片战争。英、法两国分别以"亚罗号事件"和法国神父被杀为由组成联军，直攻北京。

92. 同光后，宣统弱。传九帝，满清殁。

【解释】同治、光绪皇帝以后，清朝的国势已经破败不堪，当传到第九代宣统皇帝时，就被孙中山领导的辛亥革命推翻了。

93. 革命兴，废帝制。立宪法，建民国。

【解释】孙中山领导的辛亥革命，推翻了清朝政府的统治，废除了帝制，建立了宪法，成立了中华民国政府，孙中山任临时大总统。

94. 古今史，全在兹。载治乱，知兴衰。

【解释】以上所叙述的是从三皇五帝到建立民国的古今历史，通过对历史的学习，可以了解各朝各代的治乱兴衰，领悟到许多有益的东西。

95. 史虽繁，读有次。史记一，汉书二。

【解释】中国史书虽然纷繁、复杂，但在读的时候应有次序：先读《史记》，然后读《汉书》。

96. 后汉三，国志四。兼证经，参通鉴。

【解释】第三读《后汉书》，第四读《三国志》，读的同时，还要参照经书，参考《资治通鉴》，这样就可以更好地了解历史的治乱兴衰了。

97. 读史者，考实录。通古今，若亲目。

【解释】读历史的人应该更进一步地去翻阅历史资料，了解古往今来事情的前因后果，就好像是自己亲眼所见一样。

98. 昔仲尼，师项橐（tuó）。古圣贤，尚勤学。

【解释】从前，孔子是个十分好学的人，当时鲁国有一位神童名叫项橐，孔子就曾向他学习。像孔子这样的圣贤，尚不忘勤学。

99. 赵中令，读鲁论。彼既仕，学且勤。

【解释】宋朝时赵中令——赵普，他已经做到中书令了，还天天手不释卷地阅读《论语》，不因为自己已经当了高官，而忘记勤奋学习。

100. 披蒲编，削竹简。彼无书，且知勉。

【解释】西汉时路温舒把文字抄在蒲草上阅读。公孙弘将《春秋》刻在竹子削成的竹片上。两人都很穷，买不起书，但还不忘勤奋学习。

101. 头悬梁，锥刺股。彼不教，自勤苦。

【解释】东汉的孙敬读书时把自己的头发拴在屋梁上，以免打瞌睡。战国时苏秦读书每到疲倦时就用锥子刺大腿，他们不用别人督促而自觉勤奋苦读。

102. 如囊萤，如映雪。家虽贫，学不辍。

【解释】晋朝人车胤，把萤火虫放在纱袋里照明读书。孙康则利用积雪的反光来读书。他们两人家境贫苦，却能在艰苦条件下继续求学。

103. 如负薪，如挂角。身虽劳，犹苦卓。

【解释】汉朝的朱买臣，以砍柴维持生活，每天边担柴边读书。隋朝李密放牛把书挂在牛角上，有时间就读。他们在艰苦的环境里仍坚持读书。

104.苏老泉，二十七。始发奋，读书籍。

【解释】唐宋八大家之一的苏洵，号老泉，小时候不想念书，到了二十七岁的时候，才开始下决心努力学习，后来成了大学问家。

105.彼既老，犹悔迟。尔小生，宜早思。

【解释】像苏老泉上了年纪，才后悔当初没好好读书，而我们年纪轻轻，更应该把握大好时光，发奋读书，才不至于将来后悔。

106.若梁灏，八十二。对大廷，魁多士。

【解释】宋朝有个梁灏，在八十二岁时才考中状元，在金殿上对皇帝提出的问题对答如流，所有参加考试的人都不如他。

107.彼既成，众称异。尔小生，宜立志。

【解释】梁灏这么大年纪，尚能获得成功，不能不使大家感到惊异，钦佩他的好学不倦。而我们应该趁着年轻的时候，立定志向，努力用功就一定会前途无量。

108.莹八岁，能咏诗。泌七岁，能赋棋。

【解释】北齐有个叫祖莹的人，八岁就能吟诗，后来当了秘书监著作郎。另外唐朝有个叫李泌的人，七岁时就能以下棋为题而作出诗赋。

109.彼颖悟，人称奇。尔幼学，当效之。

【解释】他们两个人的聪明和才智，在当时很受人们的赞赏和称奇，我们正值求学的开始，应该效法他们，努力用功读书。

110.蔡文姬，能辨琴。谢道韫，能咏吟。

【解释】在古代有许多出色的女能人。像东汉末年的蔡文姬能分辨琴声好坏，晋朝的才女谢道韫则能出口成诗。

111.彼女子，且聪敏。尔男子，当自警。

【解释】像这样的两个女孩子，一个懂音乐，一个会作诗，天资如此聪慧；身为一个男子汉，更要时时警惕，充实自己才对。

112.唐刘晏（yàn），方七岁。举神童，作正字。

【解释】唐玄宗时，有一个名叫刘晏的小孩子，只有七岁，就被推举为神童，并且做了负责刊正文字的官。

113.口而诵，心而惟。朝于斯，夕于斯。

【解释】读书学习，要有恒心，要一边读，一边用心去思考。只有早早晚晚都把心思用到学习上，才能真正学好。

114.彼虽幼，身已仕。有为者，亦若是。

【解释】刘晏虽然年纪这么小，但却已经做官，担当国家给他的重任。要想成为一个有用的人，只要勤奋好学，也可以像刘晏一样名扬后世。

115. 犬守夜，鸡司晨。苟不学，曷为人。

【解释】狗在夜间会替人看守家门，鸡在每天早晨天亮时报晓，人如果不能用心学习、迷迷糊糊过日子，有什么资格称为人呢？

116. 蚕吐丝，蜂酿蜜。人不学，不如物。

【解释】蚕吐丝以供做衣料，蜜蜂可以酿制蜂蜜，供人们食用。而人要是不懂得学习，以自己的知识、技能来实现自己的价值，真不如小动物。

117. 幼而学，壮而行。上致君，下泽民。

【解释】在幼年时努力学习不断充实自己，长大后能学以致用，上替国家效力，下为人民谋福利。

118. 扬名声，显父母。光于前，裕于后。

【解释】如果为人民作出了应有的贡献，就会得到赞扬，自己的父母也可以得到荣耀，给祖先增添了光彩，也给后代留下了好的榜样。

119. 人遗子，金满赢。我教子，唯一经。

【解释】有人遗留给子孙后代金银钱财，但应该教孩子精于读书学习，长大后做个有所作为的人。

120. 勤有功，戏无益。戒之哉，宜勉力。

【解释】反复讲了许多道理，只是告诉孩子们，凡是勤奋上进的人，都会有好的收获，而只顾贪玩，浪费了大好时光是一定要后悔的。

（十八）《百家姓》

百家姓是表明家族的字。数千年来，国人的姓氏不断在演变，有的逐渐消失，而新的姓氏又不断出现，其中不乏一些有趣的典故。

1. 姓氏的由来

早在原始氏族时期就有姓了。姓起源于女系，氏起源于男系。"姓表血统，氏表职官、表居地、表职业"，如今姓氏只用于表明家族。《说文解字》中对于姓的解释是："人所生也""姓从女，从生。"在母系社会，同一母系的后代不能通婚，为了区别不同的婚姻集团，便有了姓。其中一些主要的姓已经有四千多年的历史了。随着同姓的不断出现，为了区别家族的地位、出身，才产生了氏，最早明确记载姓氏是从周朝开始的。氏的本义为"支""歧"，目的是用来区别子孙的出处，同一姓可以衍分为许多不同的氏。随着"支""歧"的不断产生和增多，姓氏也多了起来，有以祖先的族号或庙号、国名或地名、官职、动植物、数字、方位等为氏的；有以爵位、国号、官职、居住地、封地、职业为氏的。

上古的尧帝族号为唐，其后代便以唐为姓；齐、鲁、秦、晋等姓也都是古代的国号；周文王和周武王的后代有不少人分别用他们的谥号"文"和"武"为姓；东郭、南门、南宫等既是以地名又是以方位为姓的；以动植物和数字为姓的有牛、马、羊、龙、熊、柳、杨、花、李、千、百、万等；以官职官位、爵位、爵号为姓的有司徒、帅、尉、王、公、侯等；以封地为氏的有屈、解、商等；以职业为氏的有陶、巫、屠、卜等。不少"姓"和"氏"的出处相同，因此除了人们的社会关系由母系转向父系，"姓""氏"同源也是两者合称的一个重要原因。

除以上所提到的各类姓氏外，还有以金、木、水、火、土五行，金、银、铜、铁、锡等金属，红、黄、蓝、白、黑、绿、紫等颜色，稻、麦、谷、粮、黍五谷和风、霜、雨、雪、雷、电等自然现象为姓的，甚至还有以柴、米、油、盐、酱、醋、茶、鸡、鸭、鱼、肉、汤、上、中、下、死、活等字为姓的，其中最小的姓氏人口还不到一百人。值得注意的是，大姓的人口还在继续增长，而人口极少的小姓氏却有消亡的可能。

2. 姓氏的演变

在漫长的历史长河中，姓氏也在不断演变。从春秋战国、魏晋南北朝、隋唐到元明清时期，历史上曾经有过多次民族大融合，许多少数民族融入汉族之中，成为中华民族的一分子，其姓氏也成了华夏诸多姓氏中的一部分。北魏的拓跋氏是鲜卑人，孝文帝拓跋宏在位期间大力改革，加快鲜卑人"汉化"就是一项重要内容，他率先将姓氏改为"元"。北魏分裂以后，执掌西魏大权的宇文泰下令，将包括宇文、独孤、达溪、贺拔、贺若等鲜卑姓氏在内的 36 个大姓 99 个小姓都改为长安人，使其融入汉人中间；隋唐时期融入中原的少数民族也不在少数，在长安区至今还有汉化的辽朝耶律人后裔，元朝散居在全国各地的蒙古人多改用了汉人的姓和名。同样，清朝结束以后，许多满族人也都改用了汉人的姓名，如今北京地区的安、金、关等姓氏中就有不少人是满族后裔。著名的历史学家翦（jiǎn）伯赞的祖先哈勒就是 13 世纪初随元朝征战的将领，明初朱元璋又因其后人"剪除敌对势力有功"，特赐姓"翦"，并使之世居于湖南省桃源县。

改变姓氏者屡见不鲜，有的是迫于无奈，有的是顺其自然。"史圣"司马迁去世后，家人害怕受到牵连，将"司""马"两字分开，一部分人在"司"字左边加一撇改姓"同"，另一部分人则在"马"字左边加两点改姓"冯"。在韩城冯、同两姓共祭一个祖先，这在国内绝无仅有；石敬瑭在位时期，敬姓人为了避皇帝的名讳被迫改为苟姓。前些年经有关部门批准，河南省内许多苟姓人恢复了敬姓。

一个姓氏可以衍分出许多不同的姓氏，这也是国人姓氏越来越多的一个重要原因，但大多都是由繁到简的改变，多取截音，如将公孙改为"公"和"孙"，将欧阳改为"欧"和"阳"。或是仅取一个字，如将东郭改为"郭"等。其他改姓氏的还有以下几种情况：入赘男子改女家姓的，母亲改嫁子女随继父姓的，父母离异改变子女姓氏，女子出嫁后随夫家姓，将父母双方的姓氏合在一起作为子女姓氏的。另外，作家、艺术家的笔名、艺名，因工作需要改用假名的不属于更改姓氏。

3.《百家姓》完整内容

赵钱孙李　周吴郑王　冯陈褚卫　蒋沈韩杨　朱秦尤许　何吕施张
孔曹严华　金魏陶姜　戚谢邹喻　柏水窦章　云苏潘葛　奚范彭郎
鲁韦昌马　苗凤花方　俞任袁柳　鄷鲍史唐　费廉岑薛　雷贺倪汤
滕殷罗毕　郝邬安常　乐于时傅　皮卞齐康　伍余元卜　顾孟平黄
和穆萧尹　姚邵堪汪　祁毛禹狄　米贝明臧　计伏成戴　谈宋茅庞
熊纪舒屈　项祝董梁　杜阮蓝闵　席季麻强　贾路娄危　江童颜郭
梅盛林刁　钟徐邱骆　高夏蔡田　樊胡凌霍　虞万支柯　咎管卢莫
经房裘缪　干解应宗　丁宣贲邓　郁单杭洪　包诸左石　崔吉钮龚
程嵇邢滑　裴陆荣翁　荀羊於惠　甄曲家封　芮羿储靳　汲邴糜松
井段富巫　乌焦巴弓　牧隗山谷　车侯宓蓬　全郗班仰　秋仲伊宫
宁仇栾暴　甘钭厉戎　祖武符刘　景詹束龙　叶幸司韶　郜黎蓟薄
印宿白怀　蒲台从鄂　索咸籍赖　卓蔺屠蒙　池乔阴郁　胥能苍双
闻莘党翟　谭贡劳逄　姬申扶堵　冉宰郦雍　却璩桑桂　濮牛寿通
边扈燕冀　郏浦尚农　温别庄晏　柴瞿阎充　慕连茹习　宦艾鱼容
向古易慎　戈廖庚终　暨居衡步　都耿满弘　匡国文寇　广禄阙东
殳夫沃利　蔚越夔隆　师巩厍聂　晁勾敖融　冷訾辛阚　那简饶空
曾毋沙乜　养鞠须丰　巢关蒯相　查后荆红　游竺权逯　盖后桓公
万俟司马　上官欧阳　夏侯诸葛　闻人东方　赫连皇甫　尉迟公羊
澹台公冶　宗政濮阳　淳于单于　太叔申屠　公孙仲孙　轩辕令狐
钟离宇文　长孙慕容　鲜于闾丘　司徒司空　亓官司寇　仉督子车
颛孙端木　巫马公西　漆雕乐正　壤驷公良　拓拔夹谷　宰父谷梁
晋楚闫法　汝鄢涂钦　段干百里　东郭南门　呼延归海　羊舌微生
岳帅缑亢　况后有琴　梁丘左丘　东门西门　商牟佘佴　伯赏南宫
墨哈谯笪　年爱阳佟　第五言福　百家姓终

（十九）《千字文》

《千字文》根据史书记载，是南朝梁武帝在位时期（502年至549年）编成的，其编者是梁朝散骑侍郎、给事中周兴嗣，古人多简称其为《千文》，它在"三百千"中虽排在最后，但其成书时间却是最早的，也是"三百千"中唯一确切知道成书时间和作者的一部书。

《千字文》问世1400多年来的流传表明，它既是一部优秀的童蒙读物，也是中国优秀传统文化的组成部分，得到了人们的普遍重视和喜爱，这足以使它流传到将来。

《千字文》每4字一句，共250句，1000个字。一些古人曾试图加以修改，如宋人吴枋、明人郎瑛等。《千字文》通篇用韵，朗朗上口，其用韵数字是7个。

《千字文》实录994个汉字，重字凡六，以汉语拼音为序列于下：

"发"：周发殷汤；盖此身发，"巨"：剑号巨阙；钜野洞庭，"昆"：玉出昆冈；昆池碣石；

"戚"：戚谢欢招；亲戚故旧。"云"：云腾致雨；禅主云亭，"资"：资父事君；务资稼穑。

考虑到古汉语是繁体字，实际上这六个字的繁体写法是不一样的，所以应该说是有1000种字形。

1. 天地玄黄　宇宙洪荒

【解释】玄，天也；黄，地之色也；洪，大也；荒，远也；宇宙广大无边。

2. 日月盈昃　辰宿列张

【解释】太阳有正有斜，月亮有缺有圆；星辰布满在无边的太空中。

3. 寒来暑往　秋收冬藏

【解释】寒暑循环变换，来了又去，去了又来；秋季里忙着收割，冬天里忙着储藏。

4. 闰余成岁　律吕调阳

【解释】积累数年的闰余并成一个月，放在闰年里；古人用六律六吕来调节阴阳。

5. 云腾致雨　露结为霜

【解释】云气升到天空，遇冷就形成雨；露水碰上寒夜，很快凝结为霜。

6. 金生丽水　玉出昆冈

【解释】金子生于金沙江底，玉石出自昆仑山岗。

7. 剑号巨阙　珠称夜光

【解释】最有名的宝剑叫"巨阙"，最贵重的明珠叫"夜光"。

8. 果珍李柰　菜重芥姜

【解释】果子中最珍贵的是李和柰，蔬菜中最看重的是芥和姜。

9. 海咸河淡　鳞潜羽翔

【解释】海水咸，河水淡；鱼儿在水中潜游，鸟儿在空中飞翔。

10. 龙师火帝　鸟官人皇

【解释】龙师、火帝、鸟官、人皇，这些都是上古时代的帝皇官员。

11. 始制文字　乃服衣裳

【解释】有了仓颉，开始创造了文字；有了嫘祖，人们才穿起了遮身盖体的衣裳。

12. 推位让国　有虞陶唐

【解释】唐尧、虞舜英明无私，主动把君位禅让给功臣贤人。

13. 吊民伐罪　周发殷汤

【解释】安抚百姓，讨伐暴君，有周武王姬发和商君成汤。

14. 坐朝问道　垂拱平章

【解释】贤君身坐朝廷，探讨治国之道，垂衣拱手，和大臣共商国是。

15. 爱育黎首　臣伏戎羌

【解释】他们爱抚、体恤老百姓，四方各族人都归附向往。

16. 遐迩一体　率宾归王

【解释】远远近近都统一在一起，全都心甘情愿屈服于贤君。

17. 鸣凤在竹　白驹食场

【解释】凤凰在竹林中欢鸣，白马在草场上觅食，国泰民安，处处吉祥。

18. 化被草木　赖及万方

【解释】贤君的教化覆盖大自然的一草一木，恩泽遍及天下百姓。

19. 盖此身发　四大五常

【解释】人的身体发肤分属于"四大"，一言一行都要符合"五常"。

20. 恭惟鞠养　岂敢毁伤

【解释】恭蒙父母亲生养爱护，不可有一丝一毫的毁坏损伤。

21. 女慕贞洁　男效才良

【解释】女子要思慕那些为人称道的贞妇洁女，男子要效法有德有才的贤人。

22. 知过必改　得能莫忘

【解释】知道自己有过错，一定要改正；适合自己干的事，不要放弃。

23. 罔谈彼短　靡恃己长

【解释】不要去谈论别人的短处，也不要依仗自己有长处就不思进取。

24. 信使可复　器欲难量

【解释】诚实的话要能经受时间的考验；器度要大，让人难以估量。

25. 墨悲丝染　诗赞羔羊

【解释】墨子为白丝染色不褪而悲泣，《诗经》中因此有《羔羊》篇传扬。

26. 景行维贤　克念作圣

【解释】高尚的德行只能在贤人那里看到；要克制私欲，努力仿效圣人。

27. 德建名立　形端表正

【解释】养成了好的道德，就会有好的名声；就像形体端庄，仪表也随之肃穆一样。

28. 空谷传声　虚堂习听

【解释】空旷的山谷中呼喊声传得很远，宽敞的厅堂里说话声非常清晰。

29. 祸因恶积　福缘善庆

【解释】祸害是因为多次作恶积累而成，幸福是由于常年行善得到的奖赏。

30. 尺璧非宝　寸阴是竞

【解释】一尺长的璧玉算不上宝贵，一寸短的光阴却值得去争取。

31. 资父事君　曰严与敬

【解释】供养父亲，侍奉国君，要做到认真、谨慎、恭敬。

32. 孝当竭力　忠则尽命

【解释】对父母孝，要尽心竭力；对国君忠，要不惜献出生命。

33. 临深履薄　夙兴温凊

【解释】要像"如临深渊，如履薄冰"那样小心谨慎；要早起晚睡，让父母冬暖夏凉。

34. 似兰斯馨　如松之盛

【解释】能这样去做，德行就同兰花一样馨香，同青松一样茂盛。

35. 川流不息　渊澄取映

【解释】还能延及子孙，像大河川流不息；影响世人，像碧潭清澄照人。

36. 容止若思　言辞安定

【解释】仪态举止要庄重，看上去若有所思；言语措辞要稳重，显得从容沉静。

37. 笃初诚美　慎终宜令

【解释】无论修身、求学，重视开头固然不错，认真去做，有好的结果更为重要。

38. 荣业所基　籍甚无竟

【解释】有德能孝是事业显耀的基础，这样的人声誉盛大，传扬不已。

39. 学优登仕　摄职从政

【解释】学习出色并有余力，就可出仕做官，担任一定的职务，参与国家的政事。

40. 存以甘棠　去而益咏

【解释】召公在世时曾在甘棠树下理政，他过世后老百姓对他更加怀念歌咏。

41. 乐殊贵贱　礼别尊卑

【解释】选择乐曲要根据人的身份贵贱有所不同；采用礼节要按照人的地位有所区别。

42. 上和下睦　夫唱妇随

【解释】长辈和小辈要和睦相处，夫妇要一唱一随，协调和谐。

43. 外受傅训　入奉母仪

【解释】在外面要听从师长的教诲，在家里要遵守母亲的规范。

44. 诸姑伯叔　犹子比儿

【解释】对待姑姑、伯伯、叔叔等长辈，要像是他们的亲生子女一样。

45. 孔怀兄弟　同气连枝

【解释】兄弟之间要非常相爱，因为同受父母血气，犹如树枝相连。

46. 交友投分　切磨箴规

【解释】结交朋友要意相投，学习上切磋琢磨，品行上互相告勉。

47. 仁慈隐恻　造次弗离

【解释】仁义、慈爱，对人的恻隐之心，在最仓促、危急的情况下也不能抛离。

48. 节义廉退　颠沛匪亏

【解释】气节、正义、廉洁、谦让的美德，在最穷困潦倒的时候也不可亏缺。

49. 性静情逸　心动神疲

【解释】品性沉静淡泊，情绪就安逸自在；内心浮躁好动，精神就疲惫困倦。

50. 守真志满　逐物意移

【解释】保持纯洁的天性，就会感到满足；追求物欲享受，天性就会转移改变。

51. 坚持雅操　好爵自縻

【解释】坚持高尚情操，好的职位自然会为你所有。

52. 都邑华夏　东西二京

【解释】古代的都城华美壮观，有东京洛阳和西京长安。

53. 背邙面洛　浮渭据泾

【解释】东京洛阳背靠北邙山，南临洛水；西京长安左跨渭河，右依泾水。

54. 宫殿盘郁　楼观飞惊

【解释】宫殿盘旋曲折，重重叠叠；楼阁高耸如飞，触目惊心。

55. 图写禽兽　画彩仙灵

【解释】宫殿上绘着各种飞禽走兽，描画出五彩的天仙神灵。

56. 丙舍傍启　甲帐对楹

【解释】正殿两边的配殿从侧面开启，豪华的帐幕对着高高的楹柱。

57. 肆筵设席　鼓瑟吹笙

【解释】宫殿中大摆宴席，乐人吹笙鼓瑟，一派歌舞升平的景象。

58. 升阶纳陛　弁转疑星

【解释】登上台阶进入殿堂的文武百官，帽子团团转，像满天的星星。

59. 右通广内　左达承明

【解释】右面通向用于藏书的广内殿，左面到达朝臣休息的承明殿。

60. 既集坟典　亦聚群英

【解释】这里既收藏了很多的典籍名著，也集着成群的文武英才。

61. 杜稿钟隶　漆书壁经

【解释】书殿中有杜度的草书、钟繇的隶书，还有漆写的古籍和孔壁中的经典。

62. 府罗将相　路侠槐卿

【解释】宫廷内将相依次排成两列，宫廷外大夫公卿夹道站立。

63. 户封八县　家给千兵

【解释】他们每户有八县之广的封地，配备成千以上的士兵。

64. 高冠陪辇　驱毂振缨

【解释】他们戴着高高的官帽，陪着皇帝出游，驾着车马，帽带飘舞着，好不威风。

65. 世禄侈富　车驾肥轻

【解释】他们的子孙世代领受俸禄，奢侈豪富，出门时轻车肥马，春风得意。

66. 策功茂实　勒碑刻铭

【解释】朝廷还详尽确实地记载他们的功德，刻在碑石上流传于后世。

67. 磻（pán）溪伊尹　佐时阿衡

【解释】周武王磻溪遇吕尚，尊他为"太公望"；伊尹辅佐时政，商汤王封他为"阿衡"。

68. 奄宅曲阜　微旦孰营

【解释】周成王占领了古奄（yǎn）国曲阜一带的地面，要不是周公旦辅政哪里能成？

69. 桓公匡合　济弱扶倾

【解释】齐桓公九次会合诸侯，出兵援助势单力薄和面临危亡的诸侯小国。

70. 绮回汉惠　说感武丁

【解释】汉惠帝做太子时靠绮里季才幸免于废黜，商君武丁感梦而得贤相传说。

71. 俊乂（yì）密勿　多士寔宁

【解释】能人治政勤勉努力，全靠许多这样的贤士，国家才富强安宁。

72. 晋楚更霸　赵魏困横

【解释】晋、楚两国在齐之后称霸，赵、魏两国因连横而受困于秦。

73. 假途灭虢　践土会盟

【解释】晋献公向虞国借路去消灭虢国；晋文公在践土与诸侯会盟，被推为盟主。

74. 何遵约法　韩弊烦刑

【解释】萧何遵循简约刑法的精神制定九律，韩非却受困于自己所主张的严酷刑法。

75. 起翦颇牧　用军最精

【解释】秦将白起、王翦，赵将廉颇、李牧，带兵打仗最为高明。

76. 宣威沙漠　驰誉丹青

【解释】他们的声威远传到沙漠边地，美誉和画像一起流芳后代。

77. 九州禹迹　百郡秦并

【解释】九州处处留有大禹治水的足迹，全国各郡在秦并六国后归于统一。

78. 岳宗泰岱　禅主云亭

【解释】五岳中人们最尊崇东岳泰山，历代帝王都在云山和亭山主持禅礼。

79. 雁门紫塞　鸡田赤城

【解释】名关有北疆雁门，要塞有万里长城，驿站有边地鸡田，奇山有天台赤城。

80. 昆池碣石　钜野洞庭

【解释】赏池赴昆明滇池，观海临河北碣石，看泽去山东钜野，望湖上湖南洞庭。

81. 旷远绵邈　岩岫杳冥

【解释】江河源远流长，湖海宽广无边。名山奇谷幽深秀丽，气象万千。

82. 治本于农　务兹稼穑

【解释】治国的根本在发展农业，要努力做好播种、收获这些农活。

83. 俶载南亩 我艺黍稷

【解释】一年的农活该开始干起来了，我种上小米，又种上高粱。

84. 税熟贡新 劝赏黜陟

【解释】收获季节，用刚熟的新谷交纳税粮，官府应按农户的贡献大小给予奖励或处罚。

85. 孟轲敦素 史鱼秉直

【解释】孟轲夫子崇尚纯洁，史官子鱼秉性刚直。

86. 庶几中庸 劳谦谨敕

【解释】做人要尽可能合乎中庸的标准，勤奋、谦逊、谨慎，懂得规劝告诫自己。

87. 聆音察理 鉴貌辨色

【解释】听别人说话，要仔细审察是否合理；看别人面孔，要小心辨析他的脸色。

88. 贻厥嘉猷 勉其祗植

【解释】要给人家留下正确高明的忠告或建议，勉励别人谨慎小心地处世立身。

89. 省躬讥诫 宠增抗极

【解释】听到别人的讥讽告诫，要反省自身；备受恩宠不要得意忘形，对抗权尊。

90. 殆辱近耻 林皋幸即

【解释】知道有危险耻辱的事快要发生，还不如归隐山林为好。

91. 两疏见机 解组谁逼

【解释】疏广、疏受预见到危患的苗头才告老还乡，哪里有谁逼他们除下官印？

92. 索居闲处 沉默寂寥

【解释】离群独居，悠闲度日，整天不用多费唇舌，清静无为岂不是好事？

93. 求古寻论 散虑逍遥

【解释】想想古人的话，翻翻古人的书，消除往日的忧虑，乐得逍遥自在。

94. 欣奏累遣 戚谢欢招

【解释】轻松的事凑到一起，费力的事丢在一边，消除不尽的烦恼，得来无限的快乐。

95. 渠荷的历 园莽抽条

【解释】池里的荷花开得光润鲜艳，园中的草木抽出条条嫩枝。

96. 枇杷晚翠　梧桐蚤凋

【解释】枇杷到了岁晚还是苍翠欲滴，梧桐刚刚交秋就早早地凋谢了。

97. 陈根委翳　落叶飘摇

【解释】老树根蜿蜒曲折，落叶在秋风里四处飘荡。

98. 游鹍独运　凌摩绛霄

【解释】只有远游的鲲鹏独自翱翔，直冲布满彩霞的云霄。

99. 耽读玩市　寓目囊箱

【解释】汉代王充在街市上沉迷留恋于读书，眼睛注视的都是书袋和书箱。

100. 易輶攸畏　属耳垣墙

【解释】说话最怕旁若无人，毫无禁忌；要留心隔着墙壁有人在贴耳偷听。

101. 具膳餐饭　适口充肠

【解释】安排一日三餐的膳食，要适合各位的口味，能让大家吃饱。

102. 饱饫烹宰　饥厌糟糠

【解释】吃饱了以后，再好的东西来了也不想吃了。没食物的时候，有糟糠也就满足了。

103. 亲戚故旧　老少异粮

【解释】亲属、朋友会面要盛情款待，老人、小孩的食物应和自己不同。

104. 妾御绩纺　侍巾帷房

【解释】小妾婢女要管理好家务，尽心恭敬地服侍好主人。

105. 纨扇圆絜　银烛炜煌

【解释】绢制的团扇像满月一样又白又圆，银色的烛台上烛火辉煌。

106. 昼眠夕寐　蓝笋象床

【解释】白日小憩，晚上就寝，有青篾编成的竹席和象牙雕屏的床榻。

107. 弦歌酒宴　接杯举觞

【解释】奏着乐，唱着歌，摆酒开宴；接过酒杯，开怀畅饮。

108. 矫手顿足　悦豫且康

【解释】情不自禁地手舞足蹈，真是又快乐又安康。

109. 嫡后嗣续　祭祀烝尝

【解释】子孙继承了祖先的基业，一年四季的祭祀大礼不能疏忘。

110. 稽颡再拜　悚惧恐惶

【解释】跪着磕头，拜了又拜；礼仪要周全恭敬，心情要悲痛虔诚。

111. 笺牒简要　顾答审详

【解释】给别人写信要简明扼要，回答别人的问题要详细周全。

112. 骸垢想浴　执热愿凉

【解释】身上有了污垢，就想洗澡，好比手上拿着烫的东西就希望有风把它吹凉。

113. 驴骡犊特　骇跃超骧

【解释】家里有了灾祸，连牲畜都会受惊，狂蹦乱跳，东奔西跑。

114. 诛斩贼盗　捕获叛亡

【解释】对抢劫、偷窃、反叛、逃亡的人要严厉惩罚，该抓的抓，该杀的杀。

115. 布射僚丸　嵇琴阮啸

【解释】吕布擅长射箭，宜僚有弄丸的绝活，嵇康善于弹琴，阮籍能撮口长啸。

116. 恬笔伦纸　钧巧任钓

【解释】蒙恬造出毛笔，蔡伦发明造纸术，马钧巧制水车，任公子垂钓大鱼。

117. 释纷利俗　竝皆佳妙

【解释】他们的技艺有的解人纠纷，有的方便群众，都高明巧妙，为人称道。

118. 毛施淑姿　工颦妍笑

【解释】毛嫱、西施年轻美貌，哪怕皱着眉头，也像美美的笑。

119. 年矢每催　曦晖朗曜

【解释】可惜青春易逝，岁月匆匆催人渐老，只有太阳的光辉永远朗照。

120. 璇玑悬斡　晦魄环照

【解释】高悬的北斗随着四季变换转动，明晦的月光洒遍人间的每个角落。

121. 指薪修祜　永绥吉劭

【解释】行善积德才能像薪尽火传那样精神长存，子孙安康全靠你留下吉祥的忠告。

122. 矩步引领　俯仰廊庙

【解释】如此心地坦然，方可以昂头迈步，应付朝廷委以的重任。

123. 束带矜庄　徘徊瞻眺

【解释】如此无愧人生，尽可以整束衣冠，庄重从容地高瞻远望。

124. 孤陋寡闻　愚蒙等诮

【解释】这些道理孤陋寡闻就不会明白，只能和愚昧无知的人一样空活一世，让人耻笑。

125. 谓语助者　焉哉乎也

【解释】编完《千字文》乌发皆白，最后剩下"焉、哉、乎、也"这几个语气助词。

（二十）《三十六计》

"三十六计"的说法，早于著书之年，语源可考自南朝宋名将檀道济（？年至436年）。据《南齐书·王敬则传》："檀公三十六策，走为上计，汝父子唯应走耳。"意为败局已定，无可挽回，唯有退却，方是上策。宋代惠洪《冷斋夜话》云："三十六计，走为上计。"及明末清初，引用此语的人更多。于是有心人采集群书，编撰成《三十六计》。此书为何时何人所撰已难确考。

按计名排列，共分六套，即胜战计、敌战计、攻战计、混战计、并战计、败战计。前三套是处于优势所用之计，后三套是处于劣势所用之计。每套各包含六计，总共三十六计。

《三十六计》或称《三十六策》，是指中国古代三十六个兵法策略，语源于南北朝，成书于明清，是根据我国古代卓越的军事思想和丰富的斗争经验总结而成的兵书，是中华民族悠久文化遗产之一。

《三十六计》是我国古代兵家计谋的总结和军事谋略学的宝贵遗产，为便于人们熟记这三十六条妙计，有位学者在三十六计中每取一字，依序组成一首诗：

金玉檀公策，借以擒劫贼。鱼蛇海间笑，羊虎桃桑隔。

树暗走痴故，釜空苦远客。屋梁有美尸，击魏连伐虢（guó）。

全诗除了檀公策，每字包含了三十六计中的一计，依序为：

金蝉脱壳、抛砖引玉、借刀杀人、以逸待劳、擒贼擒王、趁火打劫、
关门捉贼、浑水摸鱼、打草惊蛇、瞒天过海、反间计、笑里藏刀、
顺手牵羊、调虎离山、李代桃僵、指桑骂槐、隔岸观火、树上开花、
暗度陈仓、走为上、假痴不癫、欲擒故纵、釜底抽薪、空城计、
苦肉计、远交近攻、反客为主、上屋抽梯、偷梁换柱、无中生有、
美人计、借尸还魂、声东击西、围魏救赵、连环计、假道伐虢。

1. 瞒天过海

【解释】本指光天化日之下不让天知道就过了大海。形容极大的欺骗和谎言，什么样的欺骗手段都使得出来。

2. 围魏救赵

【解释】本指围攻魏国的都城以解救赵国。现借指用包抄敌人的后方来迫使其撤兵的战术。

3. 借刀杀人

【解释】比喻自己不出面，假借别人的手去害人。

4. 以逸待劳

【解释】指作战时不首先出击，养精蓄锐，以对付从远道来的疲劳的敌人。

5. 趁火打劫

【解释】本指趁人家失火的时候去抢东西。现比喻乘人之危，捞一把。

6. 声东击西

【解释】指表面上声言要攻打东面，其实是攻打西面。军事上使敌人产生错觉的一种战术手段。

7. 无中生有

【解释】本指本来没有却硬说有。现形容凭空捏造。

8. 暗度陈仓

【解释】后多比喻暗中进行某种活动（多指男女私通）。

9. 隔岸观火

【解释】隔着河看对岸的火。比喻对别人的危难不予援救而在一旁观看。

10. 笑里藏刀

【解释】比喻外表和气而内心阴险。

11. 李代桃僵

【解释】原指桃、李共患难，比喻兄弟相爱相助。后用来指互相顶替或代人受过。

12. 顺手牵羊

【解释】顺手就牵了羊。比喻不费劲，乘机便得到的。现多指乘机拿走人家东西的偷窃行为。

13. 打草惊蛇

【解释】打动草惊动了藏在草里的蛇。后用于指做事不周密，行动不谨慎，而使对方有所察觉。

14. 借尸还魂

【解释】迷信的人认为人死后灵魂可附着于别人的尸体而复活。后用于比喻已经消灭或没落的事物，又假托别的名义或以另一种形式重新出现。

15. 调虎离山

【解释】设法使老虎离开山头。比喻为了便于行事，想办法引诱人离开原来的地方。

16. 欲擒故纵

【解释】要捉住他，故意先放开他。比喻为了进一步的控制，先故意放松，使对方麻痹。

17. 抛砖引玉

【解释】以自己粗浅的意见引出别人高明的见地。

18. 擒贼擒王

【解释】作战要先擒拿主要敌手。比喻做事要抓关键。

19. 釜底抽薪

【解释】从锅底抽掉柴火。比喻从根本上解决问题。

20. 浑水摸鱼

【解释】比喻趁混乱时机攫取不正当的利益。

21. 金蝉脱壳

【解释】蝉变为成虫时要脱去幼早的壳。比喻用计脱身。

22. 关门捉贼

【解释】关起门来捉进入屋内的盗贼。

23. 远交近攻

【解释】结交离得远的国家而进攻邻近的国家。这是秦国用于并吞六国、统一全国的外交策略。

24. 假道伐虢

【解释】以借路为名，实际上是要侵占该国（或该路）。虢，诸侯国名。也作"假道灭虢"。

25. 偷梁换柱

【解释】比喻暗中玩弄手法，以假代真。

26. 指桑骂槐

【解释】指着桑树骂槐树。比喻借题发挥，指着这个骂那个。

27. 假痴不癫

【解释】假装痴呆，掩人耳目，另有所图。

28. 上屋抽梯

【解释】上楼以后拿掉梯子。借指与人密谈。也用于比喻怂恿人，使人上当。

29. 树上开花

【解释】比喻本不可能的事情，借助其他力量，助己成功。

30. 反客为主

【解释】本是客人却用主人的口气说话。后指在一定的场合下采取主动措施，以声势压倒别人。

31. 美人计

【解释】以美女诱人的计策。

32. 空城计

【解释】在敌众我寡的情况下，缺乏兵备而故意示意人以不设兵备，造成敌方错觉，从而惊退敌军之事。后泛指掩饰自己力量空虚、迷惑对方的策略。

33. 反间计

【解释】原指使敌人的间谍为我所用，或使敌人获取假情报而有利于我的计策。后指用计谋离间敌人引起内讧。

34. 苦肉计

【解释】故意毁伤身体以骗取对方的信任，从而进行反间的计谋。

35. 连环计

【解释】汉末董卓专权，王允设计，先许嫁美女貂蝉于吕布，后又献给董卓，以离间二人，致使吕布杀死董卓。后用于指一个接一个相互关联的计策。

36. 走为上计

【解释】指战争中看到形势对自己极为不利时就逃走。现多用于做事时如果形势不利没有成功的希望时就选择退却、逃避的态度。

（二十一）《西游记》

《西游记》，作者吴承恩（1500年至1582年），明代小说家。字汝忠，号射阳山人，怀安山阳（江苏淮安）人。

《西游记》经无数民间艺人和作者付出巨大劳动之后，于明朝中叶由吴承恩最后完成。它是中国神话小说中最优秀的作品。浓郁的浪漫主义是《西游记》的基本艺术特征。主人公是唐僧、孙悟空、猪八戒和沙和尚。

《西游记》是一部神话小说，共一百回，主要写美猴王孙悟空战胜妖魔保护唐僧去西天取经的故事。全书分为三部分：第一部分（第1~7回），叙写孙悟空的历史，交代它被众猴拥立为王，得道成仙，大闹天宫，结果被如来佛降伏在五行山下；第二部分（第8~12回），写唐僧取经的缘起，包括如来佛造经，唐僧出世，魏征斩龙，唐太宗冥游，唐僧应诏出发取经；第三部分（第13~100回），写取经的经过，是全书的主体，写孙悟空保护唐僧前往西天取经途中战胜八十一难，终于完成了任务。

西游记人物的性格特点：

孙悟空：本领高强、爱好自由、疾恶如仇、敢于斗争。

猪八戒：憨厚纯朴，面对妖怪从不屈服，对事业缺乏坚定的信念，遇到困难就畏缩动摇，爱占小便宜，嫉妒心强，好搬弄是非，贪财好色。

沙和尚：憨厚纯朴、对师父忠心耿耿、诚实。

唐三藏：信守宗教信条的佛教徒、无原则地慈悲、胆小畏事、有时误信谗言、颠倒是非。

（二十二）《水浒传》

《水浒传》，作者施耐庵（1296年至1370年），元末明初小说家。原名彦端，号子安，别号耐庵。江苏泰州兴化人，祖籍苏州。

《水浒传》原名《江湖豪客传》，可施耐庵对书名总感到不满意。罗贯中建议用《水浒传》，他觉得很好，他说，"'水浒'有水边的意思，有'在野'的含义"，于是便将书名正式定为《水浒传》。本书描写了北宋末期宋江领导的山东梁山泊农民起义，真实地再现了封建社会农民起义的发生、发展直到失败的全过程。这部书也塑造了鲁智深、林冲、武松、李逵等一大批农民起义的英雄好汉形象。

（二十三）《三国演义》

《三国演义》，作者罗贯中（约1330年至约1400年），元末明初小说家、戏曲家。名本，字贯中，号湖海散人，山西并州太原府人。

《三国演义》是中国第一部长篇章回体历史演义小说。描写了从东汉末年到西晋初年之间近105年的历史风云，以描写战争为主，反映了东汉末年的群雄割据混战和魏、蜀、吴三国之间的政治和军事斗争和最终司马炎一统三国，建立晋朝的故事。反映了三国时代各类社会斗争与矛盾的转化，并概括了这一时代的历史巨变，塑造了一批叱咤风云的三国英雄人物。全书可大致分为黄巾之乱、董卓之乱、群雄逐鹿、三国鼎立、三国归晋五大部分。在广阔的背景上，上演了一幕幕气势磅礴的战争场面。

黄巾起义被镇压后，董卓控制了朝廷，王允用计，让吕布杀了董卓，而李傕、郭汜又控制了东汉王朝。曹操经过多年的南征北战，先后消灭吕布、袁术等割据势力，降张绣、逐刘备，后来又在官渡之战中以少胜多、击败了河北强大的割据势力袁绍，最终统一了北方。

建安十三年，曹操乘刘表病亡，征荆州，寄身荆州的刘备被迫退守夏口。曹操对江东虎视眈眈。在刘备谋士诸葛亮与孙权谋士鲁肃的共同推动下，孙刘结盟。其后孙刘联军大败曹军于赤壁，曹操被迫退守北方。刘备乘势占据荆州五郡，夺得益州和汉中，势力达到了极盛时期。

建安二十四年，刘备大将关羽北伐曹操，水淹七军，擒于禁，斩庞德，围曹操大将曹仁于樊城，一度威震华夏。后曹操劝说孙权合攻关羽。孙权大将吕蒙与陆逊设计偷袭荆州，杀关羽，至此荆州落入孙权之手。

公元220年冬，曹丕篡汉称帝，建都洛阳，国号"魏"，史称"曹魏"。公元221年，刘备于成都称帝，国号蜀汉。刘备为报孙权夺荆州、杀关羽之仇，率数万大军东讨孙权，爆发夷陵之战。蜀汉元气大伤，之后数十年再也没恢复国力，成为三国中最弱小的一国。

孙权于公元229年在武昌称帝，国号"吴"，史称"东吴"。后又迁都建业，自此三国正式鼎立。

公元249年，曹魏重臣司马懿发动高平陵之变，控制了大权。公元263年，司马昭分兵三路南征蜀汉，与蜀汉大将军姜维发生拉锯战，刘禅投降，蜀汉灭亡。公元265年，司马昭之子司马炎废黜曹魏皇帝曹奂而称帝，建立晋朝，史称西晋，仍定都于洛阳。公元280年，晋武帝司马炎伐吴，三国时代结束。

（二十四）《红楼梦》

《红楼梦》，作者曹雪芹（约1715年至约1763年），清代小说家。名沾，字梦阮，雪芹是其号，又号芹圃、芹溪。

《红楼梦》写了一个封建贵族大家庭从繁荣走向衰败的故事。贾宝玉、林黛玉、薛宝钗的恋爱婚姻悲剧，是这个故事的中心。作者从人物思想性格的深处，从人与人之间的关系上去挖掘这一爱情悲剧的社会根源，揭露了封建主义的残酷虚伪和封建统治阶级的腐朽。主题是围绕中心事件，展开了许多错综复杂的矛盾斗争，描绘了一幅极其广阔的社会生活图画，说明整个封建社会已是千疮百孔，摇摇欲坠。深刻尖锐地批判了封建社会制度、政治吏治、婚姻制度、伦理关系，悲愤满腔地控诉了封建主义的残酷无情和灭绝人性，大胆敏锐地预示了封建社会和封建统治阶级必然灭亡的历史命运。在中国，《红楼梦》被评价为剖析封建社会的百科全书。

（二十五）《朝花夕拾》

《朝花夕拾》是鲁迅所写的唯一一部回忆散文集，原名《旧事重提》。作者说，这些文章都是"回忆文"。鲁迅1926年所作，共十篇。

1.《狗·猫·鼠》在这篇文章里，鲁迅先生清算猫的罪行：第一，猫对自己捉到的猎物，总是尽情玩弄够了，才吃下去；第二，它与狮虎同族，却是一副媚态；第三，它总在交配时嗥叫，令人心烦；第四，它吃了"我"小时候心爱的一只小隐鼠。虽然后来证实并非猫所害，但"我"对猫是不会产生好感的，何况它后来确实吃了小兔子。这篇文章取了"猫"这样一个类型，尖锐而又形象地讽刺了生活中与猫相似的人。

2.《阿长与〈山海经〉》本文记述儿时与阿长相处的情景，描写了长妈妈善良、朴实而又迷信、唠叨、"满肚子是麻烦的礼节"的性格；对她害死了自己的隐鼠充满了憎恨和厌恶；而对于她寻购赠送自己渴求已久的绘图《山海经》，却又充满了尊敬和感激之情。表达了作者对这位劳动妇女的怀念。

3.《二十四孝图》鲁迅先生从小时候阅读的《二十四孝图》的感受入手，重点描写了在阅读"老莱娱亲"和"郭巨埋儿"两个故事时所引起的强烈反感，形象地揭露了封建孝道的虚伪和残酷，揭示了旧中国儿童可怜的悲惨处境。

4.《五猖会》记述儿时盼望观看迎神赛会的急切兴奋和被父亲强迫背诵《鉴略》的扫兴而痛苦的感受。指出强制的封建教育对儿童天性的压制和摧残。

5.《无常》文章在回忆无常的时候，时不时加进几句对现实所谓正人君子的讽刺，虚幻的无常给予了当时鲁迅寂寞悲凉的心些许安慰。同时，文章深刻表达了旧时代中国人民绝望于黑暗的社会，愤慨于人世的不平，而"公正的裁决在阴间"，只能在冥冥中寻求寄托，寻求"公正的裁决"。

6.《从百草园到三味书屋》描述了儿时在家中百草园得到的乐趣和在三味书屋读书严格但不乏乐趣的生活，揭示了儿童广阔的生活趣味与束缚儿童天性的封建书塾教育之间的尖锐矛盾，表达了应让儿童健康活泼地成长的合理要求。

7.《父亲的病》文章重点回忆儿时为父亲延医治病的情景，描述了几位"名医"的行医态度、作风、开方等种种表现，揭示了这些人巫医不分、故弄玄虚、勒索钱财、草菅人命的实质。

8.《琐记》记叙鲁迅为寻找"另一类的人们"而到南京求学的经过。作品描述了当时的江南水师学堂（后改名为雷电学校）和矿路学堂的种种弊端和求知的艰难，批评了洋务派办学的"乌烟瘴气"。最初接触进化论的兴奋心情和不顾老辈反对，如饥似渴地阅读《天演论》的情景，表现出探求真理的欲望。

9.《藤野先生》记录作者在日本留学时期的学习生活，叙述在仙台学医专受日本学生歧视、侮辱和决定弃医从文的经过。作者突出记述了日本老师藤野先生的严谨、正直、热忱、没有民族偏见的高尚品格，表达了对藤野先生的深切怀念。

10.《范爱农》追叙作者在日留学时和回国后与范爱农接触的几个生活片段，描述了范爱农在革命前不满黑暗旧社会、追求革命，辛亥革命后又备受打击迫害的遭遇，表现了对旧民主革命的失望和对这位正直倔强的爱国者的同情与悼念。

《朝花夕拾》写到鲁迅年少时代以至于到日本前后的若干生活片段，展现当时的世态人情、民俗文化，流露了鲁迅对社会的深刻观察和对家人师友的真挚感情。叙述亲切感人，又有机地糅进了大量的描写、抒情和议论，文笔优美清新，堪称现代文学史上最高水平的回忆散文。

（二十六）《中华上下五千年》

五千年悠悠岁月，留下了绵延不绝的历史传承，成就的是一首大气天成的英雄赞歌，一首顽强抗争的劳动人民的赞歌，一首慷慨激昂、惩恶扬善的浩然正气之歌。五千年的沧桑巨变，五千年的兴衰成败，浩瀚的历史皆浓缩于一个个荡气回肠的故事中。

"读史以明鉴，察古以知今。"为此，编者墨人精心编选了这套《中华上下五千年》。《中华上下五千年》共为四册，编者以时间为经，以事件和人物为纬，穿针引线，纵横交织，从盘古开天辟地的传说开始，将中华上下五千年历史文化的精髓一一展现，为读者提供了了解历史的捷径。翔实的历史片段，弥足珍贵的图片，加之细腻的笔法，简洁的语言和亲切的文风，清晰地勾勒出历史事件的来龙去脉和历史人物的真伪善恶，也使得此书成为名副其实的掌上历史博物馆。《中华上下五千年》自 1979 年初版问世以来，在社会上产生了广泛的影响。

上下五千年，英雄万万千。中华民族向来以勤劳、勇敢、智慧著称于世。我们的祖先，创造了灿烂的民族文化；我们民族的优秀代表——许多杰出的思想家、政治家、军事家、文学家、科学家、艺术家，不少民族英雄、起义领袖，都以他们的业绩和成就，为民族的历史画卷增添了光彩。重温五千年历史，的确使我们每个炎黄子孙感到自豪。

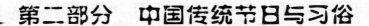

第二部分 中国传统节日与习俗

一、元旦

据传始于三皇五帝之一的颛顼。

"元旦"一词，最早出自南朝人萧子云《介雅》诗："四气新元旦，万寿初今朝。"宋代吴自牧《梦粱录》卷一"正月"条目："正月朔日，谓之元旦，俗呼为新年。一岁节序，此为之首。"；汉代崔瑗《三子钗铭》中叫"元正"；晋代庾阐《扬都赋》中称作"元辰"；北齐时的一篇《元会大享歌皇夏辞》中呼为"元春"；唐德宗李适《元日退朝观军仗归营》诗中谓之"元朔"。历来元旦指的是夏历（农历、阴历）正月初一。在汉语各地方言中有不同叫法，有叫"大年初一"的，有叫"大天初一"的，有叫"年初一"的，一般又叫"正月初一"。我国历代元旦的月日并不一致。夏代在正月初一，商代在十二月初一，周代在十一月初一，秦始皇统一六国后，又以十月初一日为元旦，自此历代相沿未改。汉武帝太初元年时，司马迁创立了"太初历"，这才又以正月初一为元旦，和夏代规定一样，所以又称"夏历"，一直沿用到辛亥革命。中华民国建立，孙中山为了"行夏正，所以顺农时；从西历，所以便统计"，定正月初一（元旦）为春节，而以西历1月1日为新年。

1911年辛亥革命成功后，决定采用国际通行的公历，于是将农历元旦改为"春节"，而把公历的1月1日称为元旦。新中国成立之时，开始正式使用"公元纪年法"，把每年公历的1月1日定为元旦。

二、春节

春节是农历正月初一，又叫阴历年，俗称"过年"。这是我国民间最隆重、最热闹的一个传统节日。

春节是指汉字文化圈传统上的农历新年，一般认为起源于中国殷商时期的年头岁末祭神、祭祖活动（腊祭）。古时春节曾专指二十四节气中的立春，也被视为一年的开始，后来改为农历正月初一，作为新年。一般认为至少要到正月十五新年才结束。

　　适用地区：春节是汉族最重要的节日，但是满、蒙古、瑶、壮、白、高山、赫哲、哈尼、达斡尔、侗、黎等十几个少数民族也有过春节的习俗，只是过节的形式更有自己的民族特色，更加韵味无穷。

　　春节是我国一个古老的节日，也是全年最重要的一个节日，如何庆贺这个节日，在千百年的历史发展中，形成了一些较为固定的风俗习惯，有许多还相传至今。

（一）扫尘

　　"腊月二十四，掸尘扫房子。"据《吕氏春秋》记载，我国在尧舜时代就有春节扫尘的风俗。按民间的说法：因"尘"与"陈"谐音，新春扫尘有"除陈布新"的含义，其用意是把一切穷运、晦气统统扫出门。这一习俗寄托着人们破旧立新的愿望和辞旧迎新的祈求，洋溢着迎新春的欢乐气氛。

（二）春联

　　据说五代十国中的后蜀国主孟昶（chǎng）在公元 964 年的除夕，令学士辛寅逊在桃符版上写两句吉语献岁，他不中意辛学士的作品，以其词不工，就自己提笔写下：

新年纳余庆　嘉节号长春

　　这便是我国最早的一副春联，也是中国最早的对联。此后，文人学士把题春联视为雅事，题春联的风气便逐渐流传开来。到了宋代，春节贴春联已成为一种士族习俗。王安石《元日》诗"千门万户瞳瞳日，总把新桃换旧符"，就可说明这一点，在宋人笔记中，也记载了文人喜欢书写春联的风气。

　　据说春联真正普及于民间，用红纸书，而成为年俗之一，是明代以后的事。明太祖朱元璋定都金陵时，有一年的除夕前日，忽然心血来潮，命令公卿士庶，门上一定要贴出春联，表示一番新气象。

　　第二天，他微服出巡，到民间观赏各家的春联，以为娱乐。在巡游了一段路后，他忽然发现有一家没贴春联，便派侍从去查问究竟。原来那家主人是阉猪的，既不识字，也不会写，年前事忙，尚未请人代笔。太祖听后，叫人取来文房四宝，欣然挥毫道："双手劈开生死路，一刀割断是非根。"

　　信手拈来，语气不凡。侍从捧着对联，交给了阉猪人家。后来阉猪主人获悉是皇上御笔亲制的对联，便装裱起来，挂在中堂，视为家宝，每日烧香敬奉。据说，春联两字的正式命名，就始于明太祖朱元璋。

　　从那时起，春联在广大农村乡镇广泛流行，并且一直盛行不衰。家家户户年前贴春联，把春节点缀得春意盎然，喜气洋洋。

　　春联也叫门对、春贴、对联、对子、桃符等，它以工整、对偶、简洁、精巧的文字描绘时代背景，抒发美好愿望，是我国特有的文学形式。这一习俗起于宋代，在明代开始盛行，到了清代，春联的思想性和艺术性都有了很大的提高。

春联的种类比较多，依其使用场所，可分为门心、框对、横披、春条、斗方等。"门心"贴于门板上端的中心部位；"框对"贴于左右两个门框上；"横披"贴于门楣的横木上；"春条"根据不同的内容，贴于相应的地方；"斗方"也叫"门叶"，为正方菱形，多贴在家具、影壁中。

（三）贴窗花和倒"福"

在民间，人们还喜欢在窗户上贴上各种剪纸——窗花。窗花不仅烘托了喜庆的节日气氛，也集装饰性、欣赏性和实用性于一体。窗花以其特有的概括和夸张手法将吉事祥物、美好愿望表现得淋漓尽致。

在贴春联的同时，一些人家还要在屋门上、墙壁上、门楣上贴上大大小小的"福"字。春节贴"福"字，是我国民间由来已久的风俗。"福"字指福气、福运，寄托了人们对幸福生活的向往，对美好未来的祝愿。为了更充分地体现这种向往和祝愿，有的人干脆将"福"字倒过来贴，表示"幸福已到""福气已到"。民间的"福"字有各种图案：寿星、寿桃、鲤鱼跳龙门、五谷丰登、龙凤呈祥等。

（四）年画

年画是中国画的一种，始于古代的"门神画"，汉族民间艺术之一，亦是常见的民间工艺品之一。清光绪年间，正式称为年画，是中国汉族特有的一种绘画体裁，也是中国农村老百姓喜闻乐见的艺术形式，大都用于新年时张贴，以祝愿新年吉庆，驱凶迎祥，以增添节日的喜庆气氛。年画因一年更换，或张贴后可供一年欣赏之用，故称"年画"。在一些年画作坊中产生了《福禄寿三星图》《天官赐福》《五谷丰登》《六畜兴旺》《迎春接福》等经典的彩色年画。

我国年画有三个重要产地：苏州桃花坞、天津杨柳青和山东潍坊。

（五）守岁

守岁是最重要的年俗活动之一，守岁之俗由来已久。"一夜连双岁，五更分二天"，除夕之夜，全家团聚在一起，吃过年夜饭，点起蜡烛或油灯，围坐在炉旁闲聊，等着辞旧迎新的时刻，通宵守夜，象征着把一切邪瘟病疫照跑驱走，期待着新的一年吉祥如意。唐朝初期，唐太宗李世民写有"守岁"诗："寒辞去冬雪，暖带入春风"。直到今天，人们还习惯在除夕守岁迎新。

古时守岁有两种含义：年长者守岁为"辞旧岁"，有珍爱光阴的意思；年轻人守岁，是为延长父母的寿命。

（六）拜年

新年的初一，人们都早早起来，穿上最漂亮的衣服，打扮得整整齐齐，出门走亲访友，相互拜年，恭祝来年大吉大利。拜年的方式多种多样，有的是同族长带领若干人挨家挨户地拜年；有的是同事相邀几个人去拜年；也有大家聚在一起相互祝贺，称为"团拜"。由于登门拜年费时费力，后来一些上层人物和士大夫便使用名帖相互投贺，由此发展出后来的"贺年卡"。

春节拜年时，晚辈要先给长辈拜年，祝长辈长寿安康，长辈可将事先准备好的压岁钱分给晚辈。据说压岁钱可以压住邪祟，因为"岁"与"祟"谐音，晚辈得到压岁钱就可以平平安安度过一岁。压岁钱有两种形式，一种是以彩绳穿线编作龙形，置于床脚，此记载见于《燕京岁时记》；另一种是最常见的，即由家长用红纸包裹分给孩子。压岁钱可在晚辈拜年后当众赏给，亦可在除夕孩子睡着时，由家长偷偷地放在孩子的枕头底下。现在长辈为晚辈分送压岁钱的习俗仍然盛行。

（七）食俗

蒸年糕，年糕因为谐音"年高"，再加上口味丰富多样，几乎成了过春节时家家必备的应景食品。年糕多为方块状的黄、白年糕，象征着黄金、白银，寄寓新年发财的意思。

年糕的口味因地而异。北京人喜食江米或黄米制成的红枣年糕、百果年糕和白年糕。河北人则喜欢在年糕中加入大枣、小红豆和绿豆等一起蒸食。山西北部和内蒙古等地，过年时习惯吃黄米粉油炸年糕，有的还包上豆沙、枣泥等馅。山东人则用黄米、红枣蒸年糕。北方的年糕以甜为主，或蒸或炸，也有人干脆蘸糖吃。南方的年糕则甜咸兼具，如苏州和宁波的年糕，以粳米制作，味道清淡，除蒸、炸以外，还可以切片炒食或是煮汤；甜味的年糕以糯米粉加白糖、猪油、玫瑰、桂花、薄荷、素蓉等配料，做工精细，可以直接蒸食或是蘸上蛋清油炸。

我国北方还有全家人围坐在一起包饺子过年的习俗。因为和面的"和"字就是"合"的意思，饺子的"饺"和"交"谐音，"合"和"交"又有相聚之意，所以用饺子象征团聚合欢；又取更岁交子之意，非常吉利。此外，饺子因为形似元宝，过年时吃饺子，也带有"招财进宝"的吉祥含义。一家大小聚在一起包饺子，话新春，其乐融融。

（八）民谣

腊七腊八粥儿甜，除尘去旧迎新年。
二十三到小年，糖瓜祭在灶王前。
二十四祖院祀，拜早年儿用香钱。

二十五贴大福，福到门前敬圣贤。
二十六贴春联，春联祝贺幸福年。
二十七备新衣，新衣正装禄寿齐。
二十八贴窗花，寓意吉祥大家发。
二十九桌上有，糕点素果心意久。
旧年三十候新年，守岁饺子盛满盘。
新年首日大初一，"一元初始"建佳期。

（九）传说中的"年"

中国古时候有一种叫"年"的怪兽，头长触角，凶猛异常。"年"长年深居海底，每到除夕才爬上岸，吞食牲畜伤害百姓。

因此，每到除夕，村村寨寨的人们便扶老携幼逃往深山，以躲避"年"兽的伤害。

这年除夕，桃花村的人们正扶老携幼上山避难，从村外来了个乞讨的老人，只见他手拄拐杖，臂搭袋囊，银须飘逸，目若朗星。乡亲们有的封窗锁门，有的收拾行装，有的牵牛赶羊，到处人喊马嘶，一片匆忙恐慌景象。这时，谁还有心关照这位乞讨的老人？只有村东头一位老婆婆给了老人一些食物，并劝他快上山躲避"年"兽，那老人捋髯笑道："婆婆若让我在家待一夜，我一定把'年'兽撵走。"老婆婆惊目细看，见他鹤发童颜、精神矍铄，气宇不凡。可她仍然继续劝说，乞讨老人笑而不语。婆婆无奈，只好撇下家，上山避难去了。

半夜时分，"年"兽闯进村。它发现村里的气氛与往年不同：村东头老婆婆家，门贴大红纸，屋内烛火通明。"年"兽朝婆婆家怒视片刻，随即狂叫着扑过去。将近门口时，院内突然传来"砰砰啪啪"的炸响声，"年"兽浑身战栗，再不敢往前凑了。

原来，"年"兽最怕红色、火光和炸响。这时，婆婆的家门大开，只见院内一位身披红袍的老人在哈哈大笑。"年"兽惊惶失色，狼狈逃走了。

第二天是正月初一，避难回来的人们见村里安然无恙，十分惊奇。这时，老婆婆才恍然大悟，赶忙向乡亲们述说了乞讨老人的许诺。乡亲们一齐拥向老婆婆家，只见婆婆家门上贴着红纸，院里一堆未燃尽的竹子仍在"噼里啪啦"炸响，屋内几根红蜡烛还发着余光……欣喜若狂的乡亲们为庆贺吉祥的来临，纷纷换新衣戴新帽，走亲访友。这件事很快在周围村里传开了，人们都知道了驱赶"年"兽的办法。

从此每年除夕，家家贴红对联、燃放爆竹，户户烛火通明、守更待岁，初一大早，还要走亲串友道喜问好。这风俗越传越广，成了中国民间最隆重的传统节日。

（十）万年创建历法说

相传在古时候，有个名叫万年的青年，看到当时节令很乱，就有了想把节令定准的打算，但是苦于找不到计算时间的方法。一天，他上山砍柴累了，坐在树荫下休息，树影的移动启发了他，他设计了一个测日影计天时的晷仪，用来测定一天的时间。后来，山崖上的滴泉又启发了他，于是他动手做了一个五层漏壶来计算时间。天长日久，他发现每隔三百六十多天，四季就轮回一次，天时的长短就重复一遍。

当时的国君叫祖乙，也常为天气变幻莫测的感到苦恼。万年知道后，就带着日晷和漏壶去见国君，对祖乙讲清了日月运行的道理。祖乙听后龙颜大悦，感到有道理。于是把万年留下，在天坛前修建日月阁，筑起日晷台和漏壶亭，并希望能测准日月规律，推算出准确的晨夕时间，创建历法，为天下的黎民百姓造福。

冬去春来，年复一年，万年经过长期观察、精心推算，制定出了准确的太阳历，当他把太阳历呈奉给继任的国君时，已是满面银须。国君深为感动，为纪念万年的功绩，便将太阳历命名为"万年历"，封万年为日月寿星。以后，人们在过年时挂上寿星图，据说就是为了纪念德高望重的万年。

三、元宵节

元宵节是中国的传统节日，早在两千多年前的西汉就有了，元宵赏灯则始于东汉明帝时期，明帝提倡佛教，听说佛教有正月十五僧人观佛舍利，点灯敬佛的做法，就命令这一天夜晚在皇宫和寺庙里点灯敬佛，士族庶民也都要挂灯。以后这种佛教礼仪节日逐渐形成民间盛大的节日。该节经历了由宫廷到民间，由中原到全国的发展过程。

汉文帝时，已下令将正月十五定为元宵节。汉武帝时，太一神的祭祀活动定在正月十五。司马迁创建"初历"时，就已将元宵节确定为重大节日。关于元宵节还有许多传说：

（一）瞒天帝

传说在很久以前，凶禽猛兽很多，四处伤害人和牲畜，人们就组织起来去打它们，有一只神鸟因为迷路而降落在人间，却意外地被不知情的猎人给射死了。天帝知道后十分震怒，立即传旨，下令天兵于正月十五到人间放火，把人间的人畜通通烧死。天帝的女儿心地善良，不忍心看无辜百姓受难，就冒着生命危险偷偷驾着祥云来到人间，把这个消息告诉了人们。众人听说这个消息后，吓得不知如何是好。过了好久，才有一个老人家想出个法子，他说："在正月十四、十五、十六日这三天，每户人家都在家里张灯结彩、点响爆竹、燃放烟火。这样一来，天帝就会以为人们都被烧死了。"

大家听了都点头称是，便分头准备去了。到了正月十五这天晚上，天帝往下一看，发觉人间一片红光，响声震天，以为是天火燃烧的火焰，心中大快。人们就这样保住了自己的生命和财产。从此，每到正月十五，家家户户都挂灯笼、放烟火来纪念这个日子。

（二）吃元宵

相传汉武帝有个宠臣名叫东方朔，他善良又风趣。有一年冬天，下了几天大雪，东方朔到御花园给武帝折梅花。刚进园门，就发现有个宫女泪流满面准备投井。东方朔慌忙上前搭救，并问明她要自杀的原因。原来，这个宫女名叫元宵，家里还有双亲和一个妹妹。自从她进宫以后，就再也无缘和家人见面。每年到了腊尽春来的时节，她就比平常更加思念家人，觉得不能在双亲跟前尽孝，不如一死了之。东方朔听了她的遭遇，深感同情，就向她保证，一定设法让她和家人团聚。

一天，东方朔出宫在长安街上摆了一个占卜摊，不少人都争着向他占卜求卦。不料，每个人所占所求，都是"正月十六火焚身"的签语。一时之间，长安城里人心惶惶，人们纷纷求问解灾的办法。东方朔就说："正月十三傍晚，火神君会派一位赤衣神女下凡查访，她就是奉旨烧长安城的使者，我把抄录的偈语给你们，可让当今天子想想办法。"说完，便扔下一张红帖，扬长而去。老百姓拿起红帖，赶紧送到皇宫去禀报皇上。

汉武帝接过来一看，只见上面写着："长安在劫，火焚帝阙，十五天火，焰红宵夜。"他心中大惊，连忙请来了足智多谋的东方朔。东方朔假意想了想，就说："听说火神君最爱吃汤圆，宫中的元宵不是经常给你做汤圆吗？十五晚上可让元宵做好汤圆。万岁焚香上供，传令京都家家都做汤圆，一齐敬奉火神君。再传谕臣民一起在十五晚上挂灯，满城点鞭炮、放烟火，好像满城大火，这样就可以瞒过玉帝了。此外，通知城外百姓，十五晚上进城观灯，一起消灾解难。"武帝听后，十分高兴，就传旨照东方朔的办法去做。

到了正月十五，长安城里张灯结彩，游人熙来攘往，热闹非常。宫女元宵的父母也带着妹妹进城观灯。当他们看到写有"元宵"字样的大宫灯时，惊喜地高喊："元宵！元宵！"元宵听到喊声后，循声望去，终于见到了亲人。

如此热闹了一夜，长安城果然平安无事。汉武帝大喜，便下令以后每到正月十五都做汤圆供奉火神君，正月十五照样全城挂灯放烟火。因为元宵做的汤圆最好，人们就把汤圆叫元宵，这天叫作元宵节。

四、春龙节

古代称之为中和节，俗称龙抬头。民间传说，农历二月初二是天上主管云雨的龙王抬头的日子，过了这天，雨水会逐渐增多起来。所谓"龙抬头"，指的是经过冬眠，百虫开始苏醒。所以俗话说："二月二，龙抬头，蝎子、蜈蚣都露头。"因此，这天也叫"春龙节"。

（一）春龙节的传说

当被称为"龙角"的东宫七宿的第一宿出现在地平线的时候，正值春天来临，古人将它的出现作为春天到来的标志。此时，恰逢我国农历二月雨水节气前后，由此产生了"二月二，龙抬头"的说法。

在我国北方民间流传着这样一个神话故事说：说武则天当上皇帝，惹恼了玉皇大帝，后者传谕四海龙王，三年内不得向人间降雨。不久，司管天河的龙王听见民间人家的哭声，看见饿死人的惨景，担心人间生路断绝，便违抗玉帝的旨意，为人间降了一次雨。玉帝得知后把龙王打下凡间，压在一座大山下受罪，并在山上立碑："龙王降雨犯天规，当受人间千秋罪；要想重登灵霄阁，除非金豆开花时。"人们为了拯救龙王，到处找开花的金豆。次年农历二月初二，人们正在翻晒玉米种子时，想到这玉米就像金豆，炒一炒开了花不就是金豆开花吗？于是家家户户爆玉米花，并在院子里设案焚香，供上开了花的"金豆"。

龙王抬头一看，知道百姓救它，便大声向玉帝喊道："金豆开花了，快放我出去！"玉帝一看人间家家户户院里金豆花开放，只好传谕诏龙王回到天庭，继续给人间兴云布雨。从此，民间形成了习惯，每到二月初二这一天，就爆玉米花吃。

（二）春龙节的风俗

农历二月初二，龙抬头，大仓满，小仓流。民间习俗春龙节来到，在我国北方大部分地区，这天早晨家家户户都打着灯笼到井边或河边挑水，回到家里便点灯、烧香、上供。旧时，人们把这种仪式叫作"引田龙"。这一天，家家户户还要吃面条、炸油糕、爆玉米花，比作"挑龙头"，"吃龙胆"，"金豆开花，龙王升天，兴云布雨，五谷丰登"，以示吉庆。这一天，其他习俗也有很多，起床前，先念"二月二，龙抬头，龙不抬头我抬头"；起床后还要打着灯笼照房梁，边照边念："二月二，照房梁，蝎子蜈蚣无处藏"；有的地方妇女不动针线，怕伤了龙的眼睛；有的地方停止洗衣服，怕伤了龙皮。

二月二在饮食上有一定的讲究，因为人们相信"龙威大发"就会风调雨顺，才能五谷丰登，所以这一天的饮食多以龙为名。吃春饼名曰"吃龙鳞"，吃面条则是"扶龙须"，吃米饭名曰"吃龙子"，吃馄饨名曰"吃龙眼"，而吃饺子名曰"吃龙耳"。这一切都是为了唤醒龙王，祈求龙王保佑一年风调雨顺，有个好收成。

这一天还要吃猪头。古代猪头是祭奠祖先、供奉上天的供品，平常是不能随便吃的。一般农户人家辛辛苦苦忙了一年，到腊月二十三过小年时杀猪宰羊，从这一天起就开始改善伙食，每天饭菜都要见点肉，除夕全家吃团圆饭，初一吃饺子，破五吃饺子，正月十五吃元宵，等到正月一过，腊月杀的猪基本上都被吃光了，最后只剩下一个猪头，留在二月二吃。

二月二这天的另一项活动是皇帝耕田。为了动员人们赶快投入春耕生产，不误农时，二月二这天皇帝要象征性地率百官出宫到他的"一亩三分地"耕地松土。明朝和清朝前期的帝王每年二月二都要到先农坛内耕地松土，从清朝雍正皇帝开始，每年的二月二这天改为出圆明园，到"一亩园"（今海淀圆明园西侧）扶犁耕田。过去曾有一幅年画《皇帝耕田图》，画中是一个头戴王冠、身穿龙袍的皇帝正手扶犁耙耕田，身后跟着一位大臣，一手提着竹篮、一手在撒种，牵牛的是一位身穿长袍的七品县官，远处是挑篮送饭的皇后和宫女。画上还题了一首打油诗："二月二，龙抬头，天子耕地臣赶牛。正宫娘娘来送饭，当朝大臣把种丢。春耕夏耘率天下，五谷丰登太平秋。"这幅画也说明人们希望有一个开明的皇帝，能够亲自春耕夏耘，使老百姓丰衣足食。

五、寒食节

相传春秋战国时期，晋献公的妃子骊姬为了让自己的儿子奚齐继位，就设毒计谋害太子申生，申生被逼自杀。申生的弟弟重耳为了躲避祸害，流亡出走。在流亡期间，重耳受尽屈辱，原来跟着他一道出奔的臣子，大多陆陆续续地各奔出路去了，只剩下少数几个忠心耿耿的人一直追随着他。其中一人叫介子推，有一次重耳饿晕过去，介子推为了救重耳，从自己腿上割下一块肉，用火烤熟后送给重耳吃。十九年后，重耳回国做了君主，并成为著名的春秋五霸之一——晋文公。

晋文公执政后，对那些和他同甘共苦的臣子大加封赏，唯独忘了介子推。有人在晋文公面前为介子推叫屈。晋文公猛然忆起旧事，心中有愧，马上差人去请介子推上朝受赏封官。可是，差人去了几趟，介子推都不来，晋文公只好亲自去请。当晋文公来到介子推家时，只见大门紧闭。原来介子推不愿见他，已经背着老母躲进了绵山（今山西省介休县东南）。晋文公便让他的御林军上绵山搜索，没有找到。于是，有人出主意说，不如放火烧山，三面点火，留下一方，大火起时介子推会自己走出来的。晋文公于是下令举火烧山，孰料大火烧了三天三夜，终究不见介子推出来。大火熄灭后众人上山一看，发现介子推母子俩抱着一棵烧焦的大柳树已经死了。晋文公望着介子推的尸体哭拜一阵，准备安葬遗体，却发现介子推脊梁堵着个柳树树洞，洞里好像有什么东西。掏出一看，原来是片衣襟，上面题了一首血诗：

割肉奉君尽丹心，但愿主公常清明。柳下作鬼终不见，强似伴君作谏臣。倘若主公心有我，忆我之时常自省。臣在九泉心无愧，勤政清明复清明。

晋文公将血书藏入袖中，然后把介子推和他的母亲安葬在了那棵烧焦的大柳树下。为了纪念介子推，晋文公下令把绵山改为"介山"，在山上建立祠堂，并把放火烧山这一天定为寒食节，晓谕全国，每年这天禁忌烟火，只吃寒食。

六、清明节

清明节是中国最重要的祭祀节日，汉族和一些少数民族大多都是在清明节扫墓。扫墓俗称上坟，是祭祀死者的一种活动。

中国传统的清明节大约始于周代，已有两千五百多年的历史。清明最开始是一个很重要的节气，清明一到，气温升高，正是春耕春种的大好时节，故有"清明前后，种瓜种豆""植树造林，莫过清明"的农谚。后来，由于清明与寒食节的日子接近，而寒食节是民间禁火扫墓的日子，渐渐地，寒食节与清明就合二为一，寒食节则成为清明节的别称，清明之日不动烟火，只吃生冷的食品。

（一）习俗

按照旧时习俗，扫墓时人们要携带酒食果品、纸钱等物品到墓地，将食物供祭在亲人墓前，再将纸钱焚化，为坟墓培上新土，折几枝嫩绿的新枝插在坟上，然后叩头行礼祭拜，最后吃掉酒食回家。而今的清明节，人们已倡导文明祭祀，不再点火焚纸了。

清明节，又叫踏青节，按阳历来说，它是在每年的 4 月 4 日至 6 日之间，正是春光明媚、草木吐绿的时节，也正是人们春游的好时候，所以古人有清明踏青，并开展一系列体育活动的习俗。

（二）插柳

据说插柳的风俗是为了纪念教民稼穑的农事祖师神农氏。在有的地方，人们把柳枝插在屋檐下，以预报天气，古谚有"柳条青，雨蒙蒙；柳条干，晴了天"的说法。杨柳有强大的生命力，俗话说："有心栽花花不开，无心插柳柳成荫。"柳条插土就活，插到哪里，活到哪里，年年插柳，处处成荫。

清明插柳戴柳还有一种说法：中国人将清明、七月半、十月朔看作三大鬼节。清明节正是百鬼出没频频、索讨多多的时节。受佛教的影响，观世音手持柳枝蘸水普度众生，许多人便认为柳条有驱鬼辟邪的作用，把柳枝称为鬼怖木。北魏贾思勰在《齐民要术》中写道：取杨柳枝着户上，百鬼不入家。清明既然是鬼节，值此柳条发芽时节，人们便纷纷插柳、戴柳以辟邪了。

（三）禁忌

清明节是祭祖和扫墓的日子，是一年一度中国人对自己祖先表达敬意与谢意的节日。在清明扫墓期间，也是有些禁忌的。

1. 忌吃热食。由于清明是寒食节，民间一般不动灶火，忌吃热食。在民间有句谚语叫作"清明不冷食，水雹下满地"，意思是如果清明节这天不吃冷食的话，这一年会下水雹，从而影响庄稼的收成。

2. 忌在墓前嬉笑怒骂。因为墓地是阴灵的安居之所，故不可踏过坟墓及供品，也不可大声喧哗、嬉笑怒骂、污言秽语。不能对墓穴设计评头论足，这样会被视为亵渎阴灵。

3. 忌踩别人坟头。坟头是放置香烛祭品的地方，用脚踩踏，就是踩别人的地头，即便是无心，也算不敬先人。

4. 忌看先人照片乱说话。可能你只是出于一片惋惜之心说了一句无心快语："这么年轻就死了，真可惜！"但是这些话千万不要说，因为死者本来就不甘心这么早离开人世的，你这么说当然是触犯忌讳了。

5. 忌在别人坟地乱摆东西。不是每户人家都建有大坟，因为坟地有限，经常会发生不够地方摆祭品的情况。若是要借用隔壁的坟地，应该很有礼貌地说一句："麻烦了，借用一下您的地方！"

6. 忌晚上拜祭。古人认为，避免黄昏或晚上拜祭，因为该时段阳气已逐渐消退，阴气逐渐增长，若是时运低的人，很容易会招惹阴灵缠身或骚扰。

7. 忌妇女拜祭。通常来说，怀孕的妇女要避开清明拜祭活动。不仅如此，严格说来，女性月经期间最好也不要参加此类活动，特别是不能在下午三点后参加清明拜祭活动。

8. 忌在先人墓地照相。在中国祭祖并不只是纪念祖先，而是明显带着向亡灵敬拜、祈求的意思，所以忌在先人墓地前照相，无论是扫墓者自身合影，还是扫墓者与墓地合影。更忌讳照相时将其他坟墓拍进镜头。

9. 忌探视朋友亲人。最好不要在清明节当天去探视亲朋好友，因为清明节是祭奠的特殊时候，此时去探视亲朋好友显得不吉利。

10. 忌买鞋。一些人恰巧是清明节过生日，因此有时难免买双鞋作为送给他人或自己的生日礼物。岂不知"鞋"与"邪"同音，故而通常不在此时买鞋，真是需要也要错开时间购买。

七、端午节

端午节，又称端阳节、五月节、艾节、端五、夏节等，是中国古老的传统节日，始于春秋战国时期，至今已有两千多年的历史。

民间认为五月是"五毒"（蛇、蜈蚣、蝎子、蜥蜴、癞蛤蟆）出没之时，

"端午节，天气热"，"五毒醒，不安宁。"每到端午节，民间要用各种方法预防五毒之害。一般在屋中贴五毒图，以红纸印画五种毒物，再用五根针刺于五毒之上，即认为毒物被刺死，再不能横行了。这是一种辟邪巫术遗俗。民间又在衣饰上绣制五毒，在饼上缀五毒图案，均含驱除之意。有的地方的人们用彩色纸把五毒剪成图像（即剪纸），贴在门、窗、墙、炕上，或系在儿童的手臂上，以避诸毒。

（一）传说之一

屈原是春秋时期的楚国大臣，他倡导举贤授能、富国强兵，力主联齐抗秦，遭到贵族子兰等人的强烈反对，后遭谗去职，被赶出都城，流放到沅、湘流域。他在流放时，写下了忧国忧民的《离骚》《天问》《九歌》等不朽诗篇，独具风貌，影响深远。因此，端午节也称诗人节。

公元前278年，秦军攻破楚国京都。屈原眼看自己的祖国被侵略，心如刀割，但是始终不忍舍弃自己的祖国，于五月五日，在写下了绝笔作《怀沙》之后，抱石投汨罗江身死，用自己的生命谱写了一曲壮丽的爱国主义乐章。

屈原死后，楚国百姓纷纷涌到汨罗江边去凭吊屈原。渔夫们划起船只，在江上来回打捞他的真身。有位渔夫拿出为屈原准备的饭团、鸡蛋等食物，"扑通、扑通"地丢进江里，说是让鱼龙虾蟹吃饱了，就不会去咬屈大夫的身体了。人们见后纷纷仿效。一位老医师则拿来一坛雄黄酒倒进江里，说是要药晕蛟龙水兽，以免伤害屈大夫。

在每年的五月初五，就有了龙舟竞渡、吃粽子、喝雄黄酒的风俗，以此来纪念爱国诗人屈原。

（二）传说之二

在唐玄宗李隆基登基那年，钟馗赴长安应试，作《瀛洲待宴》五首，被主考官誉称"奇才"，取为贡士之首。可是殿试时，奸相卢杞竟以貌取人，进谗言，从而使其状元落选。钟馗抗辩无果，激愤难当，怒撞殿柱而亡，惊天动地，泣鬼恸神。玄宗用状元官职之礼将其殡葬于终南福寿岭。为正妒贤之罪，发配卢杞至岭外。

有一年春天，唐玄宗到武骊山后久病不愈，一日睡梦中见一小鬼偷了杨贵妃的紫香囊和自己的玉笛，上蹿下跳，绕殿而奔。这时，一位相貌奇异，头戴纱帽，身穿蓝袍、角带，足踏朝靴的豪杰壮士将小鬼撕扯一番，囫囵吞食，他对唐明皇说："吾乃终南山下进士钟馗也，貌异状元落选愤亡，因念皇恩，今誓与陛下除尽天下之妖邪。"唐玄宗梦醒后很快病愈，遂下诏画师吴道子按照梦境绘成《钟馗赐福镇宅图》，封钟馗为"赐福镇宅圣君"，批告天下一年四季遍悬钟馗像，以驱邪魅佑平安。民间盛传：赐福镇宅，唯真钟馗；拜请钟馗，中榜得道；钟馗真神显，送咱福禄寿禧安！因此，农历五月初五为端午节，又称钟馗文化端午节。

（三）端午节禁忌

1. 忌恶日。由于五月为"恶月"，重五是个不吉利的日子，所以这天又有"躲午"的习俗，即周岁以内的婴儿要送到外婆家去躲藏以逃脱灾祸。

2. 忌吃娘家粽子。出家的闺女走娘家，必须在端午节之前回婆家，即不能在娘家过端午节，否则就会倒大霉。有俗话说，"吃了娘家的端午粽，死得全家都不剩"。

3. 忌游泳。有些地方在这一天忌游泳，尤其忌到曾经溺死过人的地方游泳，因为人们认为，在端午节那天"溺死鬼"最凶，要找替身"还阳"。

（四）习俗

请钟馗、跳钟馗、闹钟馗：自晋代以来，跳钟馗、闹钟馗、赐福镇宅就是端午节和春节的重要内容。经西安钟馗文化艺术研究所专家考证，端午节的请真钟馗、跳钟馗、闹钟馗，自古以来就是非常重要的民俗文化活动，人们将端午节称为"钟馗文化端午节"。在端午节时人们载歌载舞，请真钟馗、跳钟馗、闹钟馗，鞭炮齐鸣、锣鼓震天、万人空巷，万民同庆。据说钟馗可以斩五毒，祛百病，镇宅佑安。

赛龙舟：在水乡，人们五月五日赛龙舟是为了纪念屈原，有时人们在船头悬挂屈原像或钟馗像。竞渡之习，盛行于吴、越、楚地。这一天，人们争先恐后，共聚水岸，助威呐喊，赛手更是不遗余力、奋勇争先，以期夺魁，场面宏大热闹。

吃粽子：在五月五日煮糯米饭或蒸粽糕投入江、海、湖、河中，以祭祀屈原。

佩香囊：端午节小孩佩香囊，香囊内有朱砂、雄黄、香药，外包以丝布，清香四溢，再以五色丝线成索，做成各种不同的形状，结成一串，形形色色，玲珑夺目，据说可以驱邪除瘟。

挂艾叶菖蒲榕枝：在端午节，民间经常以菖蒲、艾叶、榕枝制成人形，称为艾人，或将艾叶剪为虎形，妇人争相佩戴，或悬于堂中；用菖蒲作剑，插于门楣，据说有驱魔驱鬼之效；也有将真钟馗玉佩挂于胸前，祛百病、镇邪佑安。

一年四季，尤其是端午节和春节，许多人还纷纷到"赐福镇宅圣君"钟馗故里欢乐谷祈福、修身、修心、食宿、度假、游览，以祈求幸福安康。

另外还有喝雄黄酒、游百病等习俗。

八、七夕

七夕指每年的农历七月初七，又名乞巧节、七姐诞，是流行于中国与汉字文化圈诸国的传统文化节日。相传农历七月七日夜，妇女在庭院向织女星乞求智巧，故称为"乞巧"。

七夕乞巧，最早源于汉代，起源于对自然的崇拜及妇女穿针乞巧，后被赋予牛郎织女的传说使其成为极具浪漫色彩的节日之一。有妇女穿针乞巧以祈祷福禄寿活动，礼拜七姐，陈列花果，做女红等习俗，并远传日本、朝鲜半岛、越南等汉字文化圈。

相传天上有颗织女星，还有一颗牵牛星。织女和牵牛情投意合，心心相印。可是，天条律令是不允许男女私自相恋的，王母便将牵牛贬下了凡尘，令织女不停地织云锦以作惩罚。

织女的工作，便是用一种神奇的丝在织布机上织出层层叠叠的美丽云彩，它们随着时间和季节的不同而变换颜色。自从牵牛被贬之后，织女常常以泪洗面，愁眉不展地思念牵牛。她坐在织机旁不停地织着美丽的云锦，以期博得王母大发慈悲，让牵牛早日返回天界。

一天，几个仙女向王母请求，想去人间碧莲池一游，王母心情正好，便答应了她们。她们见织女终日苦闷，便一起向王母求情让织女共同前往，王母也心疼受惩后的孙女，便令她们速去速回。

话说牵牛被贬之后，落生在一个农民家中，取名牛郎。父母去世后，他便跟着哥嫂度日。哥嫂待牛郎非常刻薄，要与他分家，只给了他一头老牛和一辆破车。

从此，牛郎和老牛相依为命，他在荒地上披荆斩棘、耕田种地、盖造房屋。一两年后，就营造成了一个小小的家，勉强可以糊口度日。可是，除了那只不会说话的老牛，冷清清的家只有牛郎一个人，日子过得相当寂寞。牛郎并不知道，那条老牛原是天上的金牛星。

这一天，老牛突然开口说话了，它对牛郎说："牛郎，今天你去碧莲池一趟，那儿有些仙女在洗澡，你把那件红色的仙衣藏起来，穿红仙衣的仙女就会成为你的妻子。"牛郎见老牛口吐人言，又奇怪又高兴，便问道："牛大哥，你真会说话吗？你说的是真的吗？"老牛点了点头。牛郎便悄悄躲在碧莲池旁的芦苇里，等候仙女们的来临。不一会儿，仙女们果然翩翩飘至，脱下轻罗衣裳，纵身跃入清流。牛郎便从芦苇里跑出来，拿走了红色的仙衣。仙女们见有人来了，纷纷穿上自己的衣裳，像飞鸟般飞走了，只剩下没有衣服无法逃走的仙女，她正是织女。织女见自己的仙衣被一个小伙子抢走，又羞又急，却又无可奈何。这时，牛郎走上前来，要她答应做自己的妻子，他才能还给她的衣裳。织女定睛一看，才知道牛郎便是自己日思夜想的牵牛，便含羞答应了他。这样，织女便做了牛郎的妻子。

他们结婚以后，男耕女织、相亲相爱，日子过得非常美满幸福。不久，他们生下了一儿一女，十分可爱。牛郎织女满以为能够相守终身，白头到老，可是，王母知道这件事后，勃然大怒，马上派遣天神将织女捉回天庭问罪。这一天，织女正在做饭，下地去的牛郎匆匆赶回，眼睛红肿着告诉织女："牛大哥死了，他临死前说，要我在他死后，将牛皮剥下放好，有朝一日，披上它，就可飞上天去。"织女一听，心中纳闷。她明白，老牛就是天上的金牛星，只因替被贬下凡的牵牛说了几句公道话，也被贬下天庭。它怎么会突然死去呢？织女便让牛郎剥下牛皮，好好埋葬了老牛。

正在这时，狂风大作，天兵天将从天而降，不容分说，押解着织女便飞上了天空。正飞着，织女听到了牛郎的声音："织女，等等我！"织女回头一看，只见牛郎用一对箩筐挑着两个儿女，披着牛皮赶来了。慢慢地，他们之间的距离越来越近了，织女可以看清儿女们可爱的模样，孩子们都张开双臂，大声呼叫着"娘"，眼看牛郎和织女就要相逢了。可就在这时，王母驾着祥云赶来，拔下她头上的金簪，往他们中间一划。霎时间，一条天河波涛滚滚地横在了织女和牛郎之间，无法横越了。

织女望着天河对岸的牛郎和儿女们，直哭得声嘶力竭，牛郎和孩子也哭得死去活来。他们的哭声，孩子们一声声"娘"的喊声，是那样撕心裂肺、催人泪下。连在旁观望的仙女、天神们都觉得心酸难过，于心不忍。王母见此情此景，也稍稍为牛郎织女的坚贞爱情所感动，便同意让牛郎和孩子们留在天上，每年七月七日，让他们相会一次。从此，牛郎和他的儿女就住在了天上，隔着一条天河，和织女遥遥相望。在秋夜天空的繁星当中，我们至今还可以看见银河两边有两颗较大的星星，晶莹地闪烁着，那便是织女星和牵牛星。和牵牛星在一起的还有两颗小星星，那便是牛郎织女的一儿一女。

牛郎织女相会的七月七日，无数成群的喜鹊飞来为他们搭桥。鹊桥之上，牛郎织女团聚了！织女和牛郎深情相对，搂抱着他们的儿女，有无数的话要说，有无尽的情意要倾诉。

后来，每到农历七月七，牛郎织女鹊桥相会的日子，姑娘们就会来到花前月下，抬头仰望星空，寻找银河两边的牛郎星和织女星，希望能看到他们一年一度的相会，乞求上天能让自己像织女那样心灵手巧，祈祷自己能有称心如意的美满婚姻和美丽的爱情，由此形成了七夕节。

九、中秋节

农历八月十五日这一天，正值秋季的正中，故称"中秋"。中秋节始于唐朝初年，盛行于宋朝，至明清时，已成为与春节齐名的中国主要节日之一。受中华文化的影响，中秋节也是东亚和东南亚一些国家，尤其是当地华人华侨的传统节日。

中秋节自古便有祭月、赏月、拜月、吃月饼、赏桂花、饮桂花酒等习俗，流传至今。中秋节以月之圆兆人之团圆，寄托思念故乡、思念亲人之情，祈盼丰收、幸福，成为丰富多彩、弥足珍贵的文化遗产。春节、清明节、端午节、中秋节并称为中国四大传统节日。

（一）嫦娥奔月

传说远古时候天上有十个太阳同时出现，晒得庄稼枯死，民不聊生。一个名叫后羿的英雄，力大无穷，他同情受苦的百姓，拉开神弓，一口气射下九个太阳，并严令最后一个太阳按时起落，为民造福。后羿的妻子名叫嫦娥，后羿除传艺狩猎外，终日和妻子在一起。不少志士慕名前来拜师学艺，心术不正的蓬蒙也混了进来。

一天后羿到昆仑山访友求道，向王母求得一包不死药。据说，服下此药，能即刻升天成仙。然而，后羿舍不得和妻子分离，便暂时把不死药交给嫦娥珍藏。嫦娥将药藏进梳妆台的百宝匣。

三天后，后羿率众徒外出狩猎，心怀鬼胎的蓬蒙假装生病，没有外出。待后羿率众人走后不久，蓬蒙持剑闯入内宅后院，威逼嫦娥交出不死药。嫦娥知道自己不是蓬蒙的对手，危急之时，转身打开百宝匣，拿出不死药一口吞了下去。嫦娥吞下药，身子立刻飘离地面、冲出窗口，向天上飞去。由于嫦娥牵挂着丈夫，便飞落到离人间最近的月亮上成了仙。

傍晚，后羿回到家，侍女们哭诉白天发生的事。后羿既惊又怒，抽剑去杀恶徒，蓬蒙早已逃走。后羿气得捶胸顿足，悲痛欲绝，仰望着夜空呼唤嫦娥，这时他发现，今天的月亮格外皎洁明亮，而且有个晃动的身影酷似嫦娥。

后羿思念妻子，便派人到嫦娥喜爱的后花园里摆上香案，放上嫦娥平时爱吃的蜜食鲜果，遥祭在月宫里的嫦娥。百姓们闻知嫦娥奔月成仙的消息后，纷纷在月下摆设香案，向善良的嫦娥祈求吉祥平安。从此，中秋节拜月的风俗便在民间传开了。

（二）吴刚折桂

相传月宫里有一个人叫吴刚，他是汉朝西河人，曾跟随仙人修道到了天界，但是他犯了错误，仙人把他贬谪到月宫，每天都砍伐月宫前的桂树，以示惩处。这棵桂树生长繁茂，有五百多丈高，每次砍下去之后，被砍的地方又会立即合拢。李白在《赠崔司户文昆季》一诗中写道："欲斫月中桂，持为寒者薪。"

（三）玉兔捣药

据说嫦娥身体变轻，开始升空时，惶恐中抱起了一直喂养的白兔，白兔便随她一起上了月亮。玉兔在月宫有一只捣药杵，夜晚在药臼中捣制长生不老的灵药。这个神话传到日本后，变成了玉兔在捣年糕。

（四）月饼起义

中秋节吃月饼相传始于元代。当时，中原广大人民不堪忍受元朝统治阶级的残酷统治，纷纷起义抗元。朱元璋联合各路反抗力量准备起义，但朝廷官兵搜查得十分严密，传递消息十分困难。军师刘伯温便想出一个计策，命令属下把藏有"八月十五夜起义"的纸条藏入饼子里面，再派人分头传送到各地起义军中，通知他们在八月十五日晚上起义响应。到了起义的那天，各路义军一齐响应。

很快，徐达就攻下元大都，起义成功了。消息传来，朱元璋高兴得连忙传下口谕，在即将来临的中秋节，让全体将士与民同乐，并将当年起兵时秘密传递信息的"月饼"作为节令糕点赏赐群臣。此后，"月饼"制作越发精细，品种更多，中秋节吃月饼的习俗也在民间流传开来。

十、重阳节

重阳节起源于战国时代，原是一个欢乐的日子。古人将天地万物归为阴阳两类，阴代表黑暗，阳则代表光明；奇数为阳，偶数为阴。九是奇数，因此属阳，九月初九，日月逢九，二阳相重，故称"重阳"。

重阳又称"踏秋"，与三月三日"踏春"一样，皆是家族倾室而出，一起登高"避灾"，插茱萸、赏菊花。自魏晋重阳气氛日渐浓郁，为历代文人墨客吟咏最多的几个传统节日之一。

（一）习俗

每到重阳，人们就会想起王维写的"独在异乡为异客，每逢佳节倍思亲。遥知兄弟登高处，遍插茱萸少一人"这首诗。自古以来，重阳节就是人们敬老爱老、思念双亲、渴望团圆的日子。具体习俗如下所列：登高、吃重阳糕、赏菊并饮菊花酒、插茱萸和赏菊花、喝重阳酒。

（二）传说

传说东汉时，汝南县里有一个叫桓景的人，他所住的地方突然发生大瘟疫，桓景的父母也因此病死，所以他到东南山拜师学艺。仙人费长房给桓景一把降妖青龙剑。桓景早起晚睡，披星戴月，勤学苦练。一日，费长房说："九月九日，瘟魔又要来，你可以回去除害。"并且给了他茱萸叶子一包，菊花酒一瓶，让他的家乡父老登高避祸。于是他便离开东南山回到家乡，九月初九那天，他领着妻子儿女、乡亲父老登上了附近的一座山并把茱萸叶分给大家随身带上，这样瘟魔就不敢近身。又把菊花酒倒出来，每人喝了一口，避免染瘟疫。他和瘟魔搏斗，最后杀死了瘟魔。汝河两岸的百姓，就把九月九日登高避祸、桓景剑刺瘟魔的故事一直传到现在。从那时起，人们就过起重阳节来，有了重九登高的风俗。唐代的《初学记》和宋代的《太平御览》等多种文献都转述了吴均《续齐谐记》里的这个故事，并认为九月九日登高喝菊花酒，妇女在胳膊上系茱萸囊辟邪去灾的习俗由此而来。

十一、寒衣节

早在周朝时，农历十月初一是腊祭日，这天要举行隆重的祭祀活动。此后气候渐渐寒冷，人们怕在冥间的祖先灵魂缺衣少穿，祭祀时除了食物、香烛、纸钱等一般供物，还有一种不可缺少的供物——冥衣。在祭祀时，人们把冥衣焚化给祖先，叫作"送寒衣"。因此，十月初一，又称为"烧衣节"。

古时，在十月初一的前一天，长辈便会率领儿孙们到祖坟添土。添土不用筐篓，要用衣服兜着，兜的土越多，族里人丁越兴旺。节日当天，则由族长带领家族中的男性，抬着食盒、大方桌和丰盛的供品（20~30个大碗），逐个到坟前祭拜，叫"上大坟"。现已改为一家一户携带少量供品（一般是饺子）"上小坟"了。

如今，十月初一上坟烧纸、烧寒衣的习俗已淡化，特别是城里人，只是到坟前默哀或献上一束鲜花来怀念逝去的亲人。过去，十月初一还是长工的下工日，所以又叫"散工节"，雇主要在这一天设筵犒劳雇工、清算工钱，宣布是否继续留用，留下的叫"打冬"或"扛冬活"。

凡属送给死者的衣物、冥钞诸物，都必须烧焚，只有烧得干干净净，这些阳世的纸张，才能转化为阴曹地府的绸缎布匹、房舍衣衾及金银铜钱。只要有一点没有烧尽，就前功尽弃，亡人不能使用。所以十月一日烧寒衣，要特别认真细致。这种行为虽然看起来好笑，却也反映了生者对亡人的哀思与崇敬，属于一种精神上的寄托。

民间送寒衣时，还讲究在十字路口焚烧一些五色纸，象征布帛类。用意是救济那些无人祭祖的绝户孤魂，以免给亲人送去的过冬用物被他们抢去。

十月初一，不仅要为亡人送寒衣过冬，生者也要进行一些象征过冬的传统活动。妇女们要在这一天将做好的棉衣拿出来，让儿女、丈夫换上。如果此时天气仍然暖和，不适宜穿棉衣，也要督促儿女、丈夫试穿一下，图个吉利。男人们则习惯在这一天整理火炉、烟囱，整理完毕后，还要试着生一下火，以保证天寒时顺利取暖。

十月初一，妇女忌出行。民间改善生活，山区兴吃荞面、莜面。

还有一种说法，认为"十月一，烧寒衣"起源于商人的促销伎俩。而这个精明的东汉商人，乃造纸术的发明人蔡伦的大嫂。

蔡伦造纸出名后，其兄蔡莫仿造之，因质量不及蔡伦所造之纸，故常常积压。为将积压的纸销出去，蔡莫之妻慧娘想出了一个办法：一天，她佯装死去，躺在棺材里，蔡莫悲痛欲绝，大放悲声："慧娘啊，都是我害的你呀，因为我造的纸卖不出去，把你害成这样，我真该死，我要把所有的纸都烧掉!"一边哭，一边把纸抱到慧娘棺材前烧，烧一阵，哭一阵，哭一阵，喊一阵。

突然，棺材内的慧娘有了声音，围观的人非常惊异，这是怎么回事呢？慧娘一边从棺材里走出来，一边装腔作势地唱："阳间钱能行四海，阴间钱能做买卖，不是丈夫把钱送，谁肯放我还阳来。"唱了许多遍又说："刚才我是鬼，现在我是人，我到了阴间地府，阎王让我推磨受苦，丈夫向阎王送了钱，阎王就派好多小鬼帮我推磨，真是有钱能使鬼推磨。三曹官也向我要钱，我把所有的钱都给了他，他就打开地府的后门，放我回来了。"

蔡莫装模作样地说："我并未给妻子送钱啊!"慧娘说："你烧的纸就是阴间的钱。"慧娘这样一说，蔡莫又抱了几捆纸到他父母坟上去烧。在场的人认为烧纸能让死人还阳或在阴间少受罪，都来向蔡莫买纸烧。这样一传十，十传百，蔡莫的纸销了个精光。由于慧娘还阳的日子正好是十月初一，因而每到十月初一，人们就要给死去的人烧纸。

十二、冬至

冬至，是我国农历中一个非常重要的节气，也是一个传统节日，至今仍有不少地方有过冬至节的习俗。冬至俗称"冬节""长至节""亚岁"等，早在两千五百多年前的春秋时代，我国就已经用土圭观测太阳测定出冬至来了，它是二十四节气中最早制定出的一个，时间在每年的阳历12月22日或者23日之间。

中国古代对冬至很重视，冬至被当作一个较大的节日，曾有"冬至大如年"的说法，而且有庆贺冬至的习俗。过了冬至，白昼一天比一天长，阳气回升，因而冬至是一个节气循环的开始，也是一个吉日，应该庆贺。

（一）习俗

在中国北方地区有冬至宰羊，吃饺子、吃馄饨的习俗，南方地区在这一天则有吃冬至米团、冬至长线面的习惯。各地在冬至这一天还有祭天祭祖的习俗。

冬至是北半球全年中白天最短、黑夜最长的一天，过了冬至，白天就会一天天变长。冬至过后，各地气候都进入一个最寒冷的阶段，也就是人们常说的"进九"，我国民间有"冷在三九，热在三伏"的说法。

（二）风俗

经过数千年的发展，形成了独特的冬至节令食文化，诸如馄饨、饺子、汤圆、赤豆粥、黍米糕等都可作为年节食品。曾较为时兴的"冬至亚岁宴"的名目也很多，如吃冬至肉、献冬至盘、供冬至团、馄饨拜冬等。

早在南宋时，临安人就在冬至吃馄饨，开始是为了祭祀祖先，后逐渐盛行开来，民间有"冬至馄饨夏至面"之说。馄饨发展至今，更成为名号繁多、制作各异、鲜香味美、遍布全国各地、深受人们喜爱的著名小吃。馄饨名号繁多，江浙等大多数地方称馄饨，而广东则称云吞，湖北称包面，江西称清汤，四川称抄手，新疆称曲曲等。

吃汤圆也是冬至的传统习俗，在江南尤为盛行。"汤圆"是冬至必备的食品，是一种用糯米粉制成的圆形甜品，"圆"意味着"团圆""圆满"，冬至吃汤圆又叫"冬至团"。民间有"吃了汤圆大一岁"之说。冬至团可以用来祭祖，也可用于互赠亲朋。旧时上海人最讲究吃汤团。古人有诗云："家家捣米做汤圆，知是明朝冬至天。"

北方还有不少地方，在冬至这一天有吃狗肉和羊肉的习俗，因为冬至过后天气进入最冷的时期，中医认为羊肉、狗肉都有壮阳补体的功效，民间至今有冬至进补的习俗。

在我国台湾地区还保存着冬至用九层糕祭祖的传统，即用糯米粉捏成鸡、鸭、龟、猪、牛、羊等象征吉祥和福禄寿的动物，然后用蒸笼分层蒸成，用于祭祖，以示不忘老祖宗。同姓同宗者于冬至或前后约定之早日，聚到祖祠中按照长幼之序，一一祭拜祖先，俗称"祭祖"。祭典之后，还会大摆宴席，招待前来祭祖的宗亲们。大家开怀畅饮，相互联络久别生疏的感情，称之为"食祖"。冬至节祭拜祖先，在我国台湾地区一直世代相传，以示不忘自己的"根"。

与冬至有着密切关系的是在北京流传了几百年的《九九歌》。从冬至那天算起，以九天作一单元，连数九个九天，到九九共八十一天，冬天就过去了。

九 九 歌

一九二九不出手；

三九四九冰上走；

五九六九沿河看柳；

七九河开，八九雁来；

九九加一九，耕牛遍地走。

十三、腊八节

腊八节，俗称"腊八"，即农历十二月初八，古人有祭祀祖先和神灵、祈

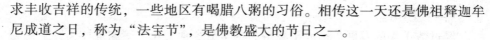

求丰收吉祥的传统，一些地区有喝腊八粥的习俗。相传这一天还是佛祖释迦牟尼成道之日，称为"法宝节"，是佛教盛大的节日之一。

（一）传说五则

传说一：腊八节是农历腊月（十二月）初八，起源于元末明初，据说当年朱元璋落难在监牢里受苦时，正值寒天，又冷又饿的朱元璋竟然从监牢的老鼠洞刨出红豆、大米、红枣等七八种五谷杂粮。朱元璋便把这些东西熬成了粥，因那天正是腊月初八，朱元璋便把这锅杂粮粥美其名曰腊八粥。美美地享受了一顿。后来朱元璋平定天下，做了皇帝，为了纪念在监牢中那个特殊的日子，他把这一天定为腊八节，把自己那天吃的杂粮粥正式命名为腊八粥。

传说二：佛教的创始者释迦牟尼本是古印度北部迦（jiā）毗（pí）罗卫国（今尼泊尔境内）净饭王的儿子。他见众生受生老病死等痛苦的折磨，又不满当时婆罗门的神权统治，遂舍弃王位，出家修道。初无收获，后经六年苦行，于腊月八日，在菩提树下悟道成佛。在这六年苦行中，每日仅食一麻一米。后人不忘他所受的苦难，于每年腊月初八吃粥以做纪念。"腊八"就成了"佛祖成道纪念日"。

新中国成立以前各地佛寺作浴佛会，举行诵经，并效仿释迦牟尼成道前牧女献乳糜的传说故事，用香谷、果实等煮粥供佛，称"腊八粥"。并将腊八粥赠送给门徒和善男信女们，以后便在民间相沿成俗。据说有的寺院于腊月初八以前由僧人手持钵盂，沿街化缘，将收集来的米、栗、枣、果仁等材料煮成腊八粥散发给穷人。传说吃了以后可以得到佛祖的保佑，所以穷人把它叫作"佛粥"。

传说三：腊八节来自"赤豆打鬼"的风俗。传说上古五帝之一的颛顼氏，三个儿子死后变成了恶鬼，专门出来惊吓孩子。古代的人普遍迷信，害怕鬼神，认为大人小孩中风得病、身体不好都是由于疫鬼作祟。这些恶鬼天不怕地不怕，单怕赤（红）豆，故有"赤豆打鬼"的说法。所以在腊月初八这一天，以红小豆、赤小豆熬粥，以祛疫迎祥。

传说四：腊八节出于人们对忠臣岳飞的怀念。当年，岳飞率部抗金于朱仙镇，正值数九严冬，岳家军衣食不济、挨饿受冻，众百姓相继送粥，岳家军饱餐了一顿百姓送的"千家粥"，结果大胜而归。这天正是十二月初八。岳飞死后，人们为了纪念他，每到腊月初八，便以杂粮豆果煮粥，终于成俗。

传说五：相传老两口过日子，吃苦耐劳，持家节俭，省下一笔大家业，可是宝贝儿子却不争气，娶了个媳妇也不贤惠，很快就败了家业，到了腊月初八这一天，小两口冻饿交加，幸好有村人、邻居接济，煮了一锅大米、面块、豆子、蔬菜等混在一起的"杂合粥"。意思是："吃顿杂合粥，教训记心头。"这顿粥让小两口改掉了恶习，走上正道，靠勤恳的劳动持家，日子一天天也好了起来。民间流行腊八吃粥的风俗，就是人们为了以此教训警示后人而相沿的。

（二）习俗

腊八蒜：腊八蒜就是在阴历腊月初八这天泡制的蒜，是北方尤其是华北地区的一个习俗，其材料是醋和大蒜瓣儿。

吃冰：腊八前一天，人们一般用钢盆舀水结冰，等到了腊八节就脱盆留冰并把冰敲成碎块。据说这天的冰很神奇，吃了它以后一年不会肚子疼。

十四、除夕

农历腊月的最后一天晚上叫除夕，小月在二十九，逢大月则在三十。"除"，本义是"去"，引申为"易"；"夕"字的本义是"日暮"，引申为"夜晚"。故而除夕，便含有"旧岁到此而除，明日另换新岁"的意思，即"除旧布新"。

除夕，最早源于先秦时期的"逐除"。据《吕氏春秋·季冬记》记载：古人在新年的前一天，以击鼓的方式来驱除"疠（h）之鬼"，来年才会无病无灾。

北方人风俗大致一样，除夕包饺子、蒸馍等；而南方各地则风俗不同，如做年糕、包粽子、煮汤圆、吃米饭等。水饺形似"元宝"，年糕音似"年高"，都是吉祥如意的好兆头。

王安石《元日》诗云："爆竹声中一岁除，春风送暖入屠苏。千门万户曈曈日，总把新桃换旧符。"

除夕，全家人在一起吃"团圆饭"，有一家人团聚过年的味道。吃团圆饭时，桌上的"鱼"是不能动的，因为这鱼代表"富裕"和"年年有余"，象征来年的"财富与幸运"，属于一种装饰。少数地方风俗不同，如贵州，桌上的鱼不是不能吃，而是要剩下一些，寓意"年年有余"。

第三部分 民族文化

一、56个民族

中华民族是一个多民族和睦相处的大家庭，由56个民族组成。按照人口数量的降序排列，依次为：

汉族、蒙古族、回族、藏族、维吾尔族、苗族、彝族、壮族、布依族、朝鲜族、满族、侗族、瑶族、白族、土家族、哈尼族、哈萨克族、傣族、黎族、傈僳族、佤族、畲族、高山族、拉祜族、水族、东乡族、纳西族、景颇族、柯尔克孜族、土族、达斡尔族、仫佬族、羌族、布朗族、撒拉族、毛南族、仡佬族、锡伯族、阿昌族、普米族、塔吉克族、怒族、乌孜别克族、俄罗斯族、鄂温克族、德昂族、保安族、裕固族、京族、塔塔尔族、独龙族、鄂伦春族、赫哲族、门巴族、珞巴族、基诺族。

二、56个民族简介

1. 蒙古族：主要分布在我国内蒙古地区，其余分布在新疆、青海、甘肃、辽宁、吉林、黑龙江、云南等地。多住圆形毡房，俗称"蒙古包"。蒙古包的门一定要朝南开，炉子设在毡房正中天窗底下。

2. 回族：在全国少数民族中位居第三。主要聚居在宁夏、甘肃、新疆、青海，散居在全国各地。回族人普遍吃牛、羊、驼等反刍（chú）类偶蹄食草动物，不吃马、驴、骡、猪、狗肉，不吃动物血液和自死动物。尤其禁食猪肉。

3. 藏族：主要分布在西藏自治区以及青海、甘肃、四川、云南等临近省。藏族人信奉喇嘛教，即藏传佛教。藏族人身穿长袖短褂，外套宽肥的长袍，右襟系带，脚穿牛皮长靴。

4. 苗族：主要分布在中国的黔、湘、鄂、川、滇、桂、琼等省区，以及东南亚的老挝、越南、泰国等国家和地区。男子一般都穿对襟或左大襟的短衣，下穿长裤，系大腰带，头缠青色长巾。妇女大多穿大领短衣和百褶（zhě）裙。山区苗族的住宅建筑大多是"吊脚楼"。

5. 阿昌族：主要分布在中国云南省和贵州省。待客礼仪中盛行使用茶坛到阿昌族家中去做客，主人会先拿出酒壶倒上一小盅酒为来客洗尘，随后又拿出茶坛，放上茶叶，倒上开水，放到炭火上煮一会儿，煮好之后倒进茶杯里，主人、客人一道喝茶交谈。

6. 维吾尔族：主要聚居在天山以南地区。维族人待人讲究礼貌，遇到尊长或朋友时，习惯于把右手按在前胸中央，然后身体前倾，连声问好。家里来客都热情招待。维吾尔族是一个能歌善舞的民族。

7. 哈萨克族：中国的哈萨克族，主要聚集在新疆伊犁地区，男女都娴善骑术。青年男子喜欢摔跤和叼羊，每逢节日，牧民都要举行各种骑术表演和比赛；"姑娘追"是青年们最喜爱的娱乐项目。

8. 柯尔克孜族：居住在新疆维吾尔自治区西部边陲。柯尔克孜族的传统服饰很讲究，男子喜欢戴毡帽，上身穿白色绣有花边的圆领衬衫，冬天穿黑、蓝色"袷袢"，下身穿宽裤，着高筒靴。

9. 锡伯族：祖先一直在东北，清朝时为了巩固西北边防将部分锡伯族人迁往伊犁。现在锡伯族人最大的聚居地在沈阳。锡伯族的村屯四周筑有围墙。忌食狗肉。

10. 乌孜别克族：18世纪，从中亚迁入新疆，乌孜别克人定居的地区也由南疆扩展到了北疆。乌孜别克族的传统服装，以男女都戴各式各样的小花帽为特点。

11. 塔吉克族：分布在新疆维吾尔自治区西南部的塔什库尔干塔吉克自治县，其余分布在莎车、泽普、叶城和皮山等县。塔吉克族家庭一般都是三代同堂，男性是一家之主。

12. 塔塔尔族：主要散居在新疆维吾尔自治区境内，比较集中的是伊宁、塔城、乌鲁木齐等地区。塔塔尔族为防止食品变质，每家仓库或院内都垒挖一深坑，夏天放易腐食品，冬天将积雪和冰块放进去，这种食品储藏室叫"帕孜"，牧区的塔塔尔族适应游牧生活，住帐篷。

13. 达斡尔族：主要分布于内蒙古自治区莫力达瓦达斡尔族自治旗、黑龙江省齐齐哈尔市梅里斯达斡尔族区、鄂温克族自治旗一带。达斡尔族的最大节日是春节，腊月三十那天要祭祖、扫墓，晚上玩个通宵，大年初一大家一起向长辈拜年、请安，然后男女老少穿上节日服装，逐户拜年。

14. 满族：分布于东北、华北地区，其中居住在辽宁、河北、吉林、黑龙江四省的人口最多。满族人重礼节，小辈对老辈是三天一小礼，五天一大礼；三天见长辈要请安，五天见长辈要"打千"。

15. 朝鲜族：大多居住在东北三省，即辽宁、吉林、黑龙江。朝鲜族的传统食品有冷面、泡菜和打糕等。

16. 壮族：主要分布在广西、云南、广东和贵州等省区。壮族人喜欢吃腌制的酸食，以生鱼片为佳肴，妇女有嚼槟榔的习惯。

17. 彝族：主要分布在云南、四川、贵州三省和广西壮族自治区的西北部。彝族男子通常穿黑色窄袖右斜襟上衣和多褶宽裤脚长裤，用长数丈的青布包头。女子头缠包头，有围腰和腰带。男女外出时都披"擦尔瓦"，形如斗篷，下缀长穗。彝族的传统节日以火把节最为隆重。

18. 土家族：主要分布在湘、鄂、渝、黔四省市接壤的武陵山脉的高山地带。妇女穿左襟大袖短衣，滚花边，下着八幅长裙或镶边筒裤，头挽发髻，喜戴耳、项、手、足圈等银饰物。男子穿对襟衣，多扣子。衣料多用土布或麻布，史书上称为溪布、峒布。

19. 布依族：主要分布于贵州、云南、四川等地，其中以贵州最多。男子大多穿多襟短衣或长衫，包蓝色或白底蓝方格头巾。妇女大多穿右大襟上衣和长裤，或套镶花边短褂，或系绣花围腰，也有穿大襟大领短袄，并配蜡染百褶长裙的。在节日里，妇女还戴各种银质首饰，蜡染是布依族珍贵的手工艺品。

20. 侗族：主要分布在贵州、湖南和广西的交界处，湖北恩施也有部分侗族。鼓楼是侗族村寨中别具一格的建筑物，形似宝塔，是村民聚会、休息和娱乐的地方。各村寨都有鼓楼，有的高达13层，颇为壮观。逢年过节，侗族人民便聚居在鼓楼前的广场上，尽情歌舞。

21. 白族：主要分布在云南、贵州、湖南等省，其中以云南省的白族人口最多。服饰以蓝、白、黑色为主，男女都包头。他们喜欢吃酸、冷、辣味食物，还爱喝烤茶。白族信奉佛教，洱海地区寺院遍布，曾有"妙香古国"之称。

22. 哈尼族：主要分布在云南省西南部礼社江下游红河西侧哀牢山区新平、镇源、墨江、元江、红河、元阳、绿春、金平、江城等县。哈尼族人信奉多神崇拜和祖先崇拜，以"龙树"为保护神。几段打了结的绳子作为账本，被哈尼人珍藏在家中最安全的地方。1957年，哈尼族创制了以拉丁字母为基础的文字。

23. 黎族：黎族生活在海南省最南端的"天涯海角"地区。这是一个能歌善舞的民族。钱铃双刀舞、打柴舞、舂米舞等具有其独特的民族风格。

24. 高山族：主要居住在中国台湾地区，也有少数散居在大陆的福建、浙江等沿海地区。一般男子穿披肩、背心、短褂、短裤。妇女穿短上衣、围裙和自肩上向腋下斜披的偏衫，在衣服上加刺纹绣，并佩戴用贝壳、兽骨磨成的装饰品。高山族人民能歌善舞，精于雕刻和绘画。

25. 纳西族：丽江是纳西族的聚居地。丧礼一般是土葬。传统节日中，比较盛大的有二月八日的三朵节和火把节。

26. 水族：分布在贵州三都水族自治县，云南富源县黄泥河、古敢一带，彝良县大河、龙安一带。最有代表性的是女性的服饰。上衣为紧身窄长袖右开襟，襟沿镶绣有花边，与汉族的"姊妹装"颇相似，但袖长而窄。身短而紧是与汉族"姊妹装"的微小区别。

27. 瑶族：主要分布在广西壮族自治区和湖南、云南、广东、贵州等省。瑶族青年男女婚前交往比较自由，交往的方式主要通过对歌活动来进行。对歌一般出现在节日和婚娶等活动中，农闲季节青年男女串寨或走亲戚也要进行对歌活动。

28. 拉祜族：主要分布在云南澜沧江流域，西双版纳、红河及玉溪地区也有分布。拉祜族的传统节日为每年农历十月十五至十七的"葫芦节"，拉祜族人还在农历六月二十四过驱虫护粮的"火把节"、农历八月间谷物成熟时过"尝新节"。

29. 傈僳族：主要分布在云南、西藏与缅甸交界地区。重要节日"刀杆节"的活动内容主要有两项，一是"下火海"，二是"上刀山"。

30. 怒族：怒族村寨多分布在怒江两岸的山腰台地上，房屋样式有木楞房、千脚落地屋等，片石屋顶房是用地区特殊石材资源建的特色住屋。

31. 布朗族：主要分布在保山、临沧、普洱、西双版纳等地。布朗族喜食竹筒饭以及各种副食、蔬菜、肉类。食垛生，食通过独有方法制成的各种南咪、酸茶，还食用山野里的各种虫类。

32. 赫哲族：主要分布于黑龙江省同江市、饶河县、抚远县。在初一，姑娘、妇女和孩子们会穿上绣有云边的新装，去亲朋家拜年，用"鱼宴"款待客人，有酸辣风味生鱼、味香酥脆的"炒鱼毛"和大马哈鱼籽。妇女们玩"摸瞎糊""掷骨头"。青少年则进行滑雪、滑冰、射草靶、叉草球等比赛。

33. 鄂伦春族：主要分布在内蒙古自治区呼伦贝尔盟鄂伦春自治旗、布特哈旗、莫力达瓦达斡尔族自治旗，以及黑龙江省呼玛、爱辉、逊克、嘉荫等县。除夕，全家围坐，共进晚餐。品山珍，喝美酒，吃年饭。青年人给家族及近亲长者敬礼，叩头请安。午夜，人们捧着桦树皮盒或铁盒绕马厩数圈，祈祝六畜兴旺。初一，着新装互相拜年请安。青年男女聚在一起跳转圈集体舞。有打猎舞、"红果"舞、"黑熊搏斗"舞等。

34. 普米族：主要聚居在怒江傈僳族自治州。男女长到 13 岁时要分别举行"穿裤子礼"和"穿裙子礼"。

35. 佤族：主要分布在我国云南省西南部。佤族地区较多绘画和雕刻像，虽相对粗糙，但却充溢着早期人类的审美理想。绘画见于大房子的木板壁上，用炭黑、石灰、牛血涂绘，图案有动物、人物活动和山水等，画法粗犷简明，风格与在佤族地区发现的距今 3000 多年的沧源崖画相类似。雕刻物则以人像、牛头居多，放置于门头和寨桩上。

36. 京族：京族的族源是在越南，约在 15 世纪，有部分迁移至中国境内，主要分布在广西壮族自治区防城港市下属的东兴市境内。京族正月初一要拿上香烛到井边烧拜，叫"买新水"。妇女在初一天不亮时就要从河里背回"吉祥水"。认为初一的新水可以带来福音和好运，能保一年的吉利。

37. 东乡族：主要分布在甘肃省东乡族自治县境内。东乡族喜欢在春节期间打土仗，以示对养育自己的土地的热爱之情。

38. 羌族：主要聚居地在四川省阿坝藏族羌族自治州。羌族每家每户都要做各种油炸面粉小牛、小羊、小鸡等祭品，祭祀祖先和天神，过年要喝咂酒，大家围坛而坐，由最长者唱《开坛词》，然后用两尺多长的麦管从左至右，依次咂饮。

39. 景颇族：主要聚居在云南省德宏傣族景颇族自治州各县的山区。春节期间举行"打靶"比赛。初一早晨，人们纷纷聚到赛场上，姑娘们把自己绣的荷包挂在竹竿顶端，射手射中吊荷包的细线算神枪手，姑娘们便奖给神枪手一碗香甜的米酒。

40. 德昂族：散居于云南省西南部。德昂族妇女服饰的别致在于以"藤篾缠腰"为饰。

41. 保安族：分布在甘肃省积石山下的黄河边，是甘肃省特有的少数民族。保安族人民的风俗习惯明显地受到伊斯兰教教规的约束。结婚选在"主麻日"。

42. 傣族：是世界上人口较多的民族之一。傣泰民族源于中国的云贵高原，曾多次在云贵高原建立政权，后因中原王朝及其他民族的挤压，逐步向中南半岛及南亚次大陆迁徙，分布在泰国、老挝、缅甸、越南、柬埔寨、印度、中国等多个国家。

43. 土族：土族是中国人口比较少的民族之一，现有人口大约接近 29 万。主要聚居于青海省东部湟水以北、黄河两岸及其毗连地区，其中大多住在青海省互助土族自治县、民和县、大通县、海东市乐都区、同仁县等地；还有一部分居住于甘肃省天祝藏族自治县。

44. 塔吉克族：主要居住在新疆。塔吉克族的许多传统节日，与当地维吾尔族、乌孜别克族、柯尔克孜族等信仰伊斯兰教的民族基本相同。

45. 鄂温克族：是东北亚地区的一个民族，主要居住于俄罗斯西伯利亚以及中国内蒙古和黑龙江两省区，蒙古国也有少量分布。鄂温克族人是从游牧发展到定居的，从事畜牧业生产方式的人群。他们的传统文化具有极大的丰富性，最为突出的是服饰文化和饮食文化。

46. 独龙族：分布于云南省贡山独龙族怒族自治县。独龙族有日食两餐的习惯。过"卡雀哇"传统节于每年冬腊月的某一天举行（各地时间不一）。节期的长短常常以食物准备的多寡而定。

47. 俄罗斯族：位于中俄界河边的内蒙古额尔古纳市。风俗习惯与俄罗斯的俄罗斯族基本相同，多信仰东正教，使用俄语和俄文，也用汉、维、哈文。

48. 裕固族：分布于中国甘肃。它是以古代维吾尔人的一支——黄头维吾尔为主体，融合蒙、藏等民族而形成的。裕固族生产和生活上用的大部分用具都是毛皮制成的。裕固族主要信奉喇嘛教格鲁派（黄教）。

49. 撒拉族：聚居在青海省撒拉族自治县和化隆回族自治县，以及甘肃省撒拉族自治县。撒拉族忌食猪肉、狗肉、驴肉、骡肉和死的畜禽肉及动物的血；严禁在清真寺内及其附近地吐痰或携带污浊之物进入清真寺。

50. 仡佬族：主要分布在贵州省仡佬族苗族自治县和道真仡佬族苗族自治县。仡佬族很喜欢吃辣食，吃法很多。

51. 门巴族：主要分布在西藏自治区门隅和上珞渝的墨脱及与之毗连的东北边缘。门巴族有自己的语言——门巴语，但是没有本民族的文字，通用藏文。门巴族人主要信仰本教和喇嘛教。

52. 毛南族：毛南族主要聚居在云贵高原的茅南山、九万大山、凤凰山和大石山一带。

53. 基诺族：主要聚居于云南省西双版纳傣族自治州景洪县。待客真诚，民间一直保留着"生分熟吃"的习俗，即捕获到猎物之后，凡是见到捕获者的人，生时都可分一份，熟时都可去吃，直到吃完为止。饮酒也是如此，只要客人不放杯，主人就一定要奉陪到底。

54. 珞巴族：主要分布在西藏东起察隅，西至门隅之间的珞渝地区。珞巴是藏族对南方人的称呼。多信巫教。主要从事农业，兼营狩猎，擅长射箭。

55. 畲（shē）族：分布在我国东南部的闽、浙、赣、粤、皖、湘六省一百多个县、市的山区或半山区。有客人到门，都要先敬茶，一般要喝两道。有一种说法："喝一碗茶是无情茶。"客人只要接过主人的茶，就必须喝第二碗。如果客人口很渴，可以事先说明，直到喝满意为止。若来者是女客，主人还要摆上瓜子、花生、炒豆等零食。

56. 汉族：中国最大的民族，分布较广，居住在华北平原的汉族，其传统住房多为砖木结构的平房；居住在东北的汉族，那里的住房一般都很厚实，主要是为了保暖；居住在陕北的汉族，则以窑洞为住房，窑洞不仅冬暖夏凉，而且不占耕地面积；居住在南方的汉族，其传统住房以木建房为主，讲究飞檐重阁和律卯结构。

三、部分民族习俗

（一）藏族

每个民族都有自己独特的文化和生活习惯，藏族是一个古老而热情的民族，在漫长的历史中，也形成了自己的生活习惯和生活中的禁忌。

1. 两个久别重逢的朋友互相打招呼或聊天时，你的手不能搭在对方的肩膀上。

2. 不能跨过或踩在别人的衣服上，也不能把自己的衣物放在别人的衣服上，更不能从人身上跨过去。

3. 妇女晾衣服，尤其是裤子、内裤不能晾在人人经过的地方。

4. 不能在屋里吹口哨或大声哭叫。

5. 家里人出远门，客人刚走，中午和太阳落山后及藏历大年初一不能扫地或倒垃圾。

6. 外人不能当着已故人的亲属的面提已故人的名字。

7. 今年该完成的活不能留在明年干，如捻毛线、织毛衣、地毯等。

8. 黄昏时，不能随便到人家家里走，尤其人家家里有分娩的孕妇和刚生产的产妇或重病人时，陌生人不能去。

9. 过了中午以后，不能把家里的任何财产拿出去。

10. 一个陌生人到你从来没有到过的大山及悬崖峡谷，不能大声喧哗。

11. 不能跨或踩吃饭的用具。

12. 家里有两个人同时出门，并且朝相反方向走，不能同时出家门，必须前后出门，而且出门时间要隔开。

13. 妇女到晚上不能梳头和洗头，也不能披着头发出门。

14. 在使用扫把和簸箕时，不能直接用手传递，必须先放在地上，然后另一个人从地上捡起来。

15. 每当亲朋好友到你家串门或看望你时，会拿些酥油茶或青稞酒等物品作为礼物送你，客人临走时把东西腾出来，不能全部腾空，必须留一点在里面或换一点自家的东西装上。

16. 有缺口或有裂缝的碗不能用来吃饭，也不能给客人倒茶。

（二）彝族

彝族火把节，也就是彝族年。在彝族人的眼里，火象征光明、正义、兴盛，象征着能够摧毁一切邪恶的强大力量。火把节是彝族人民欢乐、爱情和幸福的节日。

（三）达斡尔族

北方的达斡尔族有拜年的习惯，春节时，人们穿上节日盛装，逐家走访，互相祝贺。每家都备有蒸糕，拜年者一进门，主人就用蒸糕款待。"糕"在汉语中与"高"谐音，以糕款待，表示互相在新的一年中，生活水平进一步提高。节日期间，达斡尔族还举行歌舞、体育活动，一直持续半个月。

（四）蒙古族

北方的蒙古族过春节却是另一番景象，节前家家户户都备下了当年生长的公羊和各种奶制品以及几坛美酒。除夕之夜，人们穿上漂亮的蒙古袍，全家席地坐在蒙古包中央，迎接新的一年的到来。午夜开始饮酒进餐，按常规要多吃多喝，酒肉剩得越多越好，这样象征着新的一年酒肉不尽，吃喝不愁。初一早晨，身穿各式服装的男女，跨上骏马，三五成群奔向"浩特"（村镇），挨个地串蒙古包。串包时，先要给长辈叩头祝愿，接着主人家的女婿为前来串包的客人敬酒，人们边歌边舞。

（五）壮族

居住在中国南方的壮族，称春节为"新年节"。这一天，人们出门无论遇到谁都要相互祝贺，认为这样一年才能吉祥。在壮族民间还有过晚年的习惯，壮族称作"吃立节"。"吃立节"是在这个月的 30 日，相传在 100 多年前，壮族的一支农民武装队伍在抗击外来侵略者后胜利归来，这时春节已过，壮族群众为了欢迎他们，就在这个月的 30 日为他们重过春节。

（六）布依族

居住在中国西南边疆的布依族，每年除夕晚上，都通宵达旦地守岁。天一亮，姑娘们争着到屋外去挑水，谁挑回第一担水，谁就是最勤劳的姑娘。而那里的景颇族人民喜欢在春节前举行打靶活动，姑娘们是这项活动的组织者和裁判员。她们把绣好的荷包用线吊在竹竿上，在树尖中左右摇摆，请小伙子射击。谁先射落荷包，姑娘们就把酒作为奖品送给谁。荷包里一般装有一枚硬币、几粒谷子和几颗装饰用的珠子，作为幸福的象征。

（七）哈尼族

春节前几天，哈尼族居住的村寨就已经热闹起来了，妇女们都忙着舂粑粑。粑粑是用糯米做的饼子。而小伙子们则忙着上山砍竹子，准备立秋千。那里的秋千有十几公尺高，哈尼族不管男女老少都很爱荡秋千。节日里，大家都穿着自己最喜爱的衣服去荡秋千，处处呈现出热闹、和睦的节日景象。

（八）傣族

傣族青年男女喜爱甩糠包的游戏，春节期间，小伙子和姑娘们互相投掷糠包，看谁投得准，看谁接得着。玩到一定气氛的时候，姑娘们就悄悄抢走小伙子身上佩的腰刀、包头布或拴着的马，跑回家去。假如小伙子有情就追随而来。父母见到女儿拿着头布、牵着骏马回来，便设宴款待。

另外，每年4月13日是傣历新年，也是傣族人民最隆重的节日——泼水节，他们把泼水看成是驱邪除污，吉祥如意的象征，也把这一天视为最美好、最吉祥的日子。

（九）高山族

居住在中国台湾地区的高山族，除夕晚上，一家老少围坐在放有火锅的圆桌上聚餐，叫作"围炉"。平常滴酒不沾的妇女，也要象征性地喝一口酒，以示吉利。"围炉"时吃的蔬菜不用刀切，洗净后带根煮熟，表示祝愿父母长寿。如果家里有人外出，也要空出一个席位，把这个人的衣服放在空位上。

（十）满族

满族分"红、黄、蓝、白"四旗人。春节时，红旗人在门上贴红挂旗，黄旗人在门上贴黄挂旗，蓝旗人在门上贴蓝挂旗，白旗人在门上贴白挂旗。这些挂旗图案优美，色彩鲜艳，象征着一年的吉祥开端。

节日期间，男孩成帮结伙地放鞭炮，或乘坐自制的各式各样的木爬犁，在山冈上、冰面上嗖嗖飞驰。少女和年轻的媳妇们穿着新做的花衣服，三五成群，分家合伙地玩"嘎拉哈"（猪或牛的膝关节骨）。

从初一到初五的晚上，人们还自愿组织起来扭秧歌拜年，阵容较强的秧歌队，不仅在本村扭，还到外村去扭。围观的群众常常乐得前仰后合，忘记了疲劳和寒冷。甚至还有热心的观众一直尾随着秧歌队走乡串户，直到天明才归。

（十一）白族

云南白族过年时，有一种叫"放高升"的庆祝活动。所谓"放高升"就是用整棵的大竹子，在竹节里装上火药，点燃以后可以把整个大竹子崩上天空百十丈，成为名副其实的"高升"。有的地区的白族同胞与苗族、壮族一样，从春节到元宵节，男女青年都进行"抛绣球"活动。凡接不住绣球的，要赠给对方纪念品，多次失球而又赎不回纪念品的人，就表示接受对方的爱情了。

（十二）侗族

贵州、湖南一带的侗族同胞，春节期间盛行一种"打侗年"（又叫芦笙会）的群众活动。这种活动类似于汉族的"团拜"，只不过比"团拜"显得更加欢乐、热烈。这种活动一般是由两个村庄共同商定举办的。两队在广场上正式举行芦笙歌舞比赛。这时两个村庄的观众，伴随着乐曲，翩翩起舞，尽情地欢乐。

（十三）彝族

云南省双柏县彝族人过年时有"跳虎节"的风俗，正月初八，全村成年男子于土地庙遗址，杀狗献"迷司"（迷司即为土主神之意），随后由本村"毕摩"祭土主请虎神。八位村民化装成老虎翩翩起舞，"老虎们"两耳高耸，尾巴粗壮，浑身虎纹，额上绘一"王"字，颈上挂一个大铜铃，威风凛凛。"毕摩"念罢祭辞请虎神后，虎王率众老虎入村。整个"跳虎节"期内，全村上下男女老幼都沉浸在迎虎、送虎、观虎跳跃和驱赶邪恶鬼怪的一派欢乐气氛中。

（十四）撒尼族

除夕，撒尼语叫"思搓期"。除夕之夜供祖、吃年饭，是很肃穆的。午后，家家门前插上绿树枝，枝上挂一顶草帽。这是无言的告示：请勿入内！不许谈话！就连家中的人也是不可以高声言谈的。

撒尼语中有一个有趣的现象："汤圆"和"过新年"是同一个词，叫"阔期玛"。因为过新年必食汤圆。从正月初一起的半个月内，人们纵情欢乐。初一晚上举行篝火晚会，民歌对唱、三弦胡独奏，古朴抒情。嘭嘭咚咚的大三弦高亢激昂，人们随音乐载歌载舞。

初二祭山神，初四送火星为的是驱逐灾害，显示人的力量。

每年春节初二日午后，农民要把牛牵出来，绕着寨心走几圈，在它的额上戴红布扎的花朵，表示对它一年贡献的敬意。还喂它米饭和肥猪肉，表示对自己亲密伙伴的慰劳。

撒尼人从除夕至初五，都有祭祀祖先的活动。从他们对祖先的敬仰和怀念中，可以发现这个民族的凝聚力和传统道德中美好的东西。

第四部分 中国礼仪

一、古代社交礼仪

拱手也称"拱""作揖"，汉族的交际礼节。见面时，双手合抱举前，向对方致意。上古时已有此俗。最初大概是模仿戴手枷的奴隶，意为愿做对方奴仆，供其使唤。

跪拜礼。我国在汉以前，还没有正式的凳椅。人们在进食、议事、看书时，只是在地上铺一条用芦苇、竹篾等编成的铺垫用具，即席子，人就坐在席子上，故称"席地而坐"。如果请客人坐正席，则多垫一层席子，表示恭敬。就连朝廷的最高统治者也是"席地而坐"。例如，周代每次举行大朝觐时，王者所坐的席位，设有绣着黑白斧形的屏风，屏风前面南向铺设着莞草编成的席子，上面再加上五彩蒲席和桃枝竹席，左右摆设玉儿，给王者凭依。

因此，古代所谓"坐"的姿势，也称为"跽（jì）"，和我们现代人的"坐"完全不一样。坐时要两膝着地，然后将臀部坐于后脚跟之上，脚掌向后向外。古人的"坐"，实际上就是我们现在的跪。在接待宾客中，每当"坐"着向客人致谢时，为了表示尊敬，往往伸直上半身，也就是"引身而起"，使坐变成了跪，然后俯身向下，就这样，逐渐形成了日常生活中的跪拜礼。

二、节日待客礼仪

（一）让座

对长者、上级或平辈，应请其坐上座，主人坐在一旁陪同；如果是晚辈或下属则请随便坐。如果客人是第一次来访，应该给家人介绍一下，并互致问候。然后沏茶、递烟或拿出水果、小吃等招待客人。如果请客人吃东西，应问客人是否要洗手；如果请客人吃西瓜，应准备好放瓜子、瓜皮的盘子和毛巾。

（二）敬茶

在家庭待客中，为客人敬茶是待客的重要内容。待客坐定，应尽量在客人视线之内把茶杯洗净。即使是平时备用的洁净茶杯，也要再用开水烫洗一下，使客人觉得你很注意讲卫生，避免因茶杯不洁而客人不愿饮用的尴尬局面。

要用开水泡茶，如没有开水，应立即烧煮少量以应急需，并要对客人打声招呼，请稍等片刻。开水沏茶，有利于溢出茶香，同时茶叶沉底后有利于饮用。切忌用温开水泡茶，使茶叶浮集于杯口，而使客人不愿饮用。茶杯要轻放，不要莽撞，以免茶水泼洒出来，弄得茶几上湿漉漉的，即使是连抹带揩，也会影响待客气氛；如果泼在客人身上，就更加难堪了。

端茶也有应注意的礼节，应双手给客人端茶。对有杯耳的杯子，通常是用一只手抓住杯耳，另一只手托住杯底，把茶水送给客人，随之说声"请您用茶"或"请喝茶"。切忌用五指捏住杯口边缘往客人面前送，这样敬茶既不卫生，也不礼貌。

斟茶动作要轻，要缓和。同时注意不要一次性斟得太满，而形成一冲四溢。如凉茶较多，应倒去一些再斟上。斟茶应适时，客人谈兴正浓时，莫频频斟茶。客人停留时间较长时，茶水过淡，要重新添加茶叶冲泡，重泡时最好用同一种茶叶，不要随意更换品种。

（三）敬烟

如果前来拜访的客人，有吸烟的嗜好，应以烟敬之。敬烟时，把烟盒打开，用手弹出几支，再请客人抽烟。客人不吸烟不可勉强。

谈话是待客过程中的一项重要内容，是关系到接待是否成功的重要一环。

第一，谈话要紧扣主题。拜访者和接待者双方的会谈是有目的的，因此谈话要围绕主题。如果是朋友之间的交流，要找双方都感兴趣的事情谈，不要只谈自己的事情或自己关心的问题。

第二，要注意谈话的态度和语气。谈话时要尊重他人，不要恶语伤人，不要以势压人。

第三，会谈时要认真听别人讲话，不要东张西望地表现出不耐烦的表情，应适时地以点头或微笑作出反应，不要随便插话。要等别人谈完后再谈自己的看法和观点，不可只听不谈。

第四，谈话时要注意坐的姿势。

第五，不要频繁看表、打呵欠，以免对方误解你在逐客。

陪访是接待过程中一种常见的礼仪。在陪同客人参观、访问、游览时，要注意以下几方面：首先，要在接待计划中事先安排，提前熟悉情况，以便向客人作详细的介绍。其次，要遵守时间，衣冠整洁，安排好交通事宜。最后，陪同时要热情、主动，掌握分寸。

三、日常礼仪

礼仪是人际交往中以一定的约定俗成的程序方式来表现的律己敬人的过

程。作为礼仪之邦的中国，从古至今传承下来了众多礼仪，这也是历史文化的一部分。

仪表是指人的容貌，是一个人精神面貌的外在体现。一个人的卫生习惯、服饰与形成和保持端庄、大方的仪表有着密切的关系。

卫生：清洁卫生礼仪的基本要求。不管长相多好，服饰多华贵，若满脸污垢，浑身异味，必然会破坏一个人的美感。因此，每个人都应该养成良好的卫生习惯，做到入睡、起床洗脸、洗脚。早晚饭后勤刷牙，经常洗头又洗澡，讲究梳理勤更衣。不要在人前"打扫个人卫生"。例如，剔牙齿、掏鼻孔、挖耳屎、修指甲、搓泥垢等。与人谈话时应保持一定的距离，声音不要太大，不要对人口沫四溅。

服饰：服饰反映一个人文化素质之高低，审美情趣之雅俗。具体来说，它既要自然得体，协调大方，又要遵守某种约定俗成的规范或原则。服装不但要与自己的具体条件相适应，还必须时刻注意客观环境、场合对人的着装要求，即着装打扮要优先考虑时间、地点和目的三大要素，并努力在穿着打扮的各方面与时间、地点、目的保持协调一致。

言谈作为一门艺术，也是个人礼仪的一个重要组成部分。

礼貌：态度要诚恳、亲切；声音大小要适宜，语调要平和沉稳；尊重他人。

用语：敬语，表示尊敬和礼貌的词语。例如，日常使用的"请""谢谢""对不起"，第二人称中的"您"字等。初次见面为"久仰"；很久不见为"久违"；请人批评为"指教"；麻烦别人称"打扰"；求给方便为"借光"；托人办事为"拜托"；等等。现在，我国提倡的礼貌用语是十个字："您好""请""谢谢""对不起""再见"。这十个字体现了说话文明的基本语言形式。

谈话姿势：谈话的姿势往往反映出一个人的性格、修养和文明素质。所以，交谈时，首先双方要互相正视、互相倾听，不能东张西望、看书看报、面带倦容、哈欠连天。否则，会给人心不在焉、傲慢无理等不礼貌的印象。

站姿：站立是人最基本的姿势，是一种静态的美。站立时，身体应与地面垂直，重心放在两个前脚掌上，挺胸、收腹、抬头、双肩放松。双臂自然下垂或在体前交叉，眼睛平视，面带笑容。站立时不要歪脖、斜腰、屈腿等，在一些正式场合不宜将手插在裤袋里或抱在胸前，更不要下意识地做些小动作，那样不但显得拘谨，给人以缺乏自信之感，而且也有失仪态的庄重。

坐姿：坐，也是一种静态造型。端庄优美的坐，会给人以文雅、稳重、自然大方的美感。正确的坐姿应该腰背挺直，肩放松。女性应两膝并拢；男性膝部可分开一些，但不要过大，一般不超过肩宽。双手自然放在膝盖上或椅子扶手上。在正式场合，入座时要轻柔和缓，起座要端庄稳重，不可猛起猛坐，弄得桌椅乱响，造成尴尬气氛。不论何种坐姿，上身都要保持端正，如古人所言的"坐如钟"。若坚持这一点，那么不管怎样变换身体的姿态，都会优美、自然。

走姿：行走是人生活中的主要动作，走姿是一种动态的美。"行如风"就是用风行水上来形容轻快自然的步态。正确的走姿是：轻而稳，胸要挺，头要抬，肩放松，两眼平视，面带微笑，自然摆臂。

四、见面礼仪

见面礼仪是日常社交最常见也是最基础的礼仪。常见的见面礼仪有握手礼、鞠躬礼、拥抱礼、亲吻礼、吻手礼等。不同的国家、不同的地区有着不同的见面礼。

握手礼：握手是一种沟通思想、交流感情、增进友谊的重要方式。与他人握手时，目光注视对方，微笑致意，不可心不在焉、左顾右盼，不可戴帽子和手套与人握手。在正常情况下，握手的时间不宜超过3秒，必须站立握手，以示对他人的尊重、礼貌。

握手也讲究一定的顺序：一般讲究"尊者决定"，即待女士、长辈、已婚者、职位高者伸手之后，男士、晚辈、未婚者、职位低者方可伸出手去呼应。若一个人要与许多人握手，那么有礼貌的顺序是：先长辈后晚辈，先主人后客人，先上级后下级，先女士后男士。

鞠躬礼：鞠躬，意即弯身行礼，是对他人敬佩的一种礼节方式。鞠躬前双眼礼貌地注视对方，以表尊重的诚意。鞠躬时须立正、脱帽，郑重的，嘴里不能吃任何东西，或是边鞠躬边说与行礼无关的话。

致意：致意是一种不出声的问候礼节，常用于相识的人在社交场合打招呼。在社交场合里，人们往往采用招手致意、欠身致意、脱帽致意等形式来表达友善之意。

五、商务礼仪

社会经济发展迅速，其中必不可少的就是商务活动。为了互相尊重，需要一些规章制度去约束人们在商务活动中的方方面面。商务礼仪又可以分为当面接待礼仪、电话接待礼仪和引见礼仪。

（一）当面接待礼仪

上级来访，接待要周到。对领导交代的工作要认真听、记；领导了解情况，要如实回答；如领导是来慰问，要表示诚挚的谢意。领导告辞时，要起身相送，互道"再见"。

下级来访，接待要亲切热情。除遵照一般来客礼节接待外，对反映的问题要认真听取，一时解答不了的要客气地回复。来访结束时，要起身相送。

（二）电话接待的基本要求

电话铃一响，拿起电话机首先自报家门，然后再询问对方来电的意图等。

电话交流要认真理解对方意图，并对对方的谈话作必要的重复和附和，以示对对方的积极反馈。

应备有电话记录本，重要的电话应作记录。

电话内容讲完，应等对方结束谈话再以"再见"为结束语。对方放下话筒之后，自己再轻轻放下，以示对对方的尊敬。

（三）引见时的礼仪

到办公室来的客人与领导见面，通常由办公室的工作人员引见、介绍。在引导客人去领导办公室的路途中，工作人员要走在客人左前方数步远的位置，忌把背影留给客人。在陪同客人去见领导的这段时间内，不要只顾闷头走路，可以随机讲一些得体的话或介绍一下本单位的大概情况。

在进领导办公室之前，要先轻轻叩门，得到允许后方可进入，切不可贸然闯入，叩门时应用手指关节轻叩，不可用力拍打。进入房间后，应先向领导点头致意，再把客人介绍给领导，介绍时要注意措辞，应用手示意，但不可用手指指着对方。介绍的顺序一般是把身份低、年纪轻的介绍给身份高、年纪大的；把男同志介绍给女同志；如果有好几位客人同时来访，就要按照职务的高低，按顺序介绍。介绍完毕走出房间时应自然、大方，保持较好的行姿，出门后应回身轻轻把门关上。

六、敬酒礼仪

中国的传统文化包含各种礼仪，它渗透到生活中的每一个角落。餐桌上除了吃要特别注重礼仪之外，更重要的就是喝。酒是餐桌礼仪的必备物品。

敬酒的礼节就是先称呼对方，说敬对方一杯酒，如果距离在两个手臂距离以外，你应该先站起。双手举杯，以示尊敬。敬酒辞围绕对方展开。还有就是围绕他的特点等他爱听的话。

如果不大会说，很简单，生意人祝他生意兴隆，老人祝他越活越年轻，年轻人祝他前程似锦，女孩祝她越长越漂亮。幽默的祝酒词会获得意想不到的效果。

当别人劝酒的时候，可以反客为主，说"怎么能让您敬我酒呢？应该是我向您敬一杯才对"。然后起立举杯，说敬全体一杯，这样他们下来就不好意思挨个对你劝酒了，可以少喝很多杯。

其实灵活才是最重要的。灵活掌握，熟练运用。女孩就算会喝也不能喝多，不会喝酒，但是在大家的劝说下，抿一下酒杯，这种女孩才是人们所欣赏和喜欢的。

中国人的好客，在酒席上发挥得淋漓尽致。人与人的感情交流往往在敬酒时得到升华。中国人敬酒时，往往都想对方多喝点酒，以表示自己尽到了主人之谊。劝人饮酒方式有"文敬""武敬""罚敬"。

"文敬"，是传统酒德的一种体现，也即有礼有节地劝客人饮酒。酒席开始，主人往往在讲上几句话后，便开始了第一次敬酒。这时，宾主都要起立，主人先将杯中的酒一饮而尽，并将空酒杯口朝下，说明自己已经喝完，以示对客人的尊重。客人一般也要喝完。在席间，主人往往还分别到各桌去敬酒。

"回敬"：这是客人向主人敬酒。

"互敬"：这是客人与客人之间的"敬酒"。

"代饮"：即不失风度，又不使宾主扫兴的躲避敬酒的方式。

"罚酒"：这是中国人"敬酒"的一种独特方式，有时也不免带点开玩笑的性质。

"武敬"：这种敬酒基本上是不友好的方式，具有发泄不满、惩戒的因素。

七、进餐礼仪

看过明清小说的人一定对里面的用餐礼仪记忆犹新，小小一桌，可以算是凝结了中华千百年文化。现代用餐虽然没有这些繁文缛节，但必要的礼仪还是有的。

入座礼仪。先请客人入座上席，再请长者入座客人旁依次入座，入座时要从椅子左边进入。入座后不要动筷子，更不要弄出什么响声来，也不要起身走动。如果有什么事要向主人打招呼。

如果要给客人或长辈布菜，最好用公筷，也可以把离客人或长辈远的菜肴送到他们跟前。按我们中华民族的习惯，菜是一个一个往上端的，如果同桌有领导、老人、客人的话，每当上来一个新菜时要请他们先动筷子，或者轮流请他们先动筷子，以表示对他们的重视。

进餐时不要打嗝，也不要发出其他声音，如果出现打喷嚏、肠鸣等不由自主的声响时，就要说一声"真不好意思""对不起""请原谅"之类的话，以示歉意。

进餐时，先请客人中的长者动筷子。夹菜时每次少一些，离自己远的菜就少吃一些，吃饭时不要出声音，喝汤时也不要出声响，喝汤用汤匙一小口一小口地喝，不宜把碗端到嘴边喝，汤太热时凉了以后再喝，不要一边吹一边喝。有的人吃饭喜欢使劲咀嚼脆食物，发出很清晰的声音来，这种做法是不合礼仪要求的，特别是和众人一起进餐时，要尽量防止出现这种现象。

八、宴请礼仪

在中国，不了解酒桌文化是没办法在官场立足的，因为你没办法左右逢源。在官场应该明白：饭局不是万能的，但没有饭局是万万不能的。

（一）中国宴请礼仪

座次：基本上按照以右为尊的原则，将主宾安排在主人的右侧，次主宾安排在主人的左侧。参加人数较多的宴会，主人应安排桌签以供客人确认自己的位置。

入座：主人或者长者主动安排众人入座；来宾在长者或女士坐定后，方可入座；入座时，男士为身边（尤其是右边）的女士拉开座椅并协助其入座。

体态：入座后姿势端正，脚踏在本人座位下，不跷腿，不抖动腿脚，也不可任意伸直；胳膊肘不放在桌面上，也不要向两边伸展而影响他人。

交流：宴请是一种社交场合，在餐桌上要关心别人，尤其是要招呼两侧的女宾；口内有食物，应避免说话也不要敬酒；宴会上应营造和谐温馨的氛围，避免涉及死亡、疾病等影响用餐气氛的话题。

布菜：主人可为身边的客人布菜。布菜应使用公勺或公筷。布菜时要照顾到客人的饮食偏好，如果客人不喜欢或者已经吃饱，不必再为客人夹送。

敬酒：主人先为主宾斟酒，若有长辈或者贵客在座，主人也应先为他们斟酒。主人为客人倒酒时，客人以手扶杯表示恭敬和致谢。首次敬酒由主人提议，客人不宜抢先；敬酒以礼到为止，各自随意，不应劝酒。

散席：一般由主人表示结束宴会，主人、主宾离座后，其他宾客方可离开。

（二）一些需特别注意的礼仪细节

用餐时，注意自用餐具不可伸入公用餐盘取菜舀汤，应使用公筷公匙；在品尝菜肴后再决定是否添加佐料，未尝之前就添加佐料被视为对烹调者的不尊重；夹菜应看准下筷，不宜随意翻拣；小口进食，避免大口嚼咽；切忌用手指剔牙，可以使用牙签并以手或手帕遮掩，牙签使用后折断放在接碟中。

筷子不能一横一竖交叉摆放，不能插在饭碗里，不能搁在碗上。

若不慎将汤汁、酒水溅到他人衣物上，应表示歉意，如对方是异性，不必亲自为其擦拭，请服务员帮助即可；如吃到不洁或有异味的食物，不要大呼小叫，应取用餐巾纸吐出包好后处理掉。

结账时，应避免争抢付账；未征得主人的同意，不宜代付账。

九、称呼礼仪

称谓，也叫作称呼，是现代礼仪中不可或缺的一部分。恰当地使用称呼，是社交活动的一种基本礼貌。在不同的场合、不同的身份下，使用怎样的称呼是一种讲究。

（一）姓名称谓

姓名称谓是使用比较普遍的一种称呼形式。用法大致有以下几种情况：

全姓名称谓，即直呼其姓和名。例如，"李大伟""刘建华"等。全姓名称谓有一种庄严感、严肃感。一般用于学校、部队或其他郑重场合。一般在人们的日常交往中，指名道姓地称呼对方是不礼貌的，甚至是粗鲁的。

名字称谓，即省去姓氏，只呼其名字，如"大伟""建华"等，这样称呼显得既礼貌又亲切，运用场合比较广泛。

姓氏加修饰称谓，即在姓之前加一修饰字。例如，"老李""小刘"等，这种称呼亲切、真挚。一般用于在一起工作、劳动和生活中相互比较熟悉的同志之间。

过去的人除姓名之外还有字和号，这种情况直到新中国成立前还很普遍。这是相沿已久的一种古风。

古时男子 20 岁取字，女子 15 岁取字，表示已经成人。平辈之间用字称呼既尊重又文雅，为了尊敬不甚相熟的对方，一般宜以号相称。

（二）亲属称谓

对亲属的长辈、平辈绝不称呼姓名、字号，而按与自己的关系称呼。例如，祖父、父亲、母亲、胞兄、胞妹等。

有姻缘关系的，前面加"姻"字，例如，姻伯、姻兄、姻妹等。

称别人的亲属时，加"令"或"尊"。例如，尊翁、令堂、令郎、令爱（令媛）、令侄等。

对别人称自己的亲属时，前面加"家"，例如，家父、家母、家叔、家兄、家妹等。

对别人称自己的平辈、晚辈亲属，前面加"敝""舍"或"小"。例如，敝兄、敝弟，或舍弟、舍侄，小儿、小婿等。

对自己亲属的谦称，可加"愚"字，如愚伯、愚岳、愚兄、愚甥、愚侄等。

随着社会的进步，人与人的关系发生了巨大变化，原有的亲属、家庭观念也发生了很大的改变。在亲属称谓上已没有那么多讲究，只是书面语言上偶用。现在我们在日常生活中，使用亲属称谓时，一般都是称自己与亲属的关系，十分简洁明了，如爸爸、妈妈、哥哥、弟弟、姐姐、妹妹等。

有姻缘关系的，在当面称呼时，也有了改变，如岳父——爸，岳母——妈，姻兄——哥，姻妹——妹等。

称别人的亲属时和对别人称自己的亲属时也不那么讲究了，如您爹、您妈、我哥、我弟等。不过在书面语言上，文化修养高的人，还是比较讲究的，不少仍沿袭传统的称谓方法，显得高雅、礼貌。

（三）职务称谓

职务称谓就是用所担任的职务作称呼。这种称谓方式，古已有之，目的是不称呼其姓名、字号，以表尊敬、爱戴，如对杜甫，因他当过工部员外郎而被称为"杜工部"，诸葛亮因是蜀国丞相而被称为"诸葛丞相"等。现在人们用职务称谓的现象已相当普遍，目的也是为了表示对对方的尊敬和礼貌。主要有三种形式：

用职务称呼，如"李局长""张科长""刘经理"等。

用专业技术职务称呼，如"李教授""张工程师""刘医师"。对工程师、总工程师还可称"张工""刘总"等。

职业尊称，即用其从事的职业工作当作称谓，如"李老师""赵大夫""刘会计"，不少行业可以用"师傅"相称。

直接以被称呼者的职业作为称呼。例如，老师、教练、医生、会计、警官等。

（四）性别称呼

一般约定俗成地按性别的不同分别称呼为"小姐""女士""先生"。其中，"小姐""女士"二者的区别在于：未婚者称"小姐"，不明确婚否者则可称"女士"。现阶段"小姐"的称呼，在某些场合已经具有了贬义的性质。

十、丧葬礼仪

古代的中国人非常看重葬礼，传统葬礼十分烦琐复杂。到现代，丧葬礼仪已经简化了。

通知亲友。如果死者家属有人不在时，在场的人第一件要做的事就是通知死者家属。并通知一到两位能干的、与死者关系亲密的好朋友。死者家属及亲密朋友应以电话通知近亲戚，即使他们住地远，也应以电话予以通知，但如果打电话花费太贵，朋友及较远远亲则可以用电报予以通知。

死亡证明书。死亡证明书应由负责照料死者的医生填写。如果是猝死或意外事件死亡，或在死时因某种原因没有医生在场时，则应由公医检验，确定死亡原因，填写死亡证明书。这种手续必须立即完成，因为其他一切事项均需等死亡证明书完成签证之后才能开始进行。

发布讣告。讣告是死者所属单位组织的治丧委员会或者家属向亲友或有关单位报丧时使用的通知或文书。讣告通常包括死者生前职衔、死亡时间、直系亲属名字、殡葬时间及地点等。

陪葬衣物。负责安排丧葬的人，应在死者家属的协助下，将死者陪葬的衣服准备好，供死者穿用，陪葬的服装无严格的规定，可以穿死者生前喜欢的服装，也可以穿死者生前在正式场合穿用的服装。年轻女子死亡时多穿白色服装，小孩子则着学生装。结婚戒指一般都给死者戴着下葬，而其他首饰都取下。现在习惯在殡仪馆举行吊唁仪式、开追悼会。死者的家属也常常在这里接见前来吊唁的朋友。

收送花圈。参加吊唁和追悼会的人可以送花圈表示哀悼，花圈一般送到殡仪馆。死者家属可请一人专门负责花圈有关事宜，并记录送花圈的人名和单位，以便日后表示谢意。如果讣告已写明有"恳辞花圈"时，就不要送花圈了。

吊唁。现代丧事吊唁仪式大多都在殡仪馆举行。死者家属也在殡仪馆接见前来吊唁的亲友。主持丧事的人应在发布讣告时，把家属到达殡仪馆接受亲友前往吊唁慰问的时间予以公布。其他时间，人们想前往吊唁，但又觉得自己与丧家的关系不够密切而不便打扰时，则到殡仪馆会客间，在预先准备好的签名簿上签名后离开即可。

追悼会及其仪式。人死了，开追悼会来寄托哀思，是现在人们常用的应当提倡的一种新式丧礼。开追悼会既是悼念死者，也体现了社会文明，逐渐为人们所接受。

遗体告别仪式。近年来，除了那些极有成就的名人学者以开追悼会的形式向死者表示哀悼，一般人死了都只进行遗体告别仪式。

送葬。死者所有的家属得知殡葬时间，应即行参加送葬，如果讣闻写明为"家奠"时，则死者的朋友可以不必送葬。除非死者家属另有通知请求他们参加送葬。若讣告写有殡葬时间、地点时，可认为是正式邀请参加送葬。是否愿意参加，一切由自己决定。当然，如果你是死者家中的常客或与死者家属为密友，不参加送葬，就会被认为是无情无义了。

骨灰安放仪式。安放骨灰盒的礼仪，一般在墓地进行。墓地一般立有墓碑。墓碑的正面刻有墓中人的姓名、立碑人以及立碑时间。碑的背面不刻写碑文。死者亲属肃立于墓穴前，由承祀人（墓中人的子女）手捧骨灰盒缓缓放入墓穴，然后封穴盖顶。封穴毕，在墓碑前的亲属献上花圈、鲜果，并行礼致哀。

服孝。我国传统的丧服礼制比较复杂，讲究"穿白戴孝"，不同的亲友穿不同的丧服，持服期也不等。现在丧礼、丧服大大简化，大多数人都尽可能地设法节哀，并避免让自己悲愁心情影响别人。而穿孝服则很容易让人回想起过去。况且，穿孝服也常常妨碍穿着者过正常的生活。

十一、鞠躬礼仪

鞠躬，意思是弯身行礼，是表示对他人敬重的一种郑重礼节。鞠躬起源于中国，此种礼节一般是下级对上级或同级之间、学生向老师、晚辈向长辈、服务人员向宾客表达由衷的敬意。

（一）鞠躬礼的分类

一种是三鞠躬。敬礼之前，应脱帽或摘下围巾，身体肃立，目光平视，身体上部向前下弯约90度，然后恢复原样，如此连续三次。

另一种是深鞠一躬（15度至90度），几乎适用于一切社交和商务活动场合，在初见的朋友之间、同志之间、宾主之间、下级对上级、晚辈对长辈，为了表达对对方的尊重，都可以行鞠躬礼。

（二）鞠躬礼的动作要领

面对受礼者，应立正站好，隔二三步，以腰部为轴，整个腰及肩部向前倾15度至90度（具体的前倾幅度视行礼者对受礼者的尊敬程度而定），并拢双脚，身体上部向前倾，视线由对方脸上落至自己的脚前，然后恢复直立姿态。

男性双手放在身体两侧，女性双手合起放在身体前面。

弯腰速度适中，之后慢慢抬头直腰。

行礼时要注目，不可斜视，受礼者同样，礼毕直起身时，双目有礼貌地注视对方。

（三）鞠躬礼的注意事项

施礼时，目光不得斜视和环顾，不得嘻嘻哈哈，口里不得叼烟卷或吃东西，动作不能过快，要稳重、端庄，并带有对对方的崇敬感情。通常，受礼者应以与施礼者的上体前倾度大致相同的鞠躬还礼；但是，上级或长者还礼时，不必以鞠躬还礼，可以欠身点头或握手答礼。

鞠躬礼在东亚一些国家较为盛行，如日本、韩国、朝鲜等。在接待这些国家的外宾时要行鞠躬礼，要注意以下三项礼仪准则：

1. 受鞠躬应还以鞠躬礼。

2. 地位较低的人要先鞠躬。

3. 地位较低的人鞠躬要相对深一些。

（四）鞠躬礼运用的场合

1. 遇到客人、同事、表示感谢或回礼时，15度鞠躬礼。

2. 接送客户时，30度鞠躬礼。

3. 初见或感谢客户时，行45度鞠躬礼。

十二、古代婚姻礼仪

婚姻乃人生头等大事，但在古代婚姻并不是你情我愿。古时候，"婚姻"二字写作"昏因"。男子在黄昏时迎接新娘，而女子因男子而来，所以叫作"昏因"。

（一）三书六礼

三书六礼是传统中国人婚礼的基本，早在先秦时代就已经定下。

"三书"是奉行六礼时应具备的文书，包括聘书、礼书和迎书，是古时保障婚姻有效的文字记录。

聘书：男女双方在订婚（即过文定）时男家交予女家的书柬，用作确定婚约。

礼书：男家在过大礼时致敬女家的书信，详细列明过大礼时的物品和数量。

迎书：迎亲当日，男家送给女家的书柬。

这三书是整个婚礼程序中男女互相致敬的书柬，内容都是一些吉祥、赞颂、祝贺的语句。

"六礼"是娶妻时必须办妥的六项手续，每段婚姻均须完成这六个步骤，才算得到正式的承认。六项礼仪是纳采、问名、纳吉、纳征、请期和迎亲。

纳采：古时候，男方遇到合适的结婚对象，便会托媒人把礼物送到女方家中，请求谈论婚事，也即我们所谓的提亲。

问名：女方家长接纳提亲后，会将女方的出生年、月、日、时（即年庚八字）交给媒人，媒人则会将女方的八字、名字、籍贯及三代资料等写在红纸上（称为"庚帖"），交给男家以占卜吉凶，亦即现时所说的夹八字。

纳吉：又称过文定，男家请算命先生推算男女双方的年庚八字是否互相配合，以决定这婚事是否吉利。这手续称为合婚。如果男女双方年庚八字无相冲相克，便可商量定亲条件。所以，古时算命先生对婚事掌有最大的权柄，亲事成与不成全凭他的一句话。

纳征：又称过大礼，男女双方家长洽商妥了一切条件，男女依照议定条件，送聘礼（俗称定礼或茶礼）到女家，双方交换订婚书帖，婚约到这里时才算被正式承认。

请期：男家请算命先生择定良辰吉日，亦有自己翻查"通胜"，找个迎娶的好日子。当吉期择定后，再通知女家为女儿出嫁做好准备。

迎亲：大婚之日，新郎带备迎亲书到女家迎娶新娘。

（二）过大礼

过大礼又称纳征，是三书六礼中保留下来较完整，同时也较受重视的传统礼节。一般在大婚前两周至一个月进行，当日男家会请两位或四位女性亲戚（她们必须是全福之人，即是既有丈夫、儿女，又公婆、父母皆在）会同媒人，带备聘金、礼金及大批礼品到女方家中。

为取其成双成对的意思，过大礼的物品多为偶数，分别盛载于五个中式礼盒中，连同一帖盒，组成六个礼盒。除赠送聘礼外，男方亦会先择取两三个吉日，于过大礼当日请女家决定大婚之期。男家聘礼送到后，男家的女宾会打开礼盒挑选几件金饰，边为准新娘戴上，边说吉祥话，之后大家互相祝贺道喜，过大礼的仪式便算完成。

（三）过礼注意事项

过大礼演变至今，已成为过文定了。即男家备礼金和多种礼物送到女家，作为定亲仪式。

通常过礼应有礼饼、礼金、礼品等，数量均为偶数，即取成双成对之意。

过礼中，椰子取其有爷有子意头。若父母健在用两对，否则用一对即可。

八样京果，包括莲子、百合、龙眼干、荔枝干、红豆、绿豆、花生、核桃。

茶叶，皆因茶树不能移植，种植之时须用种子，故赠予茶叶为礼物。

女方收到大礼，需要回礼。通常是上列物品的一半或若干，再加上莲藕一对、芋头一对、石榴一对、四季橘一对、手帕、女婿的西装、皮带、礼、银包（内须放金钱）、纸扇一对、利是两对，上写"五代同堂，百子千孙"。

（四）送嫁妆

收到大礼后，女家最迟需于大婚前一天把嫁妆送到男家。以往，广东人喜用樟木拢送嫁妆，取其坚固耐用之意。

送嫁妆可分为"送妆"与"迎妆"。"送妆"是女家将嫁妆往男家送，除抬妆的人外，女家会请几位亲友跟随照料，人数越多越代表女方家底越厚。

嫁妆抬到男家后，男家会请亲朋好友出来迎接，这叫"迎妆"。男家的本家人看过妆奁（lián）录（嫁妆物品的数量、品种的目录），知道嫁妆的总台数后，方可卸台安妆。男家这时一定要给送妆的、使唤的及抬妆的红封包（利是），以取吉祥顺景的意头。

（五）上头

"上头"象征一对新人正式步入成人阶段，要组织新家庭。"上头"分新郎"上头"和新娘"上头"。仪式在大婚前一晚进行，先选定吉时，再由男女双方各自在家中进行仪式。通常，男方的"上头"时间会较女方早约半小时。

"上头"时，男女双方需先沐浴，并由"全福"之人（俗称"好命佬""好命婆"，为男女方家族中的长辈，需父母、子女健在，夫妻和睦者）以柚菜浇水洗身（柚叶据说可涤除污秽）。之后换上全新的内衣裤和睡衣，靠一个可以看见月亮的窗口而坐，由"好命佬"或"好命婆"替其梳头。新娘的头发会梳成发髻，以示她嫁作人妇后踏入成人阶段。边梳头的同时，"好命佬"或"好命婆"要边说出押韵的吉祥语句。例如，一梳梳到尾，二梳白发齐眉，三梳儿孙满地，四梳梳到四条银笋尽标齐。语意是祝颂新人能同偕白首，婚姻美满。最后，"好命佬"或"好命婆"需把扁柏及红头绳系在新郎或新娘头上，这样才算完成上头仪式。

1. 男方上头

上头前应先行用绿柚叶淋浴，之后要穿上全新的内衣裤和睡衣，取其新的开始之意。案前应准备汤圆三碗（每碗九粒）、镜、红头绳、尖梳、子孙尺、铰剪，至吉时便由好命人上头（梳头），并诚心向天参拜，上头完毕后，便可与家人和兄弟们同吃汤圆，分享结婚的喜悦。

2. 女方上头

上头前应先行用绿柚叶淋浴及穿上全新的内衣裤和睡衣，然后要择一个看得见月亮的窗口，燃起龙凤烛后要连同三碗汤圆、生果、烧肉、鸡，诚心向天参拜，更要准备木梳及篦梳代替尖梳、针线包、红丝巾；而剪刀代表有利、子孙尺、镜乃取其光明继后之意，即所谓"龙头镜，铰剪尺"。

（六）上阁

举行婚礼前最重要的仪式、礼节是"上阁"和"上头"。"上阁"是准新娘出嫁前一段短时间留在家中一角，通常是闺房或阁楼之内，由一班闺中姊妹、密友陪伴，暂时摆脱平日的生活习惯，做好心理准备，以求日后能适应男家陌生的生活环境。

新娘会直至出嫁当日才离开阁楼，因此，俗称姑娘出嫁为"出阁"。

现代人亦有类似"上阁"的活动，新娘于婚礼前一晚邀请姊妹、密友在女家留宿整晚互诉心事，为明天踏上人生的另一阶段做好准备。虽然也有姊妹们情绪激动落泪的情况，但整体气氛仍是充满欢欣的。

（七）出门

新娘离开娘家出门前，要准备三封"利是"：威旺金、拜祖利是、满堂利是，到男家时交予新郎。

出门时，新娘需由伴娘或大姈姐搀扶并打红伞，寓意开枝散叶，其他姊妹也需边走边撒米及红豆、绿豆，俗称"喂金鸡"，据说可防止金鸡啄新娘，有辟邪的作用。仪式完结后，新娘便可启程往男家去了。

（八）开门利是

在以往，当男家花轿到达女家，女家需准备一些红包（称为"门包"），迎接花轿进门。

时至今日，情况刚好相反，新郎与戥（děng）穿石（伴郎）到达女家迎接新娘，多会遭到姊妹团的阻拦，索取开门利是（数目多以"三"或"九"为主，以取其"三三不尽""长长久久"的意思），亦会以种种玩意考验新郎的诚意。

其实，男女隔门斗嘴，索取开门利是不但有能增添热闹的气氛，同时也会使新娘讨人欢喜，女家不舍得她离家出嫁的意思。不过，众姊妹索取开门利是时，不要闹得大久，以免误了出门吉时。

（九）新娘进门

到达男家后，新娘在大妗姐搀扶下踏入男方家门。在大门槛外会预先放一个燃着木炭的火盆（铜盆或铁盆均可），新娘需从火盆上跨过，这叫"过火盆"，取其发旺、赶邪之意。

接下来是拜堂仪式，分为三个步骤，第一是拜天地，第二是拜祖先，第三是参拜家翁家姑。拜过天地及向祖先神位行跪拜礼后，一对新人便会向新郎父母叩拜，新娘并向家翁、家姑奉上香茶，之后再按家人的辈分和长幼逐一向长辈敬茶。

跪拜父母后，新人会互相对拜，大妗姐不断说些吉祥话，在互相对拜后，拜堂才告礼成。

（十）敬茶

敬茶是一个很重要的礼节。新人敬茶用的香茶内，通常都放上两枚红枣和莲子，寓意早生贵子的吉兆。新家翁、家姑及长辈喝了新娘这杯茶后，会送上金手镯、玉器等首饰作为新媳妇的见面礼，又会在盛托香茶的盘上（俗称"槟榔盒"）放上一封利是，作为大妗姐的赏钱。

（十一）三朝回门

"回门"是中国人传统中一个极重要的嫁娶礼仪，绝不可掉以轻心。新娘出嫁后，在第三天在丈夫陪同下回娘家探望父母。男家一定要送回金猪一只，以示新娘子的贞洁。

女家收到金猪后即分予亲戚朋友、街坊邻居享用，表示自家女儿不辱门楣。岳丈母需留回门的新娘和女婿在家吃饭。

十三、日常规矩

1. 吃饭不吧嗒嘴；
2. 不许叉着腿儿；
3. 不许斜楞眼儿；

4. 不许罗着锅儿;

5. 见长辈要称呼"您";

6. 不许捋袖管儿;

7. 不许挽裤腿儿;

8. 吃饭不许搅菜;

9. 宝宝睡觉不能照相;

10. 不许嗑牙花子;

11. 不许抖腿儿;

12. 不许当众咋呼;

13. 说话提及老人要用尊称;

14. 不许说瞎话儿;

15. 夹菜不过盘中线;

16. 不许吃饭咬着筷子;

17. 递给人剪刀时,不许刀尖对人;

18. 吃菜不许满盘子乱挑;

19. 长辈坐下说吃饭才能吃;

20. 做客时,主人动筷子客人才能动;

21. 筷子不许立插于米饭中,因为象征香炉;

22. 有客人,谨记茶七、饭八、酒满;

23. 做客不能坐人家的床;

24. 做客不许进没有人的房间;

25. 单独和异性在办公室要开着门;

26. 出门、回家要跟长辈打招呼;

27. 吃饭的时候,尽量不要发出声音;

28. 在酒桌上与别人碰杯,自己的杯子一定要低于对方,特别是对方是长辈或领导时;

29. 正月里不能要账;

30. 别人不回答你,不要厚着脸皮不停地问;

31. 捡东西或者穿鞋时候要蹲下去,不要弯腰撅屁股;

32. 正月里不让理发;

33. 别人批评你的时候,即使他是错的也不要先辩驳,等大家都平静下来再解释;

34. 做事情要适可而止,无论是狂吃喜欢的食物还是闹脾气;

35. 到朋友家吃完饭,主动帮忙洗碗清理桌子——主人做饭已经很辛苦了;

36. 客人添饭时一定不能说"还要饭吗";
37. 喝汤不许吸溜;
38. 敲门先敲两下，再连敲两下，急促拍门属报丧;
39. 长辈坐正中，其他人依次而坐，一般夫妻要挨着;
40. 墙上的镜子不能对着房间的门，会把门神照走;
41. 除夕晚上不到十二点不能关门，不能睡觉;
42. 牙齿掉了，上牙往地上扔，下牙往房顶上扔;
43. 给别人舀汤不能反手，这样是给去世的人舀汤;
44. 茶壶嘴不要冲人，丧门人;
45. 男不摸头女不摸腰;
46. 菜要夹自己眼前的;吃鱼的时候不能把鱼翻过来吃;
47. 女孩子不能吹口哨，吃完饭不能说"撑死了";
48. 鱼的一面吃完时，要说正过来，不能说反过来;
49. 过年的时候不小心摔了盘子，要说"岁岁平安"。

第五部分　人际关系与人的称谓

一、族谱关系

祖宗十八代的称呼

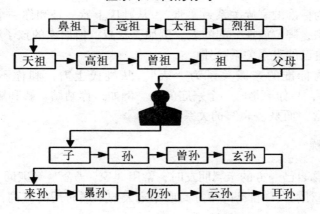

上按次序称谓：

生己者为父母，
父之父为祖，
祖父之父为曾祖，
曾祖之父为高祖，
高祖之父为天祖，
天祖之父为烈祖，
烈祖之父为太祖，
太祖之父为远祖，
远祖之父为鼻祖。

下按次序称谓：

父之子为子，
子之子为孙，
孙之子为曾孙，
曾孙之子为玄孙，
玄孙之子为来孙，
来孙之子为晜（kūn）孙，
晜孙之子为仍孙，
仍孙之子为云孙，
云孙之子为耳孙。

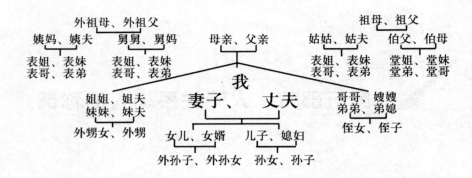

二、"堂"与"表"关系的划分

以男性为标准的家族关系为"堂"。从姓氏上看，是和你一个姓，与你供奉同一个祖宗，牌位放在一起的人。例如，叔叔、伯伯家的孩子和你是"堂"的关系。你自己的直系关系除外。

以女性为标准的亲戚关系为"表"。从姓氏上看，和你不同姓的，是"表"的关系，与你不是同一个宗庙的人。例如，你姑姑、姨和舅舅的孩子与你就不是"堂"而是"表"的关系了。

三、谦称

1. 古人称自己一方的亲属朋友时，常用"家""舍"等谦词。

"家"是对别人称自己的辈分高或年纪大的亲属时用的谦词，如家父、家母、家兄等。

"舍"用于谦称自己的家或自己的单幼亲属，前者如寒舍、敝舍，后者如舍弟、舍妹、舍侄等。

2. 自称：愚、敝、卑、臣、仆、予、余。

3. 帝王自称：孤、寡人、朕。

4. 古代官吏自称：下官、末官、小吏。

5. 读书人自称：小生、晚生、晚学、不才、不肖。

6. 其他自谦词。

尊长者自称：在上；晚辈自称：在下；老人自称：老朽、老夫；女子自称：妾。

四、敬称（尊称）

1. 对将军的敬称是麾下。

2. 对于对方或对方亲属的敬称有令、尊、贤等。

令：意思是美好，用于称呼对方的亲属。例如，令尊（对方父亲）、令堂（对方母亲）、令兄（对方的哥哥）、令郎（对方的儿子）、令爱（对方的女儿）。

尊：用来称与对方有关的人或物，如尊上（称对方父母）、尊公、尊君、尊府（皆称对方父亲）、尊堂（对方母亲）、尊亲（对方亲戚）、尊驾（称对方）、遵命（对方的嘱咐）、尊意（对方的意思）。

贤：称平辈或晚辈。贤家（指对方）、贤郎（对方儿子）、贤弟（对方弟弟）。

仁：称同辈人中长于自己的人为仁兄，称地位高的人为仁公。

3. 称谓前面加"先"，表示已死。用于敬称地位高的人或年长的人，如称已死的皇帝为先帝；称已经死去的父亲为先考或先父；称已经死去的母亲为先慈或先妣（bǐ）；称已死去的有才德的人为先贤。

4. 对品格高尚、智慧超群的人用"圣"来表敬称，如称孔子为圣人，称孟子为亚圣。后来"圣"通多用于帝王，如圣上、圣驾等。

五、特殊称谓

1. 百姓的称谓。常见的有布衣、黔首、黎民、生民、庶民、苍生、黎元、氓等。

2. 不同的朋友关系之间的称谓

（1）"贫贱之交"：贫贱而地位低下时结交的朋友；

（2）"金兰之交"：情谊契合、亲如兄弟的朋友；

（3）"刎颈之交"：同生死、共患难的朋友；

（4）"患难之交"：在遇到磨难时结成的朋友；

（5）"莫逆之交"：情投意合、友谊深厚的朋友；

（6）"竹马之交"：从小一块儿长大的异性好朋友；

（7）"忘年交"：辈分不同、年龄相差较大的朋友；

（8）"忘形交"：不拘于身份、形迹的朋友；

（9）"车笠交"：不因贵贱的变化而改变深厚友情的朋友；

（10）"君子交"：在道义上彼此支持的朋友；

（11）"神交"：心意相投、相知很深的朋友（也指彼此慕名而未见过面的朋友）。

3. 年龄的称谓

（1）赤子：刚生下的尺把长的婴儿。

（2）襁褓（qiǎng bǎo）：婴儿。

（3）孩提：二至三岁的儿童。

（4）垂髫（tiáo）：是三四岁至八九岁的儿童（髫，古代儿童头上下垂的短发）。

（5）总角：是八九岁至十三四岁的少年（古代儿童将头发分作左右两半，在头顶各扎成一个结，形如两个羊角，故称"总角"）。

（6）及笄（jī）：十五岁女子。

（7）豆蔻（kòu）：是十三四岁少女（豆蔻是一种初夏开花的植物，比喻人还未成年）。

（8）束发：男子十五岁（到了十五岁，男子把原先的总角解开，扎成一束）。

（9）弱冠：男子二十岁（男子二十岁行冠礼，表示已经成人，因为还没达到壮年，故称弱冠）。

（10）而立：男子三十岁（立，"立身、立志"之意）。

（11）不惑：男子四十岁（不惑，"不迷惑、不糊涂"之意）。

（12）知命：男子五十岁（知命，"知天命"之意）。

（13）花甲：六十岁。

（14）古稀：七十岁。

（15）耄（mào）耋（dié）：指八九十岁。

（16）期颐：一百岁。

4. 伯是老大，仲是老二，叔是老三，季是老四。

第六部分 五行、天干地支、生肖、历法节气

一、五行说

（一）五行图

五行学说也是我国古代人民创造的一种哲学思想。它以日常生活的五种物质：金、木、水、火、土元素，作为构成宇宙万物及各种自然现象变化的基础。这五类物质各有不同属性，如木有生长发育之性；火有炎热、向上之性；土有和平、存实之性；金有肃杀、收敛之性；水有寒凉、滋润之性。五行说把自然界一切事物的性质分别纳入这五大类的范畴。

五种元素在天上形成五星，即金星、木星、水星、火星、土星，在地上就是金、木、水、火、土五种物质，在人就是仁、义、礼、智、信五种德性。古代人认为这五类物质在天地之间形成串联。

五行相生：金生水，水生木，木生火，火生土，土生金。

五行相克：火克金，金克木，木克土，土克水，水克火。

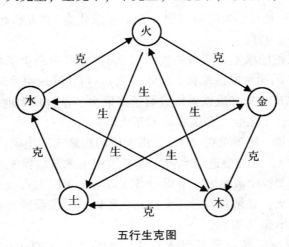

五行生克图

五行	颜色	位置
金	白	西
木	青	东
水	黑	北
火	红	南
土	黄	中

（二）五行的性质

木、火、土、金、水五行的各个性质，依次如下：

木——好华美，且具有风雅的个性。木性代表仁，就是又慈爱，又行善的意思。

火——性情急躁，而富有自尊心。火性代表礼，就是为人谦让谨慎，敬上而不欺下。

土——性情温厚笃实，而具有自信心。土性代表信，就是又诚实又温厚诚恳之意。

金——性情刚强，而具有自尊心。金性代表义，就是崇善弃恶，事事都顺理。

水——人聪明，并能推测事物。水性代表智，就是观察事物详细，对于任何事能预知前兆，善理权谋术事。

五脏：木性为肝脏，火性为心脏，土性为脾脏，金性为肺脏，水性为肾脏。

五色：木代表青色，火代表红色，土代表黄色，金代表白色，水代表黑色。

五行相生相克：五行相生，五行相克，五行相冲。

（三）五行相生相克的原理

"五行相生"是互相生旺的意思，表示生成化育。"五行相克"就是互相反驳、互相战斗、制衡。

根据宇宙的磁场原先是浩瀚的大海（水），在海中产生了植物（木），再经由太阳（火）的照射慢慢地有了陆地（土）。再从陆地中发现了铁的矿物质（金）。之后从铁矿中提炼成铁器做成盆子来取水。这就是大地自然的水生木，木生火，火生土，土生金，金生水的循环状态。

赤裸裸的大地一定要植树（木），用大树的根来巩固土质，大雨来时才不会土质流失（土），大雨会造成水灾，就必须用土来筑墙保卫家园（水）。古时家园的门口都要摆个大水缸，下雨时备水以备火灾时灭火（火）。为保卫家园及家中煮饭生火，必须有刀枪斧头器具，所以要提炼顽铁（金）。生火需要用锯子、斧头来劈柴（木）。

这自然的相克制衡道理就是木克土，土克水，水克火，火克金，金克木。天地间的万物产生之后，虽然有相生但也要有制衡，如水会使树木生长，也会使土质流失，而木按照"木克土"的道理来克土，这就是自然的循环状态。

二、天干地支

（一）天干地支简称"干支"

十天干：甲（jiǎ）、乙（yǐ）、丙（bǐng）、丁（dīng）、戊（wù）、己（jǐ）、庚（gēng）、辛（xīn）、壬（rén）、癸（guǐ）；

十二地支：子（zǐ）、丑（chǒu）、寅（yín）、卯（mǎo）、辰（chén）、巳（sì）、午（wǔ）、未（wèi）、申（shēn）、酉（yǒu）、戌（xū）、亥（hài）

天干地支是古代纪年纪月纪日纪时用的二十二个汉字，天干十个，地支十二个，两者搭配使用，形成六十甲子，在年月日时里循环使用，周而复始。根据六十甲子可以推算出具体的年月日时。

而在计时使用里，由于一天为二十四小时，古代正好是十二时辰，因此形成两个小时为一个时辰的换算关系，具体为深夜23点到子夜1点为子时，1~3点为丑时，3~5点为寅时，5~7点为卯时，7~9点为辰时，9~11点为巳时，11~13点为午时，13~15点为未时，15~17点为申时，17~19点为酉时，19~21点为戌时，21~23点亥时。

除以此计时外，另外地支计时法还与干支计日联系在一起形成六十干支计时法，即甲己日子时以甲开头，成为甲子时，然后丑时成为乙丑时，寅时成为丙寅时，依此类推。乙庚日子时以丙开头，成为丙子时；丙辛日子时以戊开头成为戊子时。丁壬日子时以庚开头，成为庚子时；戊癸日子时以壬开头成为壬子时。这样六十天干形成完整的纪年纪月纪日纪时法，每人出生的时辰也就有了确定的四组天干八个字组成的生辰，简称"八字"。

（二）天干地支五行对应表

1. 天干地支和阴阳对应表

	天干	地支
阳	甲丙戊庚壬	子寅辰午申戌
阴	乙丁己辛癸	丑卯巳未酉亥

2. 天干地支和五行对应表

五行	天干	地支
木	甲乙	寅卯辰
火	丙丁	巳午未
土	戊己	辰戌丑未
金	庚辛	申酉戌
水	壬癸	亥子丑

3. 地支和生肖对应表

地支	子	丑	寅	卯	辰	巳	午	未	申	酉	戌	亥
生肖	鼠	牛	虎	兔	龙	蛇	马	羊	猴	鸡	狗	猪

4. 四季和五行的对应

五行	所旺的四季	所主的方位	天干	地支
木	春	东	甲乙	寅卯辰
火	夏	西	丙丁	巳午未
金	秋	南	庚辛	申酉戌
水	冬	北	壬癸	亥子丑
土	四季的最后一个月	中	戊己	辰戌丑未

三、十二生肖

子鼠、丑牛、寅虎、卯兔、辰龙、巳蛇、午马、未羊、申猴、酉鸡、戌狗、亥猪。

十天干和十二支依次相配，组成六十个基本单位。古人以此作为年、月、日、时的序号，叫"干支纪法"。

四、历法与二十四节气

（一）节气

二十四节气是我国劳动人民独创的文化遗产，它能反映季节的变化，指导农事活动，影响着千家万户的衣食住行。由于 2000 年以来，我国的主要政治活动中心多集中在黄河流域，二十四节气也就是以这一带的气候、物候为依据建立起来的。由于我国幅员辽阔，地形多变，故二十四节气对于很多地区来讲只是一种参考。

二十四节气是根据太阳在黄道（即地球绕太阳公转的轨道）上的位置来划分的。视太阳从春分点（黄经零度，此刻太阳垂直照射赤道）出发，每前进 15 度为一个节气；运行一周又回到春分点，为一回归年，合 360 度，因此分为 24 个节气。节气的日期在阳历中是相对固定的，如立春总是在阳历的 2 月 3 日至 5 日之间。但在农历中，节气的日期却不大好确定，再以立春为例，它最早可在上一年的农历十二月十五，最晚可在正月十五。

从二十四节气的字面含义来看：

立春、立夏、立秋、立冬——亦合称"四立"，分别表示四季的开始。"立"即开始的意思。公历上一般在每年的 2 月 4 日、5 月 5 日、8 月 7 日和 11 月 7 日前后。

二十四节气与季节的划分：

春季：立春　雨水　惊蛰　　　春分　清明　谷雨
夏季：立夏　小满　芒种　　　夏至　小暑　大暑
秋季：立秋　处暑　白露　　　秋分　寒露　霜降
冬季：立冬　小雪　大雪　　　冬至　小寒　大寒

（二）关于农历计年的常识

农历是我国的一种历法，又称夏历、中历、旧历，俗称阴历。定月的方法是用朔望月周期给出，朔所在日为初一，朔望月长约 29 天半，所以农历大月 30 天，小月 29 天。农历平年有 12 个月，全年 354 天或 355 天，闰年为 13 个月，其中某一月为闰月，月名依前一月名而定，如前月是八月，闰月则为闰八月。闰年全年 383 天或 384 天。设置闰月的方法：农历月份中无"中气"的月份则是闰月。

（三）农历平年、闰年的月数、天数一览表

年	平年	闰年
月数	12	13
大月天数	30	30
小月天数	29	29
全年天数	354	383（或 384）
闰月设置方法	大约 19 年中 7 个闰月	无中气月份为闰月

二十四节气又分为 12 个节气和 12 个中气。二十四节气反映了太阳的周年式运动，所以在公历中它们的日期是相对固定的，上半年的节气在 6 日，中气在 21 日，下半年的节气在 8 日，中气在 23 日，二者前后不差 1~2 日。

二十四节气的命名反映了季节、物候现象、气候变化三种。

反映季节变化的是：立春、春分、立夏、夏至、立秋、秋分、立冬、冬至，又称八位；

反映物候现象的是：惊蛰、清明、小满、芒种；

反映气候变化的有：雨水、谷雨、小暑、大暑、处暑、白露、寒露、霜降、小雪、大雪、小寒、大寒。

（四）四季"节气"和"中气"一览表

四季	节气	中气
春	立春	雨水
	惊蛰	春分
	清明	谷雨
夏	立夏	小满
	芒种	夏至
	小暑	大暑
秋	立秋	处暑
	白露	秋分
	寒露	霜降
冬	立冬	小雪
	大雪	冬至
	小寒	大寒

（五）节气详解

冬至，是我国农历二十四节气中一个非常重要的节气，时间在每年的阳历 12 月 22 日前后，或者说在 12 月 21 日至 12 月 23 日之间。

冬至，也是中国的一个传统节日，称为"冬至节"，已有 2000 多年的历史。至今，中国的许多地方仍有过"冬至节"的习俗。古代的人们一直认为，冬至节气是计算我国二十四节气的起点。因为冬至一到，新年就在眼前了。所以，古人看待冬至节的重要程度，并不亚于新年。在民间广泛流传着"冬至大如年"的说法。意思是说，冬至节的礼俗和过新年（春节）是相差无几的。

冬至也是我国农历二十四节气中一个非常重要的节气。在古代，冬至日的测出时代有可能早于二千五百年前。甚至有可能，冬至日测出的时代是在五千年以前。冬至日的测定和确立，体现了中华民族的聪明、勤劳和智慧。

中国古代的传统历法后来称为"夏历"（农历），中国农历中的一个组成部分就是二十四节气。中国农历中的二十四节气是中华民族的伟大创造。在中国农历中的二十四节气中，春分、秋分、夏至、冬至这四个节气可称为"两分两至"。

春分：在每年的3月21日前后（3月20日至3月22日），这天为春季的一半，故叫春分。在春分这天，太阳直射赤道，昼夜均分。

秋分：在每年的9月23日前后（9月22日至9月24日），这天为秋季的一半，故叫秋分。在秋分这天，太阳直射赤道，昼夜均分。

夏至：在每年的6月21日或6月22日，这天太阳直射北回归线，夏至日这天是北半球一年中白昼最长、黑夜最短的一天。

冬至：在每年的12月22日前后（12月21日至12月23日），这天太阳直射南回归线，冬至日这天是北半球一年中黑夜最长、白昼最短的一天。

中国传统历法夏历的二十四节气中有九个是节日（占37.5%）：

立春——立春节（阳历2月3日至2月5日）。

春分——春分节（阳历3月20日或3月21日）。

秋分——秋分节（阳历9月22日或9月23日）。

夏至——夏至节（阳历6月21日或6月22日）。

冬至——冬至节（阳历12月21日至12月23日）。

立夏——立夏节（阳历5月5日至5月7日）。

立秋——立秋节（阳历8月8日前后）。

清明——清明节（阳历4月4日至4月6日）。

谷雨——谷雨节（阳历4月19日至4月21日）。

五、谚语

谚语是民间集体创造、广为口传、言简意赅并较为定型的艺术语句，是民众丰富智慧和普遍经验的规律性总结。谚语分四类，即气象谚语、农业谚语、生活谚语、社会谚语。本书只将反映农业和气候的部分谚语整理如下，以飨读者。

（一）农业谚语

农业谚语是农民在生产实践中总结出来的农事经验。

1. 雨与农业

立春三场雨，遍地都是米。

春雨漫了垅，麦子豌豆丢了种。

雨洒清明节，麦子豌豆满地结。

三月雨，贵似油；四月雨，好动锄。

有钱难买五月旱，六月连阴吃饱饭。

春雨满街流，收麦累死牛。

黑夜下雨白天晴，打的粮食没处盛。

一阵太阳一阵雨，栽下黄秧吃白米。

伏里无雨，谷里无米；伏里雨多，谷里米多。

伏里一天一暴，坐在家里收稻。

秋禾夜雨强似粪，一场夜雨一场肥。

立了秋，哪里下雨哪里收。

立秋下雨万物收，处暑下雨万物丢。

2. 气温与农业

清明热得早，早稻一定好。

四月不拿扇，急煞种田汉。

夏作秋，没得收。

五月不热，稻谷不结。

六月不热，稻子不结。

六月盖被，有谷无米。

三伏不热，五谷不结。

铺上热得不能躺，田里只见庄稼长。

人在屋里热得跳，稻在田里哈哈笑。

人往屋里钻，稻在田里蹿。

人热了跳，稻热了笑。

人怕老来穷，稻怕寒露风。

遭了寒露风，收成一场空。

3. 降雪与农业

腊月大雪半尺厚，麦子还嫌"被"不够。

麦苗盖上雪花被，来年枕着馍馍睡。

今冬大雪飘，明年收成好。

瑞雪兆丰年。

一场冬雪一场财，一场春雪一场灾。

冬雪是被，春雪是鬼。

桑叶逢晚霜，愁煞养蚕郎。

晚霜伤棉苗，早霜伤棉桃。

棉怕八月连天阴，稻怕寒露一朝霜。

荞麦见霜，粒粒脱光。

春旱谷满仓，夏旱断种粮。

春旱不算旱，秋旱减一半。

春旱盖仓房，秋旱断种粮。

七月十五定旱涝，八月十五定收成。

4. 物候与农业

杨叶钱大，快种甜瓜；杨叶哗啦，快种西瓜。

柳毛开花，种豆点瓜。

柳絮乱攘攘，家家下稻秧。

柳芽拧嘴儿，山药入土。

柳絮落，栽山药。

桐叶马蹄大，稻种下泥无牵挂。

桐树开花，正种芝麻。

桐树花落地，花生种不及。

椿芽鼓，种秩秩。椿芽发，种棉花。

椿树头，一把抓，家家户户种棉花。

椿树盘儿大，就把秧来下。

枣芽发，种棉花。枣芽发，芝麻瓜。

枣儿红肚，磨镰割谷。

5. 以动物为指标预报农时

布谷布谷，赶快种谷。

蛤蟆叫咚咚，家家浸谷种。

青蛙打鼓，豆子入土。

蚕做茧，快插秧。

蚊子见血，麦子见铁。

黄鹂唱歌，麦子要割。

知了叫，割早稻。知了喊，种豆晚。

黄鹂来，拔蒜薹；黄鹂走，出红薯。

小燕来，催撒秧，小燕去，米汤香。

小燕来，抽蒜薹；大雁来，拔棉柴。

6. 肥料与农业

庄稼一枝花，全靠肥当家。

粪是农家宝，庄稼离它长不好。

种地没有鬼，全仗粪和水。

谷子粪大赛黄金，高粱粪大赛珍珠。

千担粪下地，万担粮归仓。

一分肥，一分粮；十分肥，粮满仓。

白地不下种，白水不栽秧。

无肥难耕种，无粮难行兵。

种地不上粪，好比瞎胡混。

人黄有病，苗黄缺粪。

草无泥不烂，泥无草不肥。

冬草肥田，春草肥禾。

塘泥泥豆红花草，农家做田三件宝。

猪粪红花草，农家两件宝。

7. 种子与农业

好儿要好娘，好种多打粮。

种不好，苗不正，结个葫芦歪歪腚。

良种种三年，不选就要变。

一粒杂谷不算少，再过三年挑不了。

三年不选种，增产要落空。

种地不选种，累死落个空。

种子不纯，坑死活人。

地里挑，场上选，忙半天，甜一年。

家选不如场选，场选不如地选。

场选不如地选，地选还要粒选。

种子经风扇，劣种容易见。

种子经过筛，幼苗长得乖。

种子粒粒圆，禾苗根根壮。

（二）气象谚语

气象谚语是认识自然和总结生产经验的谚语。

1. 气候谚语

云下山，地不干。

云低要雨，云高转晴。

红云变黑云，必有大雨淋。

日落乌云涨，半夜听雨响。

西北起黑云，雷雨必来临。

云自东北起，必有风和雨。

有雨山戴帽，无雨山没腰。

天上鱼鳞斑，晒谷不用翻。

不怕阴雨天气久，只要西北开了口。

云向东，有雨变成风，云向南，水涟涟，云向西，下地披蓑衣。

时雨时晴，几天几夜不停。

乌云拦东，不下雨也有风。乱云天顶绞，风雨来不小。

朝有破紫云，午后雷雨临。

2. 风向和天气的谚语

东风急，备斗笠。

风静闷热，雷雨强烈。

急雨易晴，慢雨不开。

雨后生东风，未来雨更凶。

雨前有风雨不久，雨后无风雨不停。

不刮东风不雨，不刮西风不晴。

3. 有光、电、声现象与天气的谚语

星星密，雨滴滴。

星星稀，好天气。

星星明，来日晴。

星星眨眼，有雨不起。

直闪雨小，横闪雨大。

炸雷雨小，闷雷雨大。

雷轰天顶，虽雨不猛。

雷轰天边，大雨连天。

小暑一声雷，倒转做黄梅。

南闪火开门，北闪有雨临。

4. 有关生物反应与天气的谚语

泥鳅跳，雨来到。

泥鳅静，天气晴。

青蛙叫，大雨到。

鸡进笼晚兆阴雨。

燕子低飞要落雨。

蚂蚁搬家，早晚要下。

蜜蜂归巢迟，来日好天气。

鱼儿出水跳，风雨就来到。

第七部分 文学常识

一、古代读书人

古代读书人等级分为四类：生、士、儒、隐。

生：十年寒窗、苦读诗书的"布衣"为生；

士：读书求取功名，一朝踏上仕途的为士；

儒：腹有诗书而懒于功名甚至一生不仕的为儒；

隐：远避尘嚣，或隐居山野或"大隐隐于市"者为隐。

科举考试制度：

秀才——童试，县州级考试。

举人——乡试，省级考试。

贡士——会试，国家级考试。

进士——殿试，科举考试最高等级。

秀才：明、清两代生员的通称。读书人被称为秀才始于明清时代，秀才是一种身份。

举人：地方科举考试中试者，原意为举到之人，为应举者的通称。举人登科即可授官，但无"出身"，可免丁役。

贡生：挑选府、州、县生员（秀才）中成绩或资格优异者，升入京师的国子监读书，称为贡生。意谓以人才贡献给皇帝。

进士：中国古代科举制度中，通过最后一级考试者，称为进士，是古代科举殿试及第者之称，意为可以进授爵位之人。此称始见于《礼记·王制》。凡应试者谓之举进士，中试者皆称进士。且分为三甲：一甲共三人，赐进士及第；二、三甲分赐进士出身、同进士出身。

二、古代诗人

（一）初唐四杰

1. 初唐四杰是指王勃、杨炯、卢照邻、骆宾王。

2. 王勃字子安，有"诗杰"之称，代表作有《送杜少府之任蜀州》《滕王阁序》。

3. 杨炯人称杨盈川，代表作有《从军行》。

4. 卢照邻字升之，号幽忧子，代表作有《曲池荷》。

5. 骆宾王字观光，人称骆临海，代表作《咏鹅》，被诬入狱后写下了《在狱咏蝉》，被赦免后出任临海县丞。

6. 大臣上官仪也秉承隋的遗风，其作品风靡一时，让大夫们争相效法，世号"上官体"。

7. 《送杜少府之任蜀州》从内容上讲，属于送别诗。表达了诗人真挚感人、依依不舍的离别之情。

8. 《从军行》在内容上，属于边塞诗，表达了诗人想要消灭敌人，建功立业的爱国之情。

9. 《曲池荷》在内容上，属于咏物诗，抒发了诗人怀才不遇、早年凋零的苦闷心情。

10. 《咏鹅》在内容上，属于咏物诗，表达了诗人天真烂漫的情怀和对鹅的喜爱之情。

（二）边塞诗人

边塞诗最早起源于先秦时代，更准确地说，它起源于西周。根据先秦时代已具备边塞诗产生的历史条件与文化土壤，《诗经》中已有完整的边塞诗篇。

1. 高适（约 704 年至约 765 年），字达夫。河北景县人，后迁居宋州睢阳（今河南商丘），世称"高常侍"。

2. 岑参（715 年至 770 年），南阳新野（今河南省南阳市新野县）人，后迁居江陵（今属湖北）。

3. 李颀（690 年至 751 年），赵郡（今河北赵县）人，长期居颍水之阴的东川别业（今河南登封）。开元十三年中进士，曾任新乡尉。久未迁调，归隐东川别业过炼丹求仙的隐居生活。

4. 王昌龄（698 年至约 757 年），字少伯，长安人。开元十五年中进士，二十二年中宏词科。初补秘书郎，调犯水尉，谪岭南。后任江宁丞，又因事贬龙标尉，世称王江宁、王龙标。后弃官隐居江夏，安史之乱后为刺史闾丘晓所杀。

5. 王之涣（688 年至 742 年），字季凌，晋阳（今山西太原人），性格豪放不羁，常击剑悲歌，其诗多被当时乐工制曲歌唱。

6. 崔颢（704 年至 754 年），汴州（今河南开封市）人，唐玄宗开元十一年进士，曾任太仆寺丞司勋员外郎。从他的诗歌中，可以看出他早年曾漫游江南一带，也在长安和洛阳居住过，开元后期在河东节度使幕中任职，到过幽燕河朔边塞之地。

（三）唐宋八大家

韩柳欧三苏，曾巩王安石——韩愈、柳宗元、欧阳修、苏轼、苏洵、苏辙、曾巩、王安石。

1. 韩愈（768年至824年），字退之，世称韩昌黎，河南人，唐代杰出的文学家、思想家，古文运动的领袖，唐宋八大家之首，在中国散文发展史上地位崇高。他的文章气势宏大、豪逸奔放、曲折多姿、逻辑严整、融会古今，无论是议论、议事还是抒情，都形成了独特的风格，达到了前人不曾达到的高度。

2. 柳宗元（773年至819年），字子厚，祖籍山西，生于长安，唐代著名的思想家和杰出的文学家。唐代古文运动倡导者和唐宋八大家之一，柳宗元反对六朝以来笼罩文坛的绮靡浮艳文风，提倡质朴流畅的散文。

3. 欧阳修（1007年至1072年），字永叔，号醉翁、六一居士，杰出博学的散文家，宋代散文革新运动的卓越领导，唐宋八大家之一。由于忧国忧民，刚正直言，欧阳修宦海升沉，历尽艰辛，但是创作却"越穷则越工"。他取韩愈"文从字顺"的精神，极力反对浮靡雕琢、怪僻晦涩的"时文"，提倡简而有法、流畅自然的风格，作品内涵深广，形式多样，语言精致，情韵兼收，富有音乐性。许多名篇，如《醉翁亭记》《秋声赋》等，已千古流传。

4. 苏轼（1037年至1011年），生于眉州眉山（今属四川）。22岁时参加朝廷的科举考试，以一篇《刑赏忠厚之至论》获得主考官欧阳修的赏识。

苏轼与新任宰相王安石政见不合，被迫离京。当时有人（李定等人）故意把苏轼的诗句扭曲，以讽刺新法为名大做文章而被捕入狱，史称"乌台诗案"。出狱以后，苏轼被降职为黄州（今湖北黄冈市）团练副使，苏轼到任后，心情郁闷，写下了《赤壁赋》《后赤壁赋》和《念奴娇·赤壁怀古》等千古名作。苏轼至此是既不能容于新党，又不能见谅于旧党，因而再度自求外调。1097年，苏轼又被贬至更远的海南。1101年大赦，在北归途中，8月24日（建中靖国元年七月二十八日）卒于常州。

5. 苏洵（1006年至1066年），字明允，号老泉。苏洵和他儿子苏轼、苏辙被合称为"三苏"。他的散文主要是史论和政，他继承了《孟子》和韩愈的议论文传统，形成自己的雄健风格，语言明畅，很有战国纵横家的色彩，有时不免带有诡辩的气息，是其短处。著有《嘉集》。

6. 苏辙（1039年至1112年），字子由，眉州眉山（今属四川）人，晚年自号颍滨遗老。苏轼之弟，人称小苏。苏辙是散文家，为文以策论见长，但比不上苏轼的才华横溢。他在散文上的成就，如苏轼所说，达到了"汪洋澹泊，有一唱三叹之声，而其秀杰之气终不可没"。著有《栾城集》。

7. 曾巩（1019年至1083年），字子固，建昌军南丰县人，宋代新古文运动的重要骨干，唐宋八大家之一。"十二岁能文，语已惊人"的曾巩，资质警敏聪慧；成年后，因文才出众，备受当时文坛领袖欧阳修的赏识。曾巩有浓厚的儒家思想，主张先道后文，极重视作家的道德修养。他的议论文立论精策。

8. 王安石（1021 年至 1086 年），字介甫，曾封荆国公，后人称王荆公。抚州临川（今江西抚州）人。北宋著名政治家、思想家、文学家。中国散文史上著名的唐代八大家之一。他的散文峭直简洁、富于哲理、笔力豪悍、气势逼人、词锋犀利、议论风生，开创并发展了说理透辟、论证严谨、逻辑周密、表达清晰、叙事和议论于一炉的独特散文风格。

（四）杰出诗人

1. 王维，字摩诘，自号摩诘居士，世称"诗佛"，有王右丞的称号，有天下文宗之称。代表作《九月九日忆山东兄弟》《山居秋暝》，与孟浩然合称王孟，属于山水田园诗派，创造了水墨山水画派。王维的山水田园诗的特点是诗中有画，画中有诗。

王维的《送元二使安西》在内容上，属于送别诗，表达了对友人真诚美好、依依不舍的离别之情。

2. 孟浩然，字浩然，世称孟襄阳，人称孟山人，代表作《春晓》，属于山水田园诗派。

孟浩然的《春晓》在内容上，属于写景诗，表达了诗人无限欢喜、热爱大自然的美好情怀。

3. 李白，字太白，号青莲居士，有诗仙、诗侠、谪仙人之称，代表作有《静夜思》《望庐山瀑布》《送孟浩然之广陵》，传世文集有《李太白集》，与杜甫合称李杜，与杜甫、白居易合称唐代三大诗人，与李贺、李商隐合称唐代三李，李白的诗是浪漫主义诗歌的典范，被贺知章赞为"谪仙人"。

《望庐山瀑布》在内容上，属于山水诗，表达了诗人对祖国大好河山、自然风光的无限热爱。

唐朝三绝是裴旻（mín）的舞剑、李白的诗歌、张旭的草书。

4. 杜甫，字子美，号少陵野老，杜少陵，有杜工部、诗圣之称，有杜拾遗的称号。杜甫的诗被后世称作诗史，杜甫被称为诗中圣哲，杜甫是新乐府诗体的开路人。

杜甫代表作有《春望》《望岳》《登高》《杜工部集》。

杜甫的诗被称为现实主义诗歌的典范。

《登高》在内容上，属于抒情诗，表达了诗人穷困潦倒、年老多病的悲哀之情。

唐代诗歌发展到繁荣顶点的标志是李白、杜甫的出现。

5. 白居易，字乐天，号香山居士，别号醉吟先生，人称诗魔，有诗王之

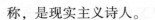

称，是现实主义诗人。

白居易的代表作有《赋得古原草送别》《钱塘湖春行》《忆江南》《长恨歌》。

白居易与元稹（zhěn）合称元白，与刘禹锡合称刘白，与李白、杜甫并称唐代三大诗人。

白居易与元稹共同倡导了新乐府运动。

《赋得古原草送别》在内容上属于送别诗，表达了诗人感人至深、依依不舍的送别之情。

6. 刘禹锡，字梦得，号庐山人，有诗豪之称，刘禹锡的代表作有《陋室铭》。

7. 李贺，字长吉，人称李昌谷，有诗鬼之称，留有"鬼才"一名，是中唐时期的浪漫主义诗人。开创了"长吉体"风格的诗歌。代表作《马诗》其五，《马诗》其一在内容上，属于咏物诗。

8. 孟郊，字东野，有"诗囚"之称，是唐代著名的苦吟诗人，被人们称为高天厚地诗囚。与贾岛被称为郊寒岛瘦，与韩愈在诗歌创作上合称韩孟诗派。代表作有《游子吟》。《游子吟》在内容上属于抒情诗，歌颂母爱的伟大，抒发了感恩之情。著有《孟东野集》。

9. 贾岛，字浪仙，号碣石仙人，有诗奴、贾长江之称，出家当和尚时号无本。代表作有《寻隐者不遇》。有传世文集《诗格》。《寻隐者不遇》在内容上属于叙事诗，表达了诗人寻访不遇的焦急心情和对隐者的钦佩之情。

10. 李商隐，字义山，号玉溪生，自号樊南生，人称李义山。代表作有《锦瑟》《无题·相见时难别亦难》。《无题·相见时难别亦难》在内容上属于爱情诗，抒发了诗人真挚感人的相思之情。传世文集《李义山诗集》。李商隐与杜牧合称小李杜，是晚唐诗坛双子星，与李白、李贺合称唐代三李，与温庭筠（yún）合称温李。

11. 杜牧，字牧之，自号樊川居士，人称杜紫薇，世称杜樊川。代表作有《江南春》《过华清宫》，传世文集有《樊川文集》。

三、诗、词、赋

笼统而论，"诗"可以说是所有韵文的总称，其中也包括了"词"。但严格来说，"诗"与"词"还是有着明显的区别的。

（一）诗

诗是文学体裁的一种，通过有节奏和韵律的语言反映生活，抒发情感。我国保存最早的诗集是《诗经》。可以看出当时的诗的体式是很自由的。大都是劳动人民创造的，反映现实生活，抒发喜、怒、哀、乐情感的歌谣。

后来，随着时代的发展，经济文化的进步，文人的参与等因素的影响，"诗"的内容和体式也在不断发展。到了唐代，有着严格的行数、字数、平仄限制的格律诗成为诗歌的主流。

格律诗主要有两大类：律诗和绝句。

律诗每首八句，每句五至七字；绝句每首四句，是律诗的一半。

我们可以理解为：把律诗斩掉一半就是绝句。律诗和绝句还严格讲究音节的平仄和上下句的对仗。我们平时说的"唐诗"一般指这些诗。

送杜少府之任蜀州（五律）　王勃

城阙辅三秦，风烟望五津。（首联）

与君离别意，同是宦游人。（颔联）

海内存知己，天涯若比邻。（颈联）

无为在歧路，儿女共沾巾！（尾联）

登鹳雀楼（五言绝句）　王之涣

白日依山尽，黄河入海流。（对仗）

欲穷千里目，更上一层楼

（二）词

词也是一种韵文形式，由五言诗、七言诗或民间歌谣发展而成，起于唐代，盛于宋代。原是配乐歌唱的一种歌词，所以又叫"曲子词"。为了便于歌唱，句的长短随歌调而改变，因此又叫长短句。在唐宋时代，熟悉音律的词人是按照乐谱的音律节拍来写词的，叫"填词"。后来一般词人不再理会音律，只按前人作品的字句平仄来填写，使词逐渐脱离音乐，成为纯粹的文学形式、诗的别体了。

"词"也有固定的格式，有句数、字数及平仄限制，但没有律诗绝句那么严格。与"诗"的最明显区别是句式的多变，有时一个字便是一句。现代诗也有长短句，但与"词"是不同的。现代诗的长短是完全自由的，"词"是有固定的行数、字数及格式要求的。

"词"的不同风格的标志是"词牌"，如"菩萨蛮""卜算子""满江红"等。每个"词牌"代表一个特定音律节拍，古人用"词谱"记录之，相当于现在的乐谱。只是早已失传，今已无人能解。只能从中了解词的句式结构和平仄变化而已。

词最初称为"曲词"或者"曲子词"，别称有近体乐府、长短句、曲子、曲词、乐章、琴趣、诗余等，是配合宴乐乐曲而填写的歌诗。词牌是词的调子的名称，不同的词牌在总句数、句数，每句的字数、声调上都有规定。词有小令和慢词两种，一般分上、下两阕（què）。

词大致可分为小令（58字以内）、中调（59~90字以内）和长调（91字以上，最长的词达 240 字）。一首词，有的只有一段，称为单调；有的分两段，称双调；有的分三段或四段，称三叠或四叠。

《天净沙·秋》 元 白朴

孤村落日残霞，

轻烟老树寒鸦，

一点飞鸿影下。

青山绿水，

白草红叶黄花。

《念奴娇·赤壁怀古》宋 苏轼

大江东去，浪淘尽，千古风流人物。故垒西边，人道是，三国周郎赤壁。乱石穿空，惊涛拍岸，卷起千堆雪。江山如画，一时多少豪杰。

遥想公瑾当年，小乔初嫁了，雄姿英发。羽扇纶巾，谈笑间樯橹灰飞烟灭。故国神游，多情应笑我，早生华发。人生如梦，一尊还酹江月。

（三）赋

赋是我国古代的一种文体，讲究文采、韵律，兼具诗歌和散文的性质。是以"铺采摛文，体物写志"为手段，侧重于写景，借景抒情。以"颂美"和"讽喻"为目的的一种有韵文体。它多用铺陈叙事的手法，赋必须押韵，这是赋区别于其他文体的一个主要特征。起于战国，盛于两汉。赋最早出现于诸子散文中，叫"短赋"；以屈原为代表的"骚体"是诗向赋的过渡，叫"骚赋"；汉代正式确立了赋的体例，称为"辞赋"；魏晋以后，赋日益向骈文的方向发展，叫作"骈赋"；唐代又由骈体转为律体，叫"律赋"；宋代用散文的形式写赋，称"文赋"。

1. 赋的特点

（1）语句上以四、六字句为主，句式错落有致并追求骈偶；

（2）语音上要求声律谐协；

（3）文辞上讲究藻饰和用典；

（4）内容上侧重于写景，借景抒情。排偶和藻饰是汉赋的一大特征。

骈文受赋的影响很大，骈比起于东汉，成熟于南北朝。在文章中广泛用赋的骈比形式，是汉代文人的常习。以至于有些以赋名篇的文章都被人视作骈文。像南朝刘宋的鲍照的《芜城赋》、谢惠连的《雪赋》及谢庄的《月赋》等。

2. 赋的发展

司马相如、扬雄、班固、张衡四人被后世誉为"汉赋四大家"。赋，除了它的源头楚辞阶段，经历了骚赋、汉赋、骈赋、律赋、文赋几个阶段，其中汉赋最具影响。

典型的汉赋是宫廷文学，其内容多为天子歌功颂德，描写国家的富强，宫室花园的宏丽，水陆物产的丰饶，帝王生活的奢侈等。

贾谊是汉初赋作家中当之无愧的先驱者。他的《吊屈原赋》集骚体赋之大成。

3. 赋的例文

（1）《赋得古原草送别》　唐　白居易

离离原上草，一岁一枯荣。野火烧不尽，春风吹又生。

远芳侵古道，晴翠接荒城。又送王孙去，萋萋满别情。

（2）《吊屈原赋》　两汉　贾谊

谊为长沙王太傅，既以谪去，意不自得；及度湘水，为赋以吊屈原。屈原，楚贤臣也。被谗放逐，作《离骚》赋，其终篇曰："已矣哉！国无人兮，莫我知也。"遂自投汨罗而死。谊追伤之，因自喻，其辞曰：

恭承嘉惠兮，俟（qí）罪长沙；侧闻屈原兮，自沉汨罗。造讬（tuō）湘流兮，敬吊先生；遭世罔极兮，乃殒厥身。呜呼哀哉！逢时不祥。鸾凤伏窜（cuàn）兮，鸱枭（chī xiāo）翱翔。阘（tà）茸尊显兮，谗谀得志；贤圣逆曳（yè兮，方正倒植。世谓随、夷为溷（hùn）兮，谓跖（zhí）、蹻（qiāo）为廉；莫邪（xié）为钝兮，铅刀为铦（guā）。吁嗟默默，生之无故兮；斡（guǎn）弃周鼎，宝康瓠（hù）兮。腾驾罢（pí）牛，骖（cān）蹇（jiǎn）驴兮；骥垂两耳，服盐车兮。章甫荐履（lǚ），渐不可久兮；嗟苦先生，独离此咎兮。

讯曰：已矣！国其莫我知兮，独壹郁其谁语？凤漂漂其高逝兮，固自引而远去。袭九渊之神龙兮，沕（mì）深潜以自珍；偭蟂（xiāo）獭（tǎ）以隐处兮，夫岂从虾与蛭蟥？所贵圣人之神德兮，远浊世而自藏；使骐骥可得系而羁（jī）兮，岂云异夫犬羊？般纷纷其离此尤兮，亦夫子之故也。历九州而其君兮，何必怀此都也？凤凰翔于千仞兮，览德辉而下之；见细德之险徵兮，遥曾击而去之。彼寻常之污渎兮，岂能容夫吞舟之巨鱼？横江湖之鱣（shàn）鲸兮，固将制于蝼蚁。

四、重要常识

（一）隋朝一统，开皇盛世

1. 隋朝开国皇帝：隋文帝杨坚。

2. 隋朝的历史地位：上承南北朝，下启唐朝。

3. 隋朝之初隋文帝开创了"开皇之治"的盛世局面。

4. 隋朝期间，科举制度的确立和运河的开凿为后世的发展奠定了基础。

5. 在政治制度方面，隋朝确立了三省六部制。

6. 在政治制度方面，隋朝制定出了完整的科举制度。

7. 为了巩固隋朝的发展，隋文帝与隋炀帝建立京师大兴城和东都（大兴城指长安，东都指洛阳）。

8. 隋朝的主要贡献有：统一南北、开创科举、开通大运河。

9. 赵州桥是隋朝李春所建；是我国古代石拱桥的杰出代表；是当今世界上现存最早、保存最完善的古代敞肩石拱桥。

（二）大唐王朝

1. 唐朝建立时间是公元 618 年，开国皇帝：李渊。

2. 李世民通过"玄武门事变"登基称帝，开启了有名的"贞观之治"。

3. 唐朝的都城是长安。

4. 曾经以周代唐的皇帝是武则天，史称武周。

5. 唐玄宗李隆基开创了开元盛世。

6. 公元 907 年，朱温篡唐，唐朝灭亡。

7. 唐长安城兴建于隋朝。

8. 大明宫的建造者是唐太宗。

9. 中国古代最为宏伟和最大的宫殿建筑群是唐大明宫。

10. 现存古代最高的佛塔是唐朝大雁塔，又叫大慈恩寺塔，是玄奘为藏经典而修建。

11. 世界上最早的雕版印刷是唐朝的《金刚经》。

12. 火药最早应用于军事在唐末。

13. 对世界影响最大的中国朝代是唐朝。

14. 女性权利最高和最开放的统一封建王朝是唐朝。

15. 唐高宗在位时期是我国封建时期军事力量最强大的时期。

16. 唐玄宗时期的"开元盛世"是我国封建社会军事政治文化经济的最巅峰。

17. 唐朝是我国封建历史上以大一统形式持续时间最长的王朝。

（三）概念释义

1. "赋"，是由楚辞衍化而来的。

2. "碑"这种文体最早出现在西周和春秋时期。

3. "铭"是刻在器物上用来警诫自己、称颂功德的文字。

4. "箴"（zhēn）这种文体是以告戒规劝为主的。

5. "颂"是指以颂扬为目的的诗文。

6. "论"是一种论文的文体。

7. "奏"是指给帝王的奏章的统称。

8. "说"是指古代议论说明文体的总称。

9. 骈文也称骈体文、四六文或骈俪文，是魏晋以来产生的一种文体，发自六朝时期，以字句两两相对而成篇章的文体。是相对于散文而言的。

10. 古文是指先秦和汉朝时期的散文。古文概念是由韩愈最先提出来的。

（四）中国之"最"

1. 世界上最早的兵书——《孙子兵法》。

2. 字数最多的字典——清朝的《康熙字典》。

3. 最早的报纸——西汉的《邸报》。

4. 最早的传记文学——西汉的《史记》。

5. 最早的优秀诗歌总集——春秋时期的《诗经》。

6. 记载时间最长的历史巨著——孔子的《春秋》。

7. 世界上最大的皇宫——北京的故宫。

8. 最高的宫殿——布达拉宫。

9. 最长的石窟画廊——敦煌莫高窟。

10. 最大的内陆盆地——塔里木盆地。

11. 最早的立体地图是宋代沈括绘制的《使契丹图》。

12. 世界上最大的水利枢纽工程——三峡工程。

13. 最高的山峰——珠穆朗玛峰。

14. 世界上最高大的山脉——喜马拉雅山脉。

15. 最高的大高原——青藏高原。

16. 世界上使用人数最多的语言——汉语。

17. 世界上邻国最多的国家——中国。

18. 世界上海拔最高的盆地——柴达木盆地。

19. 世界上最长的人工运河——京杭大运河。

20. 世界上海拔最高的湖泊——喀顺湖。

21. 世界上樟脑产量最高的地区——中国台湾地区。

22. 世界上含沙量最大的河流——黄河。

23. 世界上最大的黄土分布区——黄土高原。

24. 世界上最大的高原湖泊群分布区——青藏高原湖区。

25. 中国面积最大的省级行政区——新疆维吾尔自治区。

26. 最大的湖泊（咸）——青海湖。

27. 最热的地方——吐鲁番盆地。

28. 最大的岛屿——台湾岛。

29. 最长的河流——长江。

30. 世界上最大的广场——天安门广场。

31. 最长的内陆河——塔里木河。

32. 海拔最高的大河——雅鲁藏布江。

33. 最长的地下河——坎儿井。

34. 最大的瀑布——黄果树瀑布。

35. 最大的淡水湖——鄱阳湖。

36. 最大的草原——内蒙古大草原。

37. 最大的城市——上海。

38. 最大的山城——重庆。

39. 最北的村庄——漠河。

40. 最大的沙漠——塔克拉玛干大沙漠。

41. 最大的海峡——台湾海峡。

42. 最大的岛群——舟山群岛。

43. 人口最少的少数民族——珞巴族。

44. 最深的湖——长白山天池。

45. 最大的冲积岛——崇明岛。

46. 我国最大的冰川是新疆帕米尔高原乔戈里峰北坡的音苏盖提冰川，长约 40 公里。

47. 降雨量最大的地方——台湾地区的火烧寮（liáo）。

48. 我国最低的冰川——云南梅里雪山的卡瓦格博的明永冰川，海拔为 2650 米。

49. 最大的峡谷——雅鲁藏布大峡谷。

50. 中国最大的平原——东北平原。

51. 中国最高的盆地——柴达木盆地。

52. 中国最南端——曾母暗沙。

53. 少数民族人口最多的民族——壮族。

54. 世界上最早的船闸——灵渠的船闸。

55. 国界线最长的省级行政单位——内蒙古自治区。

56. 吐鲁番是中国最热的地方，日平均气温超过 35 摄氏度的日数达 100 天以上，极端最高气温曾达 49.6 摄氏度（1975 年 7 月 13 日），地表温度曾测得 83.3 摄氏度，堪称中国"热极"。

57. 中国最高的悬河——黄河下游 800 公里的地上悬河（简称地上河），不仅是中国之最也是世界之最。

58. 辽东半岛是中国最大的半岛，山东半岛是中国第二大半岛。

59. 乌鲁木齐是中国也是世界上距离海洋最远的内陆大城市，与海岸的最近距离为 2250 公里。

60. 最平坦的高原——内蒙古高原。

61. 最崎岖的高原——云贵高原。

62. 地势最低平的平原——长江中下游平原。

63. 长度最长、流域面积最广、年径流量最大的河流——长江。

64. 唯一注入北冰洋的河流——额尔齐斯河。

65. 降水量最少的地方——吐鲁番的托克逊。

（五）有影响力的历史人物

1. 孔子（公元前551至公元前479年），春秋时期，儒家学派创始人，世界最著名的文化名人之一，中国的"千古圣人"。孔子是中国历史上最伟大的思想家和教育家，是中国文化的标志式人物，是中国人两千年来行为规范的制定者。他的思想和学说是古代社会长期的意识形态和官方哲学。在古代，小孩进学堂第一个拜的就是孔子。孔子是平民教育的开创者。自汉代以来的两千多年，儒家思想一直影响着汉文化的发展。

2. 老子（约公元前571至公元前471年），姓李名耳，字伯阳，谥号聃，楚国苦县人。春秋时期，中国历史上最伟大的哲学家，世界著名的文化名人，其学说对中国哲学的发展具有深刻影响。中国历代统治阶级奉行"内用黄老，外示儒术"的政治理念。道教在其学说的影响下产生。老子所著的《道德经》和《易经》《论语》被认为是对中国人影响最深远的三部思想巨著。

3. 孟子（公元前372至公元前289年），孔子儒家学说第五代传人，战国时期，中国古代著名思想家、教育家，孟子继承并发扬了孔子的思想，成为仅次于孔子的一代儒家宗师，有"亚圣"之称，与孔子合称为"孔孟"，其《孟子》一书是中国古代的"四书"之一。孟子的仁政学说和人类性善论，是中国不会出现宗教统治的重要原因之一。孟子加速了中华文明的成熟和强大。

4. 庄子（约公元前369至约公元前286年），庄子是我国战国时期伟大的思想家、哲学家和文学家。道家在中国思想发展史上占有的地位绝不低于儒家和佛家，历代中国人几乎或多或少地受到道家思想的影响。庄子与老子并称"老庄"，其《庄子》一书具有浓厚的浪漫色彩，对后世文学有很大的影响，包括陶渊明、李白、苏轼、辛弃疾等文学大家都受其影响。

5. 韩非（约公元前280年至公元前233年），是战国末期韩国的贵族，后世称他为韩非子，为中国古代著名法家思想的代表人物，也是先秦诸子百家史料可证中最后一位子家思想人物。法家没有什么明确的创始人，但韩非是法家的集大成者，他摒弃了道家的玄虚、儒家的迂腐及墨家的不合时宜，为中国建立起一个统一的中央集权的君主专制国家提供理论依据。法家使儒家成为"皇帝的新衣"，法家将道德与政治分离，这一点比《君主论》有过之而无不及。

6. 孙子（公元前 544 年至公元前 470 年），名孙武，春秋时期齐国乐安（今山东广饶）人，齐国贵族和名将的后裔，人称"兵圣"和"百世兵家之师"。著有巨作《孙子兵法》十三篇，为后世兵法家所推崇，被誉为"兵学圣典"，它的军事思想、军事体系、文学语言，对后世产生了深远的影响！孙武的军事言论和思想影响着历代的名将和战争。这部名著在近代已风靡全世界。

7. 荀况（约公元前 313 年至公元前 238 年），战国末期赵国（今山西南部）人。人称荀子，著名的思想家、文学家、政治家。韩非、李斯都是他的入室弟子，但他却是儒家代表人物之一。荀子对儒家思想有所发展，确立"人定胜天"学说的唯物思想，并提倡"性恶论"，常被与孟子的"性善论"比较。荀子是第一个使用赋的人，同屈原一起被称为"辞赋之祖"。荀子早年游学于齐，学问博大，曾三次担任当时齐国"稷下学宫"的"祭酒"（学宫之长）。约公元前 264 年，应秦昭王聘，西游入秦。后曾返回赵国，与临武君议兵于赵孝成王前。后来荀子受楚春申君之用，为兰陵（今山东苍水县兰陵镇）令。晚年从事教学和著述。

8. 墨子（公元前 479 至公元前 381 年），名翟，春秋末战国初鲁国人，出生于今山东省滕州市，是我国战国时期著名的思想家、教育家、军事家。先秦墨家的创始人，在中国哲学史上产生过重大影响，跟儒家并称为"显学"。他的社会伦理思想以兼爱为核心，反对儒家所强调的社会等级观念。墨家在西汉之后基本消失。墨子还是自然科学家，创立了一套颇有成就的科学理论，他的辩证唯物主义及辩证唯物论思想在古代有一定的影响力。

9. 秦始皇（公元前 259 至公元前 210 年），姓嬴，名政，秦国人。中国历史上第一位开国皇帝，所以称之为"秦始皇"。他创立皇帝制度，并完成了中国一系列的统一。"废分封，设郡县，修驿道""书同文，车同轨，统一度量衡"使中国进入了中央集权帝制的时代，这对中国和世界的历史均产生了深远而重大的影响，被誉为"千古一帝"。建立和缔造了一支伟大的军队，这是中国历史上第一支具有国家军队特征的武装力量。"奖励耕战""收天下之兵"建立了第一个统一的封建王朝。

10. 隋文帝（541 至 604 年），隋朝开国皇帝。五胡乱华使中国汉民族陷入了类似于欧洲黑暗时代的年代，且长达三个半世纪。隋文帝这时统一中国，使中国避免了蛮夷化！杨坚是西方人眼中最伟大的中国皇帝，首先他确立了三省六部制，其次是废除酷刑，最重要的是建立了影响巨大的科举选士制度。"读书做官"的历史动力和影响力大得无法估量。

11. 司马迁（公元前 145 至公元前 87 年），我国西汉伟大的史学家、思想家、文学家，著有《史记》。记载了从黄帝至汉武帝三千多年的历史。他使此后中国的历史成为有记载的历史，这一点影响至深。《史记》是司马迁在因李陵事件被贬而遭受宫刑的逆境中，历时 13 年撰成。

12. 刘邦（公元前 256 至公元前 195 年），汉朝开国皇帝，汉民族和汉文化伟大的开拓者之一，我国历史上杰出的政治家。刘邦有着传奇丰富的故事，和项羽的英雄色彩并诵于天下。英国著名历史学家约瑟·汤恩比评论说："人类历史上最有远见、对后世影响最大的两位政治人物，一位是开创罗马帝国的恺撒，另一位便是创建大汉文明的汉高祖刘邦。"

汉族先秦时期自称华夏，从汉朝开始又逐渐出现"汉"的自称。因此，华夏族有了另一个名字：汉。但原先的称谓"华夏"并没有消失，而是与"汉"这个称谓一起使用至今。

13. 唐太宗（约 599 年至 649 年），唐朝皇帝，其"贞观之治"的高度文明、开放社会、发达经济和清明政治享誉历史，当时的大唐帝国是世界历史上笑傲千古的超级大国。其军事异常强大，取得了对战周边民族和国家的无数胜利，至今还是中国人的骄傲。唐太宗是中国史上最出名的政治家与明君之一，有中国数一数二的伟人之誉，在民间影响极大。

14. 宋太祖（927 年至 976 年），汉唐盛风的尚武精神到宋朝为止，因为遇上了重文轻武的宋太祖。宋太祖基本统一汉人地区，为汉人历史和中华文化的繁荣昌盛作出了承上启下的重大贡献。宋太祖奉行"文以靖国"这一理念，彻底扭转了唐末以来武夫专权的黑暗局面。宋朝是中国历史上经济最繁荣的朝代，发达的宋朝在中期就发行了世界上最早的纸币。

15. 屈原（约公元前 340 年至约公元前 278 年），战国时期我国最伟大的浪漫主义诗人之一，也是我国已知最早的著名诗人，也是世界文化名人之一。他创立了"楚辞"这种文体，并影响到汉赋的形成。屈原影响着中国文化的形成和后世的众多文学家，他的诗歌和体裁是中国文化的主要源头之一。端午节的由来，就源于人们对屈原的纪念。

16. 朱元璋（1238 年至 1398 年），明王朝的开国皇帝。朱元璋在蒙古族的统治下建立了全国大一统的汉人政权，使东亚大陆的统治权重新回到了汉人的手中，也恢复了汉民族在传统中国疆域内丧失已久的政权，以至于恢复和极大地增强了汉民族的地位和自信心，也修复了早已元气大伤的中华文化。

17. 商鞅（约公元前 395 年至公元前 338 年），战国时期政治家和思想家，法家的代表人物，有人认为他是中国历史上最伟大的六位丞相之一。商鞅推行的"商鞅变法"，使秦国长期凌驾于其他六国之上，而且推动了宗法分封制向中央集权制的转型，为秦始皇建立大一统帝国奠定了基础，对后世产生了深远的影响。

18. 成吉思汗（1162 年至 1227 年），蒙古帝国可汗，尊号"成吉思汗"，是世界历史上最伟大和杰出的政治家、军事家。但他对世界的影响远大于对中国的影响。成吉思汗为中国元朝的统一奠定了基础。蒙古人打通西域，实行信仰自由，这为伊斯兰教进入中国奠定了基础。蒙古的扩张唤醒了欧洲文明，但对中国文明和汉人更多的是毁灭和扼杀。

19. 曹操（155年至220年），三国时代魏国的奠基人和主要缔造者。东汉末年，人口和粮食生产受到天灾、瘟疫和战争的影响，人口从5000万减少至700多万，形势非常严峻！直到曹操统一中国北方，广泛屯田，兴修水利，让汉人重新休养生息和稳定恢复，为晋朝统一中国做好了准备。大分裂时期的主要人物，有时比大一统时期的统治者有着更大的作用和影响力。

20. 康熙（1654年至1722年），清朝第四位皇帝，中国历史上最成功的帝王之一，人称"康熙大帝"。康熙帝和善蒙古、平定三藩、收复台湾、抵抗沙俄、讨伐噶尔丹，为中国的近现代版图奠定了基础。而整理图书、编纂典籍、兴修水利、重视民生等业绩，也影响甚大，人称"康熙盛世"。这也为未来中国的人口优势和国家竞争打下了坚实的基础。

21. 朱棣（dì）（1360年至1424年），明朝第三代皇帝，其统治时期被称为"永乐盛世"。明成祖朱棣建都北京，建造紫禁城，编纂《永乐大典》，设立特务机构，设置内阁制度（这个内阁制度后来被西方国家所效仿，一直延续到现在），派遣郑和下西洋等，每一件事都影响不小。

22. 武则天（624年至705年），唐朝，本是唐太宗李世民的才人，唐高宗时为皇后、唐中宗时为皇太后，后自立为武周皇帝，公元705年退位，中宗复位不久后病死。武则天是封建时代杰出的女政治家，是中国历史上唯一一个正统的女皇帝。不可否认的是，武则天对历史作出过巨大的贡献，她促进了经济的发展，稳定了边疆形势，推动了汉文化的继续繁荣。作为女皇帝，在历史上绝无仅有，这对中国传统的"男尊女卑"是一个巨大的冲击。

23. 岳飞（1103年至1142年），北宋及汉人的民族英雄，实质上也是中国人的民族英雄，在中国几乎家喻户晓。他所体现出来的爱国和宁死不屈的情操，八百多年来一直激励着无数汉人为苦难的国家前仆后继、慷慨报国。

24. 慈禧（1835年至1908年），清末，是帝制时代中国少数长期当政的女性，三度垂帘听政，两决皇储，乾纲独断、运大清国脉于股掌之间，并且极大地影响了中国近代历史的走向。她的愚蠢无知阻碍了中国的进步，她的杰出能力避免了中国的分裂和全面混乱，她使中国滑向了半殖民地半封建的深渊。

25. 孙思邈（miǎo）（581年至682年），唐朝著名的医师与道士，人称"药王""药圣"。由于《千金要方》和《千金翼方》的影响极大，因此这两部著作被誉为我国古代的医学百科全书，起到了上承汉魏下接宋元的历史作用。他的《丹经》一书中第一次把火药的配方记录了下来，是火药的主要发明者之一。

26. 曾国藩（1811年至1872年），晚清重臣，湘军的创立者和统率者。清朝军事家、理学家、政治家、书法家、文学家，晚清散文"湘乡派"创立人，与李鸿章、左宗棠、张之洞并称为"晚清四大名臣"。官至两江总督、直隶总督、武英殿大学士，封一等毅勇侯。毛泽东曾说："予于近人，独服曾文正。"表达出对这位已故乡人的推崇之情。曾国藩是我国近代史上一个有重大影响的历史人物。他创立湘军，镇压了中国历史上规模最大且异于中华文化的农民起义——太平天国运动。他倡导洋务运动，中国第一艘轮船、第一所兵工学堂、第一次翻译印刷西方书籍、第一批赴美留学生等相继成行。作为儒学大师，他不愧为"中华千古第一完人"。

27. 唐玄宗（685年至762年），唐朝皇帝，是一位功过都很突出的历史人物。唐玄宗前期重用贤臣，励精图治，社会经济和文化继续发展，开创了中国历史上强盛繁荣、流芳百世的"开元盛世"。但他在位的后期沉湎于酒色、重用奸臣、政治腐败，终于爆发了安史之乱，唐朝由此转衰。

28. 汉光武帝（公元前5年至公元57年）刘秀，东汉开国皇帝。新莽末年，经过长达十数年之久的统一战争，刘秀先后平灭了诸多割据政权，使得纷争战乱长达20余年的中国大地再次归于一统。天下定后，刘秀推行"偃武修文"的国策，发展生产、大兴儒学，从而奠定了后汉王朝近两百年的基业。

29. 王羲之（约公元303年至约361年），东晋书法家，有"书圣"之称。其《兰亭序》名震千古，其章法为古今第一。王羲之书法影响了一代又一代的书苑，不少帝王和无数文人墨客异常着迷和崇拜，不断进行收藏和学习，其中包括唐太宗这样的粉丝。

30. 李鸿章（1823年至1901年），是清朝一位中国近代史上争议最大的历史人物，是一位影响了近代中国近半个世纪的晚清军政重臣。他是大清帝国中唯一有能耐可和世界列强一争长短之人，一生共签下30多个条约，包括割台湾的《马关条约》。他具有杰出的外交才能。

31. 司马光（1019年至1086年），北宋时期著名政治家、史学家、散文家。自幼嗜学，尤喜《春秋左氏传》。宋英宗年间出任谏议大夫，宋神宗初拜翰林学士、御史中丞。公元1070年，因反对王安石变法，出知永兴军。次年，判西京御史台，居洛阳十五年，专门从事《资治通鉴》的编撰工作。哲宗即位，还朝任职。公元1085年，任尚书左仆射兼门下侍郎，主持朝政，排斥新党，废止新法，数月后去世。在政治观点方面，司马光主张法制永远不变，其政治思想比较保守。他一生主要干了两件事情——编写《资治通鉴》和反对王安石的新法。《资治通鉴》是中国古代著名的历史著作，是我国最大的一部编年史书，历来为人们所重视和阅读学习，在中国史书中有极重要的地位。在历史上，司马光曾被奉为儒家三圣之一（另外二人是孔子和孟子）。

32. 诸葛亮（181年至234年），三国时期蜀汉的丞相、杰出的政治家。去除《三国演义》的影响，从杜甫的《蜀相》和陆游的《书愤》中就能得知，诸葛亮作为贤相名臣，作为《出师表》的作者，作为廉洁奉公、鞠躬尽瘁的楷模，一直受到历代统治阶级和士、官的尊崇，更受到百姓的喜爱。诸葛亮对四川和西南的开发，也功在千秋。

33. 康有为（1858年至1927年），近代著名政治家、思想家、社会改革家。康有为是清末民初最有影响的思想家，在当时领导了中国知识界的启蒙运动。其"公车上书"，在清朝掀起了一场自上而下的政治体制改革。康有为是中国第一批探索宪政的人，他首次倡导了政治体制上的中西结合。

34. 隋炀帝（569年至618年），隋炀帝下令挖建"大运河"，成为中国经济的大动脉；完善科举制度设进士科，这是中国历史上具有跨时代意义的大事；开拓疆土威震四周，从此，影响中原王朝1500余年的天朝体系就此开始。

35. 玄奘（602年至664年），唐朝著名高僧，被尊称为"三藏法师"，汉传佛教史上最伟大的译经师之一，法相宗创始人。玄奘取经是历史上的一个壮举。他的成就特别大，影响特别大，具有的文化意义特别深远，是中国的文化巨人，也是世界的文化名人。

36. 梁启超（1873年至1929年），中国近代维新派代表人物，是近代中国的思想启蒙者、资产阶级宣传家、政治活动家、教育家、史学家，是戊戌变法的（百日维新）领袖之一，他是深度参与并影响了中国从封建的旧社会向现代社会转变的伟大社会活动家。其历史作用影响深远，是新史学的奠基人。

37. 魏孝文帝（467年至499年），鲜卑族，是一位卓越的少数民族的政治家、军事家和改革家。他崇尚中国文化，实行汉化，禁胡服、胡语，改变度量衡，推广教育，改变姓氏并禁止归葬，提高了鲜卑人的文化水准，是西北方各民族陆续进入中原后民族融合的一次总结，对中国起到了重要的作用。北魏王朝魏孝文帝的生命只有短短的33年，他独立执政的时间只有十几年，但他以义无反顾的精神，弘扬华夏大一统的国家观念，带领北方各民族与中原人民完成了中华民族历史上一次主动的民族大融合。使北方奴隶制或半奴隶制社会跨入了中原的封建制。他领导的改革，为后来的隋唐大统一和大唐盛世奠定了基础。

38. 李时珍（1518年至1593年），明朝，中国古代伟大的医学家、药物学家，1951年被列为古代世界名人。其著作《本草纲目》是我国药物学的空前巨著，涉及生物学、化学、矿物学、地质学等，为我国药物学的发展作出了重大贡献，达尔文称赞它是"中国古代的百科全书"。

（六）古代重大发明创造

1. 火药

黑火药是我国古代的四大发明之一，距今已有 1000 多年的历史，黑火药是在适当的外界能量作用下，自身能进行迅速而有规律的燃烧，同时生成大量高温燃气的物质。在军事上主要用作枪弹、炮弹的发射药和火箭的推进剂及其他驱动装置的能源，是弹药的重要组成部分。火药最初主要用于医药，这从其命名的"药"字即可见一斑，后来火药传至欧洲才用于军事。火药的出现源于道家的炼丹术。

2. 造纸术

汉代造纸术是中国四大发明之一，是东汉宦官蔡伦发明的，主要依据是《后汉书·蔡伦传》的记载，是人类文明史上一项杰出的发明创造。中国是世界上最早养蚕织丝的国家，古人以上等蚕茧抽丝织绸，剩下的恶茧、病茧等则用漂絮法制取丝绵。漂絮完毕，篾席上会遗留一些残絮。当漂絮的次数多了，篾席上的残絮便积成一层纤维薄片，经晾干之后剥离下来，可用于书写。这种漂絮的副产物数量不多，在古书上称它为赫蹏（tí）或方絮。这表明了中国造纸术的起源同丝絮有着渊源。

3. 指南针

相传公元前 2700 年，轩辕黄帝发明了指南针。黄帝用指南针在大雾中辨别方向，打败了蚩尤。根据史书记载，中国人早在战国时代就已使用指南针。公元前 3 世纪的《韩非子》中说，战国时代已有人用"司南"（指南针）。宋代沈括的《梦溪笔谈》对此记载更详。1090 年，中国和阿拉伯航海家开始在船上装设了指南针，作为导航工具。欧洲在 11 世纪前后，才用浮在水上的磁针制成指南针。1250 年前后，在地中海地区指南针的磁制已装在有度的卡片上面，并以中央旋轴保持平衡。

16 世纪时把指南针镶在带平架上，在船上发挥作用。19 世纪铁船用指南针要装上一片弗林德斯顿铁，以校正船的磁力所引起的误差。20 世纪制成的船和飞机用陀螺罗盘仪指南针。根据旋转顶点稳定姿态与星体有关的原理，陀螺罗盘有两大优点：既不因接近金属而偏转，双指向真正北而不是磁北。1908年德国制成世界上第一台此类实用仪器。最优良的指南针是由美国人斯波里所制。1910 年在"德拉威"号船上试验成功，很快就被美国海军采用。总之，指南针是我国四大发明之一，后来传遍全世界为全球航海业等方面的发展作出了很大贡献。

4. 印刷术

公元前 1324 年，中国人已会雕刻印章，用墨水印在文件上。公元 868 年，中国人发明了雕版印刷术，《金刚经》是凸版印刷，它是一幅 5. 25 米的卷轴，用多块长 91 厘米、宽 36 厘米的刻版印的。后来落在英国人手中，现藏于伦敦大英博物馆。

1041 年中国刻字工人毕昇在北宋仁宗庆历年间发明了活字印刷术，泥六面体活字模，加热变硬，按韵排在转盘上。印时把活字铺在有松脂、腊等黏合物的铁板上，周围用铁框扎紧，放在火上加热使黏合物熔化，冷却后活字就粘在了铁板上。印完后烤热铁板取出活字，以备日后再用。

1457 年，福斯特和舒奥佛发明了多色印刷，印出了第一本双色书——《拉丁圣诗》。1461 年，班堡的靠士特把木刻版与活字印刷结合起来，印出了第一本有插图的书——《德文的寓言》，共有 101 张插图。1470 年法国人让森在威尼斯设计出第一批罗马活字。1477 年托雷米绘制了《世界地图》，用凹版印刷术印出，共 26 幅铜版印制。1620 年，荷兰的伯靳奥发明了收字方便印刷术，每小时可印 150 份。1642 年德国的赛根发明了镂刻凹版印刷法，最适于印画，首幅画是德国伊利莎伯爵夫人的肖像。

5. 鼓

据说公元前 3500 年，中国已有人创造鼓。公元前 3000 年，做鼓的方法是用兽皮蒙在框架或容器上。到公元前 1000 年，米索不达米亚的苏默人制成了一人高的圆鼓，鼓身上还绘有图画。后来有了小铜鼓和大铜鼓。15 世纪骑兵用的大铜鼓，17 世纪时开始为乐团所采用。1692 年蒲塞尔为"仙后"所作的配乐中就用上了。这种鼓现在叫定音鼓，19 世纪有了低音大鼓。鼓声可使节拍鲜明，粗犷有力。公元前 2 世纪中国人发明了定音鼓。

6. 二进位制

相传在公元前 3000 年，伏羲就发明了二进位制。《周易》相传是由约公元前 3000 年的伏羲画卦、周文王重卦、周公作爻（yáo）辞，并经过孔丘修订而成为《易经》。当代的电子计算机用的不是十进制而是二进制。《周易》中的"易数"用的就是二进制。换句话说，就是伏羲发明了二进制，伏羲就是神农。传说神农尝百草才有五谷，我国才有原始农业。伏羲对我国社会的进步可谓大矣！我国北京的先农坛就是为了祭奠神农（即伏羲）而建造的，表达了炎黄子孙对他的敬佩之情。

7. 绳索

公元前 2800 年，中国人已经掌握了制造麻绳的技术。我国人民开始用大麻纤维制绳。到公元纪元开始时，大麻纤维已成为世界上大多数地区的主要制绳材料。1775 年，英国发明家马虚发明制绳机，结束了手工制绳的时代。从 1950 年开始用人造纤维制造绳索，直径约 2 毫米的马尼拉绳受到 5512 公斤的拉力便会折断，而同样粗的尼龙绳则能承受 13227 公斤的拉力。

8. 养鱼法

公元前 2500 年中国人已经懂得养鱼，那时我国人民能用人工孵化鱼卵，把它养大食用。20 世纪 60 年代至 70 年代，欧美才人工养殖蛙鱼等鱼类。

9. 赤道式天文仪

公元前 2400 年，中国人发明了赤道式天文仪。浑仪，是中国古代的一种天文观测仪器，是以浑天说为理论基础制造的，由相应天球坐标系各基本圈的环规及瞄准器构成的古代天文测量天体的仪器。浑仪的制造始于汉落下闳，到了唐代，由天文学家李淳风设计了一架比较精密完善的浑天黄道仪。元代的天文学家郭守敬将其简化，创制了简仪。中国现存最早的浑天仪制造于明朝，陈列在南京紫金山天文台。

10. 十进计数制

中国人于公元前 14 世纪，发明了十进计数制。这在现代科学中是十分重要的，欧洲人正式采用它的最早时间的证据，是公元 976 年的一份西班牙手稿中发现的，而中国早在公元前 14 世纪的商朝，便已经采用了。在出土的公元前 13 世纪的甲骨文中，有中国人用十进制记述了"547 天"的实例。

11. 漆——世界第一种塑料

中国人最迟在公元前 13 世纪已经发明使用了漆。1976 年在河南省安阳市发掘出的"妇好"墓（葬于公元 13 世纪），她的上过漆的棺木就是证明。早在公元前 2 世纪，中国人已发现了漆的重要化学性质，发现了通过漆的蒸发过程使其变质的方法，发现了通过在漆中放几只螃蟹壳，漆就会保持液状，不会变干。公元前 120 年的《淮南子》和公元 12 世纪的李氏都提到螃蟹壳具有能使漆保持液态的特殊功能。

12. 铜镜

约公元前 12 世纪中国人发明了铜镜。中国人于公元 5 世纪还发明了魔镜；英国结晶学家威廉·布莱格 1932 年系统地阐明了魔镜的理论，比中国晚了1500 年左右。魔镜是世界上最奇异的物品之一。魔镜有何奇妙之处呢？在魔镜的反面铸有青铜图案——图像或文字，或二者兼而有之。反射光线的一面为凸状，是由经抛光处理的青铜制成用作镜面。

13. 伞

公元前 1100 年，中国人已经使用伞，那时已经用伞表示身份。伞骨用竹或檀香木制成，上面覆以树叶或羽毛做的伞面。公元 12 世纪英语才出现了"伞"这个词。以前一直只有阳伞，到 18 世纪 30 年代，巴黎人用油布做伞面，才制成雨伞。

14. 风筝

公元前 1000 年，中国人最先放风筝。相传公元前 4 世纪，中国著名工匠鲁班（即公输班）做了一只风筝，升空三日而不坠。还有一个故事说一名将军包围了王宫，利用风筝测量宫墙与己方军队的距离。风筝可用于送砖上屋或在风筝尾部系上鱼钩钓鱼。公元 1600 年，东方的风筝（菱形）由荷兰人传到了欧洲。19 世纪英国发明家克雷由风筝产生灵感而发明滑翔机。得克萨斯州演员科迪"上尉"，曾利用风筝拖动折叠式小艇，横渡英伦海峡；1901 年再接再厉，乘坐双箱形风筝飞行，使英国陆军部大感兴趣。不久，飞机取代了军用风筝，而科迪"上尉"也在 1913 年驾驶他的新双翼飞机时失事遇难。

15. 米酒

公元前 1000 年，中国人发明了米酒。

16. 弓箭

中国人于公元前 8 世纪发明了弓箭。公元前 200 年中国人已发明了弩弓。它主要用于打仗和狩猎，可卧射、立射、骑射，威力甚大。而欧洲的意大利在公元 10 世纪才使用弓，比我国晚了 1200 年。

17. 古代机器人

公元前 770 年至公元前 256 年东周时期，中国人就已发明了古代机器人。当今世间，只要谈及机器人，言必欧美、东洋，然而可曾知道世界上最早制出古代机器人的，是中国人。我国制出的古代机器人不仅精巧，而且用途也很广泛，有各式各样的机器人。如会跳舞的机器人、会唱歌吹笙的机器人、会捉鱼的机器人……

会跳舞的机器人。我国唐朝的段安希说：西汉时期，汉武帝在平城、被匈奴单于冒顿围困。汉军陈平得知冒顿妻子阏（yān）氏所统的兵将，是国中最为精锐剽悍的队伍，但阏氏具有妒忌别人的性格。于是陈平就命令工匠制作了一个精巧的木机器人。给木机器人穿上漂亮的衣服，打扮得花枝招展，并给它的脸上涂上胭脂，显得更加俊俏。然后把它放在女墙（城墙上的短墙）上，发动机关（机械的发动部分），这个机器人就婀娜起舞，舞姿优美，招人喜爱。阏氏在城外对此情景看得十分真切，误认为这个会跳舞的机器人为真的人间美女，怕破城以后冒顿专宠这个中原美姬而冷落自己，因此就率领她的部队弃城而去了，平城这才化险为夷。

会唱歌吹笙的机器人。唐代的机器人更为精巧神奇，唐朝人张鷟（wù）在《朝野全载》中说：洛州的殷文亮曾经当过县令（相当于"县长"），性格聪巧，喜好饮酒。他刻制了一个木机器人并且给它穿上用绫罗绸缎做成的衣服，让这个机器人当女招待。这个"女招待"酌酒行觞（shāng），总是彬彬有礼。

会赚钱的机器人。唐朝时，我国杭州有一个叫杨务廉的工匠，研制了一个僧人模样的机器人，它手端化缘铜钵，能学和尚化缘，等到钵中钱满，就自动收起钱，并且它还会向施主躬身行礼。杭州城中市民争着向此钵中投钱，来观看这种奇妙的表演。每日它竟能为主人捞到数千钱，真可称为别出心裁，生财有道。

会捉鱼的机器人。唐代的机器人还用于生产实践。唐朝的柳州史王据，研制了一个类似于水獭的机器人。它能沉在河湖的水中，捉到鱼以后，它的脑袋就露出水面。它为什么能捉鱼呢？如果在这个机器人的口中放上鱼饵，并安有发动的部件，用石头缒着它就能沉入水中了。当鱼吃了鱼饵之后，这个部件就发动了，石头就从它的口中掉到水中，当它的口合起来时，它衔在口中的鱼就跑不了了，它就从水中浮到水面。这是世界上最早用于生产的机器人。

此外，在《拾遗录》等书中，还记载了古代机器人登台演戏、执灯伴瞎等机巧神妙。

18. 分行栽培与精细耕地法

公元前 6 世纪，中国人发明了分行栽培与精细耕地法，欧洲人到 1731 年才使用此项技术，比中国晚了 2400 年左右。

19. 铁犁

公元前 6 世纪，中国人发明了铁犁。欧洲人到 17 世纪才使用铁犁，比中国晚了 2300 年左右。公元 1050 年，中国人还发明了犁镜，给犁装上犁镜，便于翻土，从而提高了农业产量。中国人约自商代起已使用耕牛拉犁，木身石铧。战国时期在木犁铧上套上了 "V" 形铁刃，俗称铁口犁。犁架变小，轻便灵活，更可以调节深浅，大大提高了耕作效率。欧洲人于 18 世纪开始用先进的罗瑟兰犁、兰塞姆金铁犁和播种机。1830 年美国移民开始用迪尔铜犁，其他各大洲也开始用铜犁。总之，犁的发明、应用和发展，凝聚了中国人和世界其他发明家的心血，并显现出了他们的智慧。

20. 大定音钟

中国人于公元前 6 世纪发明了大定音钟；欧洲人到公元 1000 年才有定音钟，比中国晚了 1600 年左右。

21. 长明灯

大约在公元前 589 年，中国人发明了长明灯。灯芯为石棉，灯油为海豹油或鲸油。

22. 算盘

公元前 550 年中国人发明了算盘，用于计算，也是自古以来商业上广泛应用的计算工具，后来传到世界各地，到 12 世纪才逐渐被现代阿拉伯数字所取代。到 20 世纪苏联和远东地区很多人仍然使用算盘，生塑算盘代替木竹算盘。目前世界上电子计算器和电子计算机有代替算盘的趋向。

23. 地毯

公元前 500 年地毯已在中国使用。已知最早的地毯起源于公元前 5 世纪的中国和伊朗。1606 年，法国巴黎附近最早用上了织机编织的地毯。现在的地毯是由人造纤维和羊毛编织而成。

24. 双动式活塞风箱

中国人于公元前 5 世纪发明了双动式活塞风箱。西方于 16 世纪才用双动式活塞风箱，比中国晚了 2100 年左右。

25. 水涌钵

公元前 5 世纪，中国人发明了水涌钵。它是指在水涌钵中加入一定的水，摩擦钵的两边耳朵，水是会涌起来，利用的是物理上驻波的原理。

26. 空位表零法

中国人在公元 4 世纪以前就开始用空位表示零，中国的算盘就是这样表示的。按照西方的传统说法，用符号"0"来表示零，是印度人在公元 9 世纪发明的，它出现在公元 870 年瓜摩尔的碑文中。但是，实际上，符号"0"的出现要比这早得多。在公元 683 年柬埔寨和苏门答腊的碑文中，以及在公元 686 年苏门答腊附近的邦加岛上的碑文中，均出现了这一符号。一些专家认为，这些国家出现的零的符号，是由中国传过去的，而他们又将这符号传到了印度。零非常重要，如果忽视了零，那么现代技术就会瓦解。当然用空位表示零是中国人的一项发明。然而我们并不是说使用"0"符号的绝对优先权属于我国，因为直到 1247 年"0"符号才第一次在我国印刷品中出现，尽管我们确信至少在一个世纪以前就已经使用这个符号了，但没有人知道，这个表示零的符号中国人是在何时、何地首先使用的，这是需要进一步考证的。

27. 化学武器

利用毒气进行化学战的历史，在中国至少可以追溯到公元前 4 世纪早期。在墨家早期著作中，就有关于利用风箱把在炉子内燃烧的芥末释放出来的气体，打入围城敌军隧道的记载。这比第一次世界大战中德国利用堑壕芥子气早了 2300 年。中国人的化学武器有下列几种："粪弹"，这是毒气弹的雏形。"飞砂弹"，它是将一管火药放在陶罐里，火药的成分是生石灰、松香、有毒植物的乙醇提取。把这种武器从城墙上放下去，随即炸开，致命毒物四散。"催泪弹"，公元 2 世纪中国人便使用催泪弹，它所产生的烟雾能很快地使人泪如泉涌。海脉油、四川漆和海星等毒汁会使敌人声音嘶哑。我国有的毒物能使敌人肌肉腐烂直至露出白骨。火矛包含着砒霜和一般的毒物。1540 年贝林古西奥所著的《烟火药学》一书中说，火矛被燃后，就吐出"炽热地火舌，有两三步远，使人毛骨悚然"。在欧洲，直到 1580 年，砒才作为一种深受欢迎的东西，但在 17 世纪它被汞烟球所代替，这是中国奉献给世界的礼物之一。

28. 马胸带换具

大约在公元前 4 世纪中国人发明马胸带换具。在此之前，西方在公元 8 世纪换马的唯一手段是"项前肚带换具"。这是一种不合理的方法，因为皮带勒在喉部，意味着马一旦使出最大力气就会立即窒息死亡。我国发明的马胸带换具克服了这一缺点。我国的这项发明后来通过中亚传到了欧洲。欧洲考古学家在公元 7 世纪至 10 世纪的古墓中发现了胸带换具遗物。

29. 石油照明法

大约于公元前 4 世纪，中国人发明了石油照明法和天然气照明法。

30. 铸铁术

公元前 4 世纪，中国人发明了铸铁术。

31. 马肩套挽具

公元前 4 世纪至公元前 1 世纪，中国人发明了马肩套换具。这比在欧洲出现胸带具后一百年出现的肩套换具要早 1000 年。中国人还发现，肩套换具可以用另一种更简单的方式：换绳可以拴在肩套（项圈的两侧，直接套在车上）。这种形式的肩套换具，今天仍在全世界普遍采用。

32. 硝石鉴别方法

中国人在公元前 3 世纪以前发现了硝。这比西方早 2000 年。在发明火药之前，首先必须认识到并且获得它的三种成分中最重要的成分，即硝石。西方在中世纪以前不知有此物，欧洲缺少此物，而中国资源丰富，并且可区别于其他矿物而予以提纯。鉴别硝石是根据颜色反应。硝石燃烧发出紫色火焰可证实钾的存在。中国人至少在公元 3 世纪就会用此法鉴别硝石的存在。中国人发现硝石为后来发明火药奠定了基础。

33. 世界上第一条等高运河——灵渠

古称秦凿渠、零渠、陡河、兴安运河、湘桂运河，是古代中国劳动人民创造的一项伟大工程。位于广西壮族自治区兴安县境内，于公元前 214 年凿成通航。西方于公元 13 世纪才建了等高运河，比中国晚了 1600 年左右。

34. 立体地图

中国人最迟在公元前 3 世纪就发明了立体地图。在司马迁写的《史记》中，就记过一张公元前 210 年绘制的秦始皇墓地图。书上写道："以水银为百川江河大海，机相灌输，上具天文，下具地理。"

早在公元前 3 世纪，中国有名的蓬莱仙山的地图就出现在了罐子和香炉上。这对以后立体地图绘制技巧的发展有着十分重大的影响。公元 32 年将军马援讲到的军事立体地图，河谷山脉的模型是用糯米制作的。此外，还出现了木刻的立体地形图，大科学家沈括在《梦溪笔谈》中曾记述了这种地图。

1130年黄裳也制作了一张木刻立体地图。此图后来引起了哲学家朱熹的兴趣，他千方百计地收集木刻地形图，以便进行研究。他自己也有时用黏土，有时用木刻制作立体地形图。黄裳在一部《鹤林玉露》里，还讲述了朱熹制作的一幅地形图的情况："（朱熹）尝欲以木作华夷图，刻山水凹凸之势。合木八片为之。以雌雄榫镶入，可以折。度一人之力可以负之。每出则以自随，后竟未能成。"

立体地形图的制作由中国传到阿拉伯，后又传到了欧洲。1510年，保罗·多克斯制作出了欧洲最早的地形图，绘出了奥地利的库夫施泰因的邻近地区。阿拉伯人伊贝·巴蒂塔（1304—1377年）叙述了他在直布罗陀看到一张立体地形图。中国以外的国家有关立体地形图的记载没有比这更早的了。

35. 吊桥

中国人李冰于公元前3世纪在四川省灌县修建了安蓝桥。这是世界最早修建的竹缆链桥。它总长为320米，有八个孔，整个结构中没有一块金属材料。此吊桥上铺了板便于人们行走。这种用竹子做的索桥是极有效的，整个缆索是以竹子为内芯，外边包着从竹子外层劈下的竹条（篾片）编成的"辫子"。编成辫子是因为篾片把内芯缠得越紧，缆索的强度就越大，从而增加了安全性。并且，中国人于公元1世纪又发明了铁吊桥。这桥可用于通行车辆。西方的第一座吊桥，即温奇桥，是公元1741年建成的，跨于英格兰的提兹河上，它只有缆索而没有桥面供车辆通行。由于欧洲人于1809年才建成第一座可以通行车辆的吊桥，因此在这方面中国人要比西方领先1800年以上。

36. 记谱法

公元前221年以前，中国人已发明了记谱法。2000多年前，中国的战国时期已有管色谱，是中乐12律的简号。约公元1200年科隆的弗兰科在其著作中创造了一套节拍符号，把律音分为四种长短，逐渐演变成现代化的记谱法。

37. 降落伞

公元前2世纪中国人发明了降落伞。许多人都知道达·芬奇留下了降落伞的草图，这标志着欧洲人最初产生制造降落伞的时间。但是远在达·芬奇的1500年前，中国人就已经发明了降落伞，并且在实际生活中极其成功地运用了它。历史学家司马迁的《史记》中可以找到最早的文学记载，他是把降落伞看作是很久以前的古物这一事实，证明了降落伞的起源至少可以追溯到公元前2世纪。

中国人在中世纪使用降落伞的例子，叙述了1192年在广州亲眼目睹的一些事情。那时候云集了不少阿拉伯人，他们曾亲自看到过中国人使用降落伞。法国人西蒙在《历史性的关系》一书中也说过，他曾亲眼看到过中国人使用降落伞表演杂技。中国确实是最早发明降落伞的国家，用伞当作降落伞是其古老的传统。西方人利诺曼德于 1783 年，多次从树顶或房顶上跳下去，结果很成功，他把这叫降落伞。但这其实比中国人发明降落伞晚了 1900 多年。

38. 焰火

公元前 2 世纪，中国人发明了焰火。焰火，是一种火药点燃，光响交织的民间艺术形式。焰火燃放时会发出各种颜色的火花。始于宋代。今又称"礼花"。

39. 微型热气球

公元前 2 世纪中国人发明了微型热气球。最早的微型热气球是用蛋壳制造的。在当时写的《淮南万毕术》一书里提到，借助于燃烧着的引火物，蛋壳可以飞上天空。其做法是：用一个鸡蛋，去掉蛋黄和蛋清，然后点燃放入其孔中的引火物艾蒿。蛋壳就可以自行升空飞走。热气球也有用纸做成的。

40. 墨水

公元前 2 世纪中国人发明了墨水。这时埃及人也制成了墨水。古代中国人和埃及人用油灯的油烟和水跟明胶混合制成墨水，这是世界上最早的墨水。1834 年英国的史蒂芬斯在英国制造出书写用的墨水，15 年之后才大量生产。19 世纪 60 年代，英德发明了人造墨染料。墨水的发明促进了世界文化的发展。

41. 曲柄摇手

公元前 2 世纪，中国人发明曲柄摇手；西方于公元 9 世纪才使用曲柄摇手，比中国晚了 700 年左右。

42. 耧

公元前 2 世纪，中国人发明了耧，它实际上就是一种多管播种机；而西方到 1566 年才制成条播机，比中国晚了 1800 年左右。

43. 旋转式扬谷扇车

公元前 2 世纪，中国人发明了旋转式扬谷扇车。到 18 世纪初，西方才有了扬谷扇车，比中国晚了 2000 年左右。

44. 平衡环

公元前 140 年，中国人房风发明了平衡环，189 年人丁缓又加以改进，后来传到了欧洲。到公元 9 世纪，著名科学家罗伯特·霍克等人应用该装置的原理造出了万向接头。就是这项发明使汽车的自动能量传输成为了可能。中国人发明的平衡环比西方领先 700 年左右。

45. 白兰地与威士忌

公元前 126 年，中国人发明了白兰地和威士忌，直到 1570 年这种制酒法才传到欧洲，并引起欧洲人的轰动。制白兰地酒欧洲人比中国人晚了 1400 年左右。

46. 豆腐

公元前 125 年，中国人刘安发明了豆腐。同年，中国人还发明了激素结晶体提取法，这比欧洲人领先了 2200 年。

47. 走马灯

公元前 121 年，中国人发明了走马灯。约公元 180 年丁缓制出一个"九层博山炉"（走马灯）。公元 12 世纪中国人还制出了"马赛灯"。西方人约翰·巴特于 1634 年描述了走马灯，比中国晚了 1700 多年。

48. 百炼法——用生铁炼钢法

公元前 120 年，中国人发明了用生铁炼钢法，也称"百炼法"。而西方到 1856 年才开始用生铁炼钢，比中国晚了 2000 年左右。

49. 指南车

公元前 100 年前后的西汉时期，中国人发明了指南车（也有传说黄帝时期中国人就发明了指南车）。

50. 曲柄

大约公元前 100 年，中国人发明了曲柄，并在实践中得到了应用。当时中国人把一根棍子弯成一个直角，类似于摇转手柄。曲柄应用很广，如用于转动石磨等。曲柄在机械上可用来把往复运动转为旋转运动。1400 年有人把曲柄与连杆垂直相连，转动曲柄，连杆便做往复运动，可用于水力机械、拉风箱和锯木头等。曲柄和连杆是蒸汽机的主要组件，可以使活塞的往复运动转为旋转运动，驱动机器。如今的汽油车和柴油车的引擎中，曲柄和连杆也起着同样的作用。

51. 独轮车

公元前 1 世纪，中国人发明了独轮手推车；而西方到 11 世纪才使用独轮车，比中国晚了 1200 年。

52. 密封实验室

公元前 1 世纪，中国人发明并建造了密封实验室。

53. 传动带

公元前 15 世纪，中国人发明了传动带。欧洲人用传动带是 1430 年，比中国晚了 1400 多年。

54. 滑动测绘仪

中国人于公元 5 年发明了滑动测绘仪。而西方到 1638 年才使用滑动测绘仪，比中国晚了 1600 多年。同年，中国人还发明了十进位小数。随着十进位制在中国的确立，十进位小数也出现在中国。公元 5 年刘歆在一标准量器所作的铭文中，提到了一个长度准确到了 9.5 个单位。公元 3 世纪刘徽对《九章算术》的注释中，记述了一个 1.355 尺的直径。在运用十进位小数中扬辉和秦九韶两位卓越的数学家有很大的贡献。后来，十进位小数概念从我国逐渐传给了西方。在这方面欧洲要晚于中国 1600 年。

55. 水力风箱

公元 31 年，中国人发明了水力风箱。《后汉书》中记载了南阳太守杜诗发明以水为动力、用于铸造铁制农具的水力风箱（鼓风水排）的事情。并精辟评价说：它"用力少而建功多，百姓便之"。后来发明家杜预对这种风箱作了大量改进，鼓风水排代代流传，越来越广泛地传遍了全中国。而欧洲直到公元 13 世纪，才开始使用鼓风水排，这比中国晚了 1200 年。在大规模工业加工过程中，中国人利用水利的创举是现代社会以前能源供给中最有意义的突破之一。它是朝工业革命迈出的重大步伐之一。

56. 龙骨水车

公元 80 年，中国人发明了龙骨水车；而欧洲第一架方形板叶的龙骨水车制于 16 世纪，是直接以中国的设计为模式而制作的，比中国晚了 1500 年左右。

57. 船尾舵

公元 1 世纪，发明了船尾舵；而西方到公元 1180 年才在教堂的雕刻上出现了舵，比中国晚了 1100 年左右。

58. 瓷器

中国人于公元 1 世纪发明了瓷器。西晋时期的人，用高岭土、长石和石英为原料，烧制成洁白细密的饮食器皿。西方到 18 世纪才有瓷器，比中国晚了 1700 年左右。

59. 地动仪

公元 132 年，张衡发明了地震探测器——地动仪。张衡是一名东汉时期的皇家天文学家，他写过很多书，其中有一本是《浑仪》。他曾设想地球是与九个大陆一起在无限空间的球。在中国他第一个介绍了地理上经线与纬线的交叉网络。这时，张衡还发明了浑天仪。浑天仪显示了宇宙中各主要星球的相对位，地动仪则可预测地震发生的地区，甚为精巧。外国人德拉·奥特弗耶于1703 才设计出第一台现代地震仪。这比张衡发明的古代地震仪——地动仪要晚 1571 年。

60. 催泪弹

公元 2 世纪，中国人发明了催泪弹。

61. 船中水密舱

中国人于公元 2 世纪发明了船中水密舱。至少从公元 2 世纪以来，无论传统的中国航船的船壳被碰破一个多大的洞，船都是不会沉没的。这是何种绝技产生了这样良好效果？这是中国人运用舱壁原理建造船壳的结果。舱壁又称隔

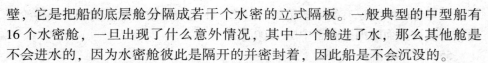

壁，它是把船的底层舱分隔成若干个水密的立式隔板。一般典型的中型船有16个水密舱，一旦出现了什么意外情况，其中一个舱进了水，那么其他舱是不会进水的，因为水密舱彼此是隔开的并密封着，因此船是不会沉没的。

中国人的这种造船绝技从中国传到了欧洲。马可·波罗在1295年也写文章介绍过中国人的上述造船技术。但欧洲的造船者和水手非常保守，以致水密舱原理传到西方500年之后才被普遍采用。中国人是从观察竹竿的结构获得启示而首创舱壁理论的。舱壁的建造明显地为船壳提供了许多坚固的横木，这些横木能够承受桅杆的重量，这也就是当时在航船上采用多样桅杆的关键所在。在中世纪，这不仅使西方人感到惊奇，而且促使了欧洲人船体上多种多样桅杆的出现。

62. 平衡四角帆

公元2世纪，中国人发明了平衡四角帆。这时中国已经有了使用四角帆的纵向帆装。公元2世纪万震写的《南州异物志》中已经清楚地记载了使用这帆装的船。例如，有些船承载700人和200吨货物，这真令人惊讶！这时中国已有四根桅杆的船。

63. 定量制图法

中国古代著名的发明家张衡在公元2世纪发明了定量制图法，从而使制图科学向前迈进了一大步。张衡最先把矩形网格坐标的方法应用于地图，这样可以用一种更科学的方法去计算和研究方法、距离和路程。他写的《算网论》一书中明显地含有精确使用地图坐标的基本原理。张衡的矩形网格坐标成功地应用于缩小地图的尺寸，在手法上类似于照相微缩技术。纵观整个历史，有无精确的地图，是能否在政治和军事上取胜之关键因素；由此可知中国人发明定量制图法的意义是何等之大啊！然而西方直到15世纪才出现了有相当价值的地图，这比张衡发明定量制图法晚了1300年左右。

64. 纺车

中国人于公元121年发明了纺车；而西方到公元1280年才用上纺车，比中国晚了1100多年。

65. 纯硫提炼法

中国人于公元2世纪发明了纯硫提炼法。在《神农本草经》中提到了此事。在公元11世纪之前得到纯硫的方法是通过焙烧硫铁矿，用升华法收集硫晶体。因为硫和硝石都是制造火药的重要原料，所以1067年皇帝发布圣旨禁止把硫和硝石卖给外国人，而且也禁止这种矿产品的私人交易。

66. 七根桅杆船

公元260年，中国人发明了七根桅杆船。早在公元2世纪，在广州附近的南方地区，中国人就已经知道避免船因无风而停止不动的最好办法是在桅杆后面再竖立一根桅杆。但他们并不是简单地沿着船心的纵长竖立一排桅杆，而是横向交错地在两边竖立桅杆。这一杰出的做法西方从来没采用过。

67. 车前横木

公元 3 世纪，中国人发明了车前横木，最初用于两头牛拉的车上，后来应用于马车。这时中国人还发明了用于骑士骑马夜间行驶时照明用的马灯。

68. 马镫

公元 3 世纪，中国人发明了马镫。西方直到公元 5 世纪才制出马镫，比中国晚了 200 年。

69. 自动控制机

中国人于公元前 3 世纪发明了自动控制机。

70. 人造金

中国人葛洪于公元 3 世纪发明了人造金。葛洪是东晋时期有名的医生，其在炼丹方面也颇有心得，丹书《抱朴子·内篇》中具体地描写了炼制金银、丹药等多种有关化学的知识。

71. 初级砷提炼法

公元 3 世纪，中国著名炼丹家葛洪发明了初级砷提炼法。砷是制造火药的原料之一，西方比我国得到提炼法砷晚了几百年。

72. 卷线钓鱼器

中国人于公元 3 世纪发明了卷线钓鱼器，当时它叫作"钓车"，在《列仙传》书中有记载。而西方到 1651 年，才开始在渔竿上使用卷线轮，比中国晚了 1300 年左右。

73. 直升机水平旋翼和螺旋桨

公元 4 世纪，中国人葛洪已谈到关于直升机旋翼。那时中国有一种儿童玩具竹蜻蜓已如直升机的旋翼。它有一根轴，上面绕着一条线，轴上装着几个叶片，定好角度，一拉线，旋翼就向空中飞升上去。这种玩具对欧洲航空先驱者的影响甚大。现代航空之父乔治·克莱爵士在 1809 年研究了中国直升机旋翼，制作出中国式"竹片蜻蜓"能飞上空中 7 米至 8.33 米之高。他又做了一个改进的旋翼，可以飞上天空 30 米高。1400 年以后，中国直升机水平旋翼和螺旋桨，对西方的影响成了航空学和载人飞机诞生的主要因素之一。乔治·克莱于 1853 年画出了他做的直升机旋翼，比中国晚了 1400 多年。

74. 桨轮船

中国人于公元 418 年发明了桨轮船，这在一份中国水军行动的报告中已有记载。公元 494—497 年，祖冲之制造了一艘改进的船只，被称为"千里船"，它不用风力，一天能行很远。它代表了早期设计的桨轮船。梁朝水军将领徐世谱，552 年跟侯漫作战时使用了"水轮船"（即桨轮船）。另一位将军黄法氍

（qú），573 年在黎阳的围攻战中制造并使用了"步舰"（用脚操作的桨轮船）。公元 782—785 年，杭州知府李皋改进了桨轮船。1168 年，水军将领史正志制造成了一艘排水量达 200 吨的战舰，由 12 个叶片组成的桨轮来驱动。程昌寓制造成 100 米长的轮船，能载七八百人。公元 12 世纪，我国已造出大轮船可达到长 120 米、宽 1.37 米和桅杆高 24 米多，船上的工作人员可达 200 人。在第一次鸦片战争期间，中国在抗英战斗中还使用了这种桨轮船。英国人认为中国人是看到英国海军的桨轮船而很快仿制出来的，殊不知中国人到那时使用这种船已有 1600 年了。

75. "西门子式"炼钢法

大约在公元 5 世纪，中国人发明了"西门子式"炼钢法，当时叫"共熔"炼钢法。这就是 1863 年的马丁—平炉炼钢法。中国比西方早 1400 年左右。

76. 油印技术

公元 500 年，中国人发明了油印技术。1881 年匈牙利人盖斯泰特纳发明了铁笔剂肪纸滚筒油印技术。

77. 水力磨面机

公元 530 年，中国人发明并制造出了水力磨面机，此机的工作原理是靠一个连接于曲柄的传动杠带活塞不停地做往复运动，它是靠水滚带动轮子驱动活塞。这台机器体现了蒸汽机的原理。公元 13 世纪，欧洲人才使用这项技术，比中国晚了 700 年左右。

78. 海滩航行

公元 500 年，中国人发明了海滩航行。海滩航行，今天在西方已成为普遍流行的运动。但它起源于 6 世纪的中国。公元 610 年宇文恺为隋炀帝制造了辆帆助马车（半航行车辆）能乘坐数百人。公元 16 世纪，中国的扬帆马车曾因运送西方游客而闻名。荷兰科学家西常、史蒂文于 1600 年秋天，制造了一辆中国式的扬帆马车。他用此车载着一位王子、一位青年学者和许多高级官员沿着海滩快速行驶，平均速度为每小时 48 公里。这使欧洲人第一次真正领略到了中国式海滩航车的高速度。

79. 指针式标度盘装置

中国人赵达于公元 570 年发明了指针式标度盘装置。中国的指针式标度盘的装置结构精细复杂程度令人惊奇。而其中有些标度盘装置竟由多达 40 个同心圆组成。在每个不同的同心圆上都标有一套不同的数字以测量各种情况，并可按要求读出数字。总之，中国人开创了世界上第一代指针式标度盘装置，这种装置对现代科学来说仍是极其重要的。

80. 火柴

世界上第一根火柴是由中国人于公元 577 年发明的。这根火柴是由北齐的一群贫苦宫女发明的。最初的火柴是用硫黄制作而成，公元950年陶谷在《清异录》一书中有所记载。直到公元1530年，欧洲还没有火柴。因此中国人使用火柴几乎比欧洲人早了1000年。后来通过到中国旅行的欧洲人把火柴传到了欧洲。1830年法国的索利亚和德国的坎默又有新的突破，用黄磷、硫黄和氯化钾制成了现代的火柴。

81. 国际象棋

中国人于公元6世纪发明了国际象棋。现代的中国象棋是源于中国，在印度改进后，又流入中国。而西方到公元7世纪才有国际象棋，比中国晚了100年左右。

82. 弓形拱桥

公元610年，中国建筑工程学派奠基人李春，发明并建造了弓形拱桥——通桥，又名赵州桥或大石桥，比西方于1345年建造的维奇奥拱桥早了700年。

83. 浮板

中国人于公元759年以前发明了浮板。李鉴在他的《太白阴经》中讲到，中国的战船"舷下左右置浮板，形如翅！虽风浪涨大，无有倾倒"。后来马可·波罗等意大利人把此技术传入了意大利的威尼斯等地。

84. 熨斗

公元800年，中国人发明了熨斗，并开始使用了它。那时中国人用木炭加热的熨斗熨丝质衣服，当时的熨斗像个长柄的小平底锅。约公元16世纪，荷兰裁缝开始使用空心盒型铁制大熨斗。1738年英国的威尔金森取得了铁制熨斗的专利权，这熨斗是一个可熨亚麻布的铁铸盒子。19世纪50年代中斯煤气加热熨斗面世，到19世纪90年代被电熨斗所淘汰，美国西利发明了电熨斗（用的是无罩电弧）。

85. 纸币

交子，是发行于北宋于仁宗天圣元年（1023年）的货币，曾作为官方法定的货币流通，称作"官交子"，在四川境内流通近80年。交子是中国古代劳动人民的重要发明，是中国最早由政府正式发行的纸币，也被认为是世界上最早使用的纸币，比美国（1692年）、法国（1716年）等西方国家发行纸币要早六七百年。

86. 扑克牌

公元9世纪，中国人发明了扑克牌，公元1377年，德国和西班牙也出现了扑克牌，比中国晚了500年左右。中国人于公元969年又发明了纸牌，并用之于游戏。根据野史记载，中国的皇帝和妃嫔由于终日无所事事，便发明了纸牌游戏，消磨时间。当时较明智的辽穆宗明令指出纸牌会使王侯之家走上末路。公元1277年，意大利佛罗伦萨市禁止玩纸牌。公元1400年，法国、德国和荷兰等国也相继禁止玩纸牌。1915 年，英王詹姆斯一世征收玩牌税，直到 1960 年，才完全取消此项征税。

87. 火焰喷射器

中国人于公元 904 年发明了火焰喷射器，并且用之于打仗，前面讲的准炸弹等各种 "炸弹"，其实都不爆炸，因为不含有足够量的硝石。然而火药在战争中的最早应用就是第一次使用火焰喷射器，时间是公元 904 年，所谓人使用了 "希腊火"。路根在《九国志》中描述了在这次交战中，一放出 "飞火机" 就烧毁了对方的城门。再者，公元 975 年，在长江的水上战斗中也曾使用了火焰喷射器。《南唐史》中还曾有当年在战船上使用火焰喷射器以抵抗敌方进攻的记载。

88. 枪炮

火枪是用一个或两个竹筒装上火药，绑缚在长枪枪头下面，与敌人交战时，可先发射火焰烧灼敌兵，再用枪头刺杀。这种火器在南宋时非常盛行。火枪由中国发明，并在欧洲发扬光大，欧洲的军队对于火枪这样的装备是非常热衷的。

大约公元 905 年，中国人发明了枪炮，即火枪。欧洲人到 1396 年才开始用火枪，比中国晚了 400 多年。

89. 投影

公元 940 年，中国人发明了投影；公元 1568 年英国才有人用麦卡托投影，比中国晚了 600 年左右。

90. 链式传动装置

中国人于 976 年发明了链式传动装置——链式传动带；欧洲人到 1770 年才开始使用链式传动带，比中国晚了 800 年左右。

91. 凸轮

中国人于公元 983 年发明了凸轮，并应用于借水力提升的重型链。同一时间，在西方意大利塔斯坎民的一座浆洗作坊中应用了凸轮。

92. 运河船闸

公元 984 年，中国人乔维岳发明了运河船闸，从而提高了河运能力。到 1375 年欧洲也建成了第一个船闸，这比中国晚了 389 年。

93. 种痘免疫法

中国人在公元 10 世纪发明了种痘免疫法。这种方法最早是由四川省峨眉山隐居在山洞的炼丹家发明的一种天花痘苗接种术。北宋丞相王旦的长子死于天花，为了防止其他人也传染上这种病，特从全国各地请来了医生、巫医和术士，试图发现某种治疗方法。这时从峨眉山来了一位道士，带来了天花痘苗接种术，并在整个京城开封推广。公元 1741 年中国人张琰在他的《种痘新书》

中还描述了藏苗法。这种方法的免疫效果好。公元 17 世纪，这种医疗方法传到了土耳其。到公元 1700 年，作为预防天花的措施，轻型天花接种开始广泛在欧洲采用，由中国传去的这种接种方法，后来发展成为接种牛痘的免疫学。

94．机械钟

公元 11 世纪，中国人发明了机械钟。世界第一架机械钟是由中国唐朝数学家一行发明设计的，它实际上是一架附有报时装置的天文仪器，而不是一架简单的钟表。西方直到 13 世纪才制出机械钟，比中国晚了 200 年左右。

95．水雷

中国人于公元 1374 年发明了水雷，水雷由熟铁精巧地制成，比欧洲最早的水雷制作计划早 2 个世纪。公元 1856 年，中国人在广州河上抗击英军时也使用了水雷。另外，公元 1103 年，中国人发明了烟火，并且最先在庆典和祭祀的仪式上使用。

公元 1187 年以前中国人发明了手榴弹（当时多为猎人所使用）。中国人于公元 1221 年以前发明了照明弹。它是软壳，在空中爆炸，像火一样产生颜色。公元 1293 年，中国人又发明了铁壳炸弹，用铁壳代替软壳以后，炸弹的杀伤力更强了。再者，中国人于公元 1230 年发明了炸药，在世界上最先利用火药制成炸弹，用于爆破砖石砌筑的防御工事和城墙。欧洲人则到公元 1314 年才开始使用炸药。

还有，中国人于公元 1277 年发明了地雷。到 14 世纪中国有了地雷网，即连环雷。中国有一种地雷的触发装置似乎是燧发枪的前身，这至少可以追溯到公元 1360 年。而欧洲第一支燧发枪直到公元 1547 年才出现。

96．大炮

中国于 1280 年制成了首批信而有征的铜铁大炮。

97．火箭

中国人于公元 1150 年发明了火箭，并使用了以火药为燃料的火箭打仗。据我国典籍所载，公元 1231 年北宋都城开封被围时，曾使用一种叫作“飞火箭”的武器。这些早期的火箭可能是用火药推进，就像现代的烟火。公元 1285 年，一本阿拉伯兵书中曾提到，中国传入的火箭，还说它是从炮台上发射的。中国人于公元 14 世纪初又发明了多级火箭。还能使用以火药为燃料的火箭打仗。公元 18 世纪，欧洲人杜里将火箭原理公式化，这比中国人实际用火箭原理晚了 500 多年。到 20 世纪又出现了液体燃料火箭。

总之，火箭是中国人最重要的发明之一。

98．眼镜

中国人于公元 1300 年发明了眼镜，这时意大利也开始使用眼镜了。13 世纪末威尼斯人制成了老花镜（用凸透镜片），英国科学家培根在 13 世纪已经叙述过用透镜矫正视力的方法。15世纪意大利出现了矫正近视的凹透镜片的眼镜。公元1775年，美国政治家富兰克林配了第一副双光眼镜，在一副眼镜上有两副镜片。隐形眼镜是直接放在眼球上的玻璃或塑料小镜片，公元1827年首先由英国物理学家想出来，但直到公元1887年，瑞士苏黎世的弗里克医生研制出精确度较高的镜片，才得到进一步发展。

公元1498年，中国人又发明了牙刷。中国一套百科全书式的著作首先记述了现代牙刷的模样：刷手与手柄成直角。

99. 古代直升机

中国人徐正明于公元17世纪发明了直升机。

公元前500年，中国人制成了会飞的直升竹蜻蜓，这是直升机的起源。竹蜻蜓是一种儿童玩具，它以一根小棍作轴，轴顶有螺旋桨翼片（有时是羽毛），用手把小棍一搓，就向上飞升，作用像螺旋。旋转运动产生气流，旋转的翼片切入气流，产生升力。这就是直升机的原理。

公元17世纪中国苏州巧匠徐正明，整天琢磨小孩玩的竹蜻蜓，想制造一个类似于蜻蜓的直升机，并且想把人也带上天空。经过十多年的钻研，他造出了一架直升机。它有像竹蜻蜓一样的螺旋桨，驾驶座像一把圈椅，依靠脚踏板通过转动机构来带动螺旋桨转动，试飞的时候，它居然飞离地面一尺多高，还飞过一条小河沟，然后落了下来。

虽然直升机是中国人发明的，但外国人也有很大的功劳，因为法、英、德、美等国的发明家在完善和发展直升机上也做出了很大的贡献。

100. 回音壁

公元1530年，中国人发明了回音壁；同时，还发明了三音石和圆丘。它们皆建在天坛。

（七）民族英雄

1. 第十位：怒海英魂邓世昌

邓世昌，广东番禺人。原名永昌，字正卿。1874年毕业于马尾船政学堂。1880年、1887年两次赴英国接回清廷购买的六艘巡洋舰，这是中国海军首次完成北大西洋—地中海—苏伊士运河—印度洋—西太平洋航线，大大增强了中国的国际影响，被授予"葛尔萨巴图鲁"的勇名。1888年北洋海军编成，任中营中军副将兼致远舰管带，加提督衔。1894年9月17日在黄海大东沟海战中，邓世昌指挥"致远"舰奋勇作战。"致远"舰多处受伤，全舰燃起大火，船身倾斜。邓世昌鼓励官兵道："吾辈从军卫国，有死而已！"毅然驾舰全速撞向日本旗舰"吉野"号。日舰慌忙集中炮火向"致远"舰射击，不幸被击中鱼雷发射管，鱼雷爆炸导致"致远"舰沉没。邓世昌与全舰官兵250余人一同壮烈殉国，年仅45岁。怒海英魂邓世昌由此成为对日战争中一座永不沉没的海上丰碑。

2. 第九位：壮志凌云祖逖

祖逖，范阳遒（qiú）县（今河北涞水）人，字士稚。祖逖自幼胸怀大志，为练就一身好本领，与好友刘琨"闻鸡而起舞"。西晋末年，"五胡十六国"混战中原，流亡到南方的祖逖于 313 年渡江北伐，船到江心的时候，祖逖拿着船桨，拍打船舷发誓说："我祖逖如果不能扫平占领中原的敌人，绝不再过这条大江。"辞色壮烈，部众莫不慨叹。这就是著名的"中流击楫"之誓。当时，河南坞主拥兵自重，相互攻击，他派人招抚，共御石勒。蓬陂坞主陈川投石勒，祖逖率军伐陈，勒遣石虎领兵五万救援，祖逖以奇兵击退。石勒统治的地方多归附祖逖，九年即收复黄河以南的大部分土地。321 年，正当他在虎牢关秣马厉兵，积蓄力量，准备向北推进时，东晋王朝内部矛盾激化，王敦擅政，晋元帝司马睿派戴渊为征西将军，以监督祖逖。祖逖看到北伐难成，忧愤死于雍丘，享年 56 岁。

3. 第八位：赤胆傲骨史可法

史可法，祥符（今河南开封）人。字宪之，一字道邻，是左光斗的学生。明崇祯元年考中进士，在镇压各地农民起义时崭露头角，拜南京兵部尚书。1644 年，李自成攻占北京，南京弘光政权建立后，被马士英等人排挤，自请到扬州一带督师防清。1645 年 5 月 10 日，清豫亲王多铎兵围扬州，史可法被困孤城，拒不投降，写就了著名的《复多尔衮书》，内容慷慨陈词，不卑不亢，流传万世。史可法率领扬州 4000 名军民，与来犯之敌浴血奋战，终因寡不敌众，于 25 日城破被害，年仅 44 岁。多铎恼恨清军伤亡惨重，下令屠城十天，历史上把这件惨案称作"扬州十日"。

4. 第七位：铁血将军张自忠

张自忠，山东临清市唐元村人，字荩忱。1911 年考入天津法政学堂。1914 年，他投笔从戎，官至师长，并先后兼任察哈尔省主席、天津、北平市市长。抗日战争爆发后，他率部南下，任第 59 军军长。1938 年 3 月，日军七八万兵力，分两路向徐州台儿庄进发。张自忠率部在临沂阻击，以"拼死杀敌、报祖国于万一"的决心，与敌激战，反复肉搏，歼敌 4000 余人。几天后日军再犯，张自忠率部奋力拼杀，日军受到重创，其向台儿庄增援的企图被彻底粉碎。此战成名后被任 33 集团军总司令兼第五战区右翼兵团总司令。1940 年 5 月，日军为控制长江水上交通线，调集 15 万名精锐士兵发起枣宜会战。张自忠率部在南瓜店附近顽强抗击日军，截断其后方补给线。在被日军重兵合围后，为牵制日军主力，以造成外线我军对日军实施反包围，张自忠力战不退，与敌搏杀，最后身中 7 弹，拔剑自戕（qiāng），一代名将壮烈殉国，终年 50 岁。1940 年，毛泽东同志亲笔为张自忠题写"尽忠报国"的挽联。

5. 第六位：大漠狂飙霍去病

霍去病，河东平阳（今山西临汾）人。汉武帝姐姐平阳公主的奴婢之私生子。公元前 123 年，未满 18 岁的霍去病随舅舅卫青出征匈奴，带领 800 名骑兵，长途奔袭，斩敌 2000 余人。汉武帝大喜过望，封他为勇冠三军的"冠军侯"。公元前 121 年，霍去病于春、夏两次率兵出击占据河西地区的匈奴部，歼 4 万余人。同年秋，奉命迎接率众降汉的匈奴浑邪王，在部分降众变乱的紧急关头，19 岁的霍去病只带着数名亲兵冲进匈奴营中，犹如天神下凡一般，仅用一个表情一个手势就将帐外 4 万名兵卒、8000 名乱兵制服。公元前 119 年夏，率 5 万名骑兵深入大漠 2000 余里，进击匈奴。霍去病击败左贤王部，歼 7 万余人，在封狼居胥——祭天地之后，继续追击匈奴，一直打到今俄罗斯贝加尔湖，方才回兵。汉武帝奖给他豪宅，他却说："匈奴未灭，何以家为。"公元前 117 年，一代天骄霍去病因病去世，年仅 24 岁。

6. 第五位：将门虎子戚继光

戚继光，山东登州（今山东蓬莱）人。字元敬，号南塘，又号孟诸。戚继光出身将门，抱定"封侯非我意，但愿海波平"的志向，刻苦学文习武，17 岁袭登州卫指挥佥事。1555 年任都司参将，在龙山、缙（jìn）云、桐岭与倭寇三战三捷，迫倭寇遁逃入海。1558 年在浙江义乌，精选 4000 名农民和矿工，训练成劲旅"戚家军"，发明"鸳鸯阵"，因敌因地变换阵形，屡败倭寇。1561 年，戚继光在浙江沿海九战九捷，擒斩倭寇 1400 余人，焚死、溺死倭寇 4000 余人，史称"台州大捷"，浙江倭患基本解除。次年夏，南下福建，荡平倭寇在横屿、牛田、林墩的三大巢穴。1563 年取得平海卫大捷，斩倭 2200 余人。1564 年联合俞大猷（yóu）水兵于南澳剿平广东倭寇，从此解除了东南沿海的倭患。1568 年镇守蓟州，加固长城，在北方戍边 16 年，53 岁时发明地雷（当时叫作"自犯钢轮火"），比欧洲人大约要早 300 年左右。1587 年死于肺炎复发，享年 61 岁，著有《纪效新书》《练兵实纪》两部军事名著。

7. 第四位：扬名四海郑成功

郑成功，原名郑森，字明俨，号大木，后由南明隆武帝赐国姓朱，名成功，世称国姓爷。礼部尚书、东林领袖钱谦益的得意弟子。22 岁任南明隆武帝御营中军都督。1646 年秋，清兵进攻福建，其父郑芝龙投降清朝，郑成功遂与父决裂，收拾残部，募兵抗清。1651—1652 年在闽南小盈岭、海澄等地取得 3 次重大胜利，歼灭驻闽清军主力。1656 年，在厦门围头海域歼灭清军水师约 3 万人。1658 年，郑成功统率水陆军 17 万北伐，次年入长江，克镇江，围南京，中清军缓兵之计，损兵折将，败退厦门。1660 年，在福建海门港歼灭清将达素所率水师 4 万余人，军威复振。1661 年郑成功亲率将士 2.5

万人，战舰 120 艘，在金门料罗湾誓师，东进收复台湾。经过激烈的海战，郑军击沉荷军主力舰"赫克托"号，收复了"赤嵌楼"。在近一年的争夺中，荷军伤亡近 2000 人，损失惨重。1662 年 2 月 1 日，荷兰殖民总督揆（kuí）一签字投降，被侵占达 38 年之久的台湾终于重归祖国怀抱。同年 5 月郑成功病逝，享年 39 岁。

8. 第三位：声撼寰宇林则徐

林则徐，福建侯官（今福州）人，字元抚，又字少穆、石磷，谥号文忠。1811 年中进士。从 1820 年起，办理过军政、漕务、盐政、河工、水利等事，重实际调查，干练有绩。由于性情急躁，请人写"制怒"大字悬挂于堂中以自警。1837 年，任湖广总督，次年 12 月，道光帝命林则徐为钦差大臣赴粤查办禁烟，从 1839 年 6 月 3 日起在虎门海滩销烟，20 天销毁鸦片 19179 箱、2119 袋，共计 2376254 斤，这就是闻名世界的虎门销烟。在此期间，林则徐组织翻译西文书报，供制定对策、办理交涉参考，史学界称他为近代中国"开眼看世界的第一人"。

1840 年鸦片战争失利后，林则徐遭投降派诬陷，被发配伊犁。1845 年重新起用，1850 年病死于广东普宁县，终年 66 岁。

9. 第二位：精忠报国岳飞

岳飞，河南省汤阴县人，字鹏举。19 岁时投军抗辽，相传临行时，母亲在其背上刺上"精忠报国"四个大字，成为岳飞终生遵奉的信条。

1129 年，金帅宗弼（金兀术）渡江南进，攻陷建康，岳飞坚持抵抗，十战十捷，于次年收复建康，金军被迫北撤。之后岳飞又破李成，平刘豫，斩杨么，宋高宗手书"精忠岳飞"四字，制旗赐之。绍兴六年，岳飞再次出师北伐未果，写下了千古绝唱《满江红》。1140 年金兀术再次大举南侵，岳飞于郾城大破金兵拐子马（侧翼骑兵）、铁浮图（铁塔兵、重装骑兵），收复郑州、洛阳等地，淮河、黄河义军纷起响应。"岳家军"从此威名远扬，所向披靡。金军哀叹："撼山易，撼岳家军难。"7 月下旬，岳飞挥师开封、朱仙镇一战，金兵 10 万兵马一触即溃，他鼓励部下说："宜捣黄龙府，与诸君痛饮耳。"但这时高宗和秦桧却一心求和，连发十二道金字牌班师诏，命令岳飞退兵。岳飞抑制不住内心的悲愤，仰天长叹："十年之功，毁于一旦！"他壮志难酬，只好挥泪班师。

1142 年 12 月 29 日，秦桧以"莫须有"的罪名将岳飞毒死于临安风波亭，年仅 39 岁。一代卓越的军事家、战略家就此饮恨九泉。

10. 第一位：碧血丹心文天祥

文天祥，江西吉安人，原名云孙，字履善，又字宋瑞，自号文山。1256 年，20 岁的文天祥由理宗皇帝钦定为 601 名进士中的状元。入仕后因奏连

（wǔ）宦官董宋臣、权相贾似道，被罢官。1275年，元军攻破长江天险，文天祥散尽家私，组织义军赴临安。次年，元军兵陈临安，当朝派文天祥出城讲和，被扣留，在押解北方的途中脱逃。1277年夏，文天祥率军由梅州出兵，进攻江西，陆续收复了许多州县。1278年冬，文天祥在率部向海丰撤退时兵败被俘，服毒自杀未遂，被押送到大都（北京）。这时许多投降蒙古的南宋大员前来劝降，皆被文痛骂而去，元世祖忽必烈又让降元的宋恭帝赵显来劝降。文天祥拜跪于地，痛哭流涕地说："圣驾请回！"文天祥被囚禁四年，经历了种种严酷考验，始终不屈，"人生自古谁无死，留取丹心照汗青"的诗句就是在狱中所作。

1283年文天祥被押解到刑场（菜市口），临刑前文天祥跪拜南方，引颈就刑，从容就义，死时年仅47岁。

（八）中国历史上的战争

中国历史上的战争发生了无数次。人类前进的历史是一部战争史。所有文明和进步都是从战争开始，在战争中被毁灭、又在战争中创造，在战争结束后发展。例举一些影响中国文明和发展的战争：

1. 秦末农民战争（造就了汉朝）。

2. 楚汉战争（奠定了汉朝统治）。

3. 汉朝与匈奴的战争（从此中国历史不再被外族困扰，同时也加快了罗马帝国灭亡和西方文明的发展。匈奴在逃走中，进入西方，灭亡罗马——这也是被称"黄祸"的来源。

4. 汉末的割据三国战争（加快中华民族的融合，也是一个混乱的年代，随后统一的晋朝因政策问题造成被灭，北方民族成立的各个国家相互登上舞台，终因能力不足不能结束混乱）。

5. 隋朝的统一之战（结束了中国向西方发展的历史，确定了中国的版图，同时为唐的建立打下坚实的基础）。

6. 隋唐之战（隋朝末年，天下大乱，先后有上百支队伍竖起了反隋大旗。在诸多反隋势力中，李渊起步虽较晚，但一马当先攻下长安，并笑到了最后。从大业十三年起兵反隋，到武德元年称帝建唐，前后只有一年的时间]。

7. 元朝统治者长期推行的民族压迫政策，最终导致了社会矛盾的公开激化，由此爆发的红巾军起义，其浪潮席卷全国，前后历时十七年（建立明朝、恢复汉族统治地位）。

朱元璋于至正十二年（1352年）红巾起义爆发后投身郭子兴部下为兵，以战功由九夫长而做总管，逐渐成为郭部红巾军的一名中下级指挥官。至正十六年（1356年），郭子兴死后，朱元璋以大元帅之名独立掌军，一举攻下集庆，改为应天府。此后，他采取谋士朱升"高筑墙、广积粮、缓称王"的建议，在群雄并起的环境中不断发展壮大。徐寿辉与张士诚互相争斗，两败俱伤的时候，积聚了相当实力的朱元璋却脱颖而出。1363 年，朱元璋打败陈友谅。1367 年先后打败张士诚、方国珍、陈友定。1368 年正月，朱元璋在应天称帝，建立明朝。其后明军北伐，灭亡元朝。

8. 明清之战（建立满清王朝，使中华民族进入百年屈辱）。

9. 武昌起义（恢复汉族统治，建立民国，完成名义上的统一）。

（九）丝绸之路

丝绸之路，是指西汉时，由张骞（qiān）出使西域开辟的以长安（今西安）为起点，经甘肃、新疆，到中亚、西亚，并连接地中海各国的陆上通道。因为这条路上主要贩运的是中国的丝绸，故此得名。狭义的丝绸之路一般是指陆上丝绸之路。广义上讲又分为陆上丝绸之路和海上丝绸之路。

1877 年，德国地质地理学家李希霍芬在著作《中国》一书中，把"从公元前 114 年至公元 127 年间，中国与中亚，中国与印度间以丝绸贸易为媒介的这条西域交通道路"命名为"丝绸之路"，这一名词很快被学术界和大众接受，并正式运用。

1. 陆上丝绸之路起源于汉武帝派张骞（qiān）出使西域，形成其基本干道。它以西汉首都长安为起点，经河西走廊到达西域。它的最初作用是运输中国古代出产的丝绸。

2. 海上丝绸之路是古代中国与外国交通贸易和文化交往的海上通道，该路主要以南海为中心，所以又称南海丝绸之路。海上丝绸之路形成于秦汉时期，发展于三国至隋朝时期，繁荣于唐宋时期，转变于明清时期，是已知的最为古老的海上航线。

2014 年 6 月 22 日，中、哈、吉三国联合申报的陆上丝绸之路的东段"丝绸之路：长安—天山廊道的路网"成功申报为世界文化遗产，成为首例跨国合作而成功申遗的项目。

（十）扬州八怪

扬州八怪：汪士慎、郑燮（xiè）、高翔、金农、李鱓、黄慎、李方膺、罗聘。

"八怪"不愿走别人已开创的道路，而是要另辟蹊径。他们要创造出"掀天揭地之文，震惊雷雨之字，呵神骂鬼之谈，无古无今之画"来自立门户，就是要不同于古人，不追随时俗，风格独创。他们的作品有违人们的欣赏习惯，人们觉得新奇，也就感到有些"怪"了。

1. 郑燮（xiè）（怪在传奇）。郑燮（1693 年至 1765 年），字克柔，号板桥，江苏兴化人，应科举为康熙秀才，雍正十年（1732 年）举人，乾隆元年

（1736 年）进士。官任山东范县、潍县知县，有政声以岁饥为民请赈，忤（wǔ）大吏，遂乞病归。做官前后，均居扬州，以书画营生。擅画兰、竹、石、松、菊等，而画兰、竹五十余年，成就最为突出。取法于徐渭、石涛、八大山人，而自成家法，体貌疏朗，风格劲峭。工书法，用汉八分杂入楷、行、草，自称六分半书。并将书法用笔融于绘画之中。主张继承传统十分，学七要抛三，不泥古法，重视艺术的独创性和风格的多样化，所谓未画之先，不立一格。有《郑板桥全集》《板桥先生印册》等。

他的代表作是《竹石图》。郑板桥画竹有"胸无成竹"的理论，他画竹并无师承，多得于纸窗粉壁日光月影，直接取法自然。针对苏东坡"胸有成竹"的说法，郑板桥强调的是胸中"莫知其然而然"的竹，要"胸中无竹"。但板桥的方法要"如雷霆霹雳，草木怒生"。他的《竹石图》，竹子画得艰瘦挺拔，节节屹立而上，直冲云天。他画的叶子，每一张叶子都有着不同的表情，墨色水灵，浓淡有致，逼真地表现出竹的质感。在构图上，郑板桥将竹、石的位置关系和题诗文字处理得十分协调。竹纤细清飒的美更衬托出了石的另一番风情。这种丛生植物成为郑板桥理想的幻影。

郑板桥的书法，自称为"六分半书"，他以兰草画法入笔，极其潇洒自然，参以篆、隶、草、楷的字形，穷极变化。这幅"两歇杨林东渡头"行书，体现了郑板桥书法艺术独特的形式美，"桃花岸"三字提顿之间尤为明媚动人。郑板桥别具一格的新书体，开书法历史的先河。

2. 高翔（怪在淡泊）。高翔（1688 年至 1753 年），字凤岗，号西唐，又号樨堂，江苏扬州府甘泉县人，清代画家。

终身布衣。善画山水花卉。其山水取法弘仁和石涛，所画园林小景，多从写生中来，秀雅苍润，自成格局。画梅皆疏枝瘦朵，全以韵胜。亦善于写真，晚年时由于右手残废，常以左手作画。与石涛、金农、汪士慎为友。清朝的李斗在《扬州画舫录》中有过这样的记载："石涛死，西唐每岁春扫其墓，至死弗辍。"意思是说，石涛死后，高翔每年春天都去扫墓，直到死都没有断过。从这里也可以看出他们之间的友谊很深。高翔除擅长画山水花卉外，也精于写真和刻印。

3. 金农（怪在才）。金农（1687 年至 1764 年），字寿门，号冬心，浙江仁和（今杭州）人，久居扬州。平生未做官，曾被荐举博学鸿词科，入京未试而返。他博学多才，五十岁后始作画，终生贫困。他长于花鸟、山水、人物，尤擅墨梅。他的画造型奇古、拙朴，布局考究，构思别出新意，作品有《墨梅图》《月华图》等。他独创了一种隶书体，自谓"漆书"，另有意趣，又谓金农体或冬心体，笔画横粗竖细，撇飘逸而捺厚重，字体多呈长方形，头重脚轻，甚为好看。

精篆刻、鉴定，善画竹、梅、鞍马、佛像、人物、山水。尤精墨梅。所作梅花，枝多花繁，生机勃发，还参以古拙的金石笔意，风格古雅拙朴，作品有《墨梅图》《月华图》等。又长于题咏，"每画毕，必有题记，一触之感"。也擅长书法，取法于《天发神忏碑》《国山碑》《谷朗碑》。

楷书自创一格，号称"漆书"，另有意趣，又谓金农体或冬心体，笔画横粗竖细，撇飘逸而捺厚重，字体多呈长方形，头重脚轻，甚为好看。篆刻得秦汉法。诗文有《冬心先生集》《冬心先生杂著》，其书画题跋被辑成冬心画竹、画梅、画马、自写真、杂画题记等。

4. 李鱓（shàn）（怪在命）。李鱓（1686 年至 1762 年），字宗扬，号复堂，又号懊道人，江苏兴化人。康熙五十年（1711 年）中举，五十三年（1714 年）以绘画召为内廷供奉，因不愿受正统派画风的束缚而被排挤出来。乾隆三年以检选出任山东滕县知县，以忤大吏罢归。在两革科名一贬官之后，至扬州卖画为生。与郑燮关系最为密切，故郑有"卖画扬州，与李同老"之说。他早年曾从同乡魏凌苍学画山水，继承黄公望一路，供奉内廷时曾随蒋廷学画，画法工致；后又向指头画大师高其佩求教，进而崇尚写意。在扬州又从石涛笔法中得到启发，遂以破笔泼墨作画，风格为之大变，形成自己任意挥洒，水墨融成奇趣的独特风格，喜于画上作长文题跋，字迹参差错落，使画面十分丰富，其作品对晚清花鸟画有较大的影响。

5. 黄慎（shèn）（怪在悟性）。黄慎（1687 年至 1770 年），字恭懋（mào），躬懋，一字恭寿、菊壮，号瘿（yīng）瓢、东海布衣等，福建宁化人。擅长人物写意，间作花鸟、山水，笔姿荒率，设色大胆。为"扬州八怪"中的全才画家之一。

青年时，学习勤奋，因家境困难，便寄居萧寺，"书为画，夜无所得蜡，从佛殿光明灯读书其下"。善画人物，早年师法上官周，多作工笔，后从唐代书法家怀素真迹中受到启迪，以狂草笔法入画，变为粗笔写意。

黄慎的写意人物，创造出将草书入画的独特风格。怀素草书到了黄慎那里，变为"破毫秃颖"，化连绵不断为时断时续，笔意更加跳荡粗狂，风格更加豪宕（dàng）奇肆。黄慎的人物画，多取神仙故事，对历史人物和现实生活中樵夫渔翁、流民乞丐等平民生活的描绘，给清代人物画带来了新气息。黄慎的人物册页《赏花仕女图》刻画一美丽女子对花的沉迷。而《西山招鹤图》则取材于苏轼的《放鹤亭记》，画面右侧立一白鹤，老叟似在仰望空中飞翔之鹤，童子手挽花篮，却自顾嘻嘻而乐。黄慎两次寓居扬州，先后 17 年，十里扬州，成为他一生的依恋。他的人物画最具特色，有《丝纶图》《群乞图》《渔父图》等。他的诗被同乡人雷宏收集起来，编为《蛟湖诗抄》。

6. 李方膺（yīng）（怪在倔）。李方膺（1695 年至 1755 年），中国清代诗画家，字虬仲，号晴江，别号秋池、抑园、白衣山人等，通州（今江苏南通）人。寓居金陵借园，自号借园主人。为"扬州八怪"之一。出身官宦之家，曾任乐安县令、兰山县令、潜山县令、代理滁州知州等职，为官时"有惠政，人德之"，后因遭诬告被罢官，去官后寓南京借园，自号借园主人，常往来扬州卖画。与李鱓、金农、郑燮等往来，工诗文书画，擅梅、兰、竹、菊、松、鱼等，注重师法传统和师法造化，能自成一格，其画笔法苍劲老厚，剪裁简洁，不拘形似，活泼生动。被列为扬州八怪之一。有《风竹图》《游鱼图》《墨梅图》等传世。著《梅花楼诗钞》。善画松、竹、兰、菊、梅、杂花及虫鱼，也能人物、山水，尤精画梅。作品纵横豪放、墨气淋漓，粗头乱服，不拘绳墨，意在青藤、白阳、竹憨之间。画梅以瘦硬见称，老干新枝，欹（qī）侧盘曲。用间印有梅花手段，著名的题画梅诗有"不逢摧折不离奇"之句。还喜欢画狂风中的松竹。后人辑有《梅花楼诗草》，仅二十六首，多数散见于画上。

7. 汪士慎（怪在人）。汪士慎（1686年至1759年），字近人，号巢林，别号溪东外史、晚春老人等，原籍安徽歙（shè）县，居扬州以卖画为生。工花卉，随意点笔，清妙多姿。尤擅画梅，常到扬州城外梅花岭赏梅、写梅。所作梅花，以密蕊繁枝见称，清淡秀雅，金农说；画梅之妙，在广陵得二友焉，汪巢林画繁枝，高西唐画疏枝。但从他存世的画梅作品来看，并非全是繁枝，也常画疏枝。不论繁简，都有空裹疏香，风雪山林之趣。54岁时左眼病盲，仍能画梅，工妙腾于示瞽时，刻印曰：左盲生、尚留一目著梅花。六十七岁时双目俱瞽，但仍能挥写狂草大字，署款心观，所谓盲于目，不盲于心。善诗，著有《巢林诗集》。

8. 罗聘（pìn）（怪在使命）。罗聘（1733年至1799年），字遁夫，号两峰，又号衣云、别号花之寺僧、师莲老人。清代著名画家，为"扬州八怪"之一。祖籍安徽歙（shè）县，后寓居扬州，自称住处为"朱草诗林"。为金农入室弟子，未做官，好游历。画人物、佛像、山水、花果、梅、兰、竹等，无所不工。他又善画《鬼趣图》，描写形形色色的丑恶鬼态，无不极尽其妙，借以讽刺当时社会的丑态。兼能诗，亦善刻印，著有《广印人传》。金农死后，他搜罗遗稿，出资刻版，使金农的著作得以传于后世。其代表作有：《物外风标图》（册页）、《两峰蓑笠图》《丹桂秋高图》《成阴障日图》《谷清吟图》《画竹有声图》等。

（十一）江南四大才子

1. 唐伯虎（1470年至1524年），字伯虎，后改字子畏，号六如居士、桃花庵主、鲁国唐生、逃禅仙史等。唐寅就出生在苏州府吴县吴趋里的一个商人家庭。自幼天资聪敏，熟读四书五经，并博览史籍，16岁秀才考试得第一名，

19岁时娶徐氏，是徐廷瑞的次女。20余岁时家中连遭不幸，家境衰败。在好友祝枝山的规劝下潜心读书，29岁参加应天府公试，得中第一名"解元"，30岁赴京会试，却受考场舞弊案牵连被斥为吏，妻子也因之离去。此后遂绝意进取，以卖画为生。擅山水、人物、花鸟，其山水早年师从周臣，后师法李唐、刘松年。人物画多为仕女及历史故事，师承唐代传统，线条清细。其花鸟画，长于水墨写意，洒脱随意，格调秀逸。除绘画外，唐寅亦工书法，取法赵孟頫，书风奇峭俊秀。有《骑驴思归图》《山路松声图》《事茗图》《王蜀宫妓图》《李端端落籍图》《秋风纨扇图》《枯槎鹳鸲图》等绘画作品传世。

2. 祝枝山（1460年至1526年），字希哲，因生而左手六指，故自号枝山，世亦称"祝枝山"。长洲（今江苏吴县）人。"五岁能作径尺大字"，九岁能诗。明弘治五年（1492年）中举，任广东惠州府兴宁知县，嘉靖元年（1522年）官至应天府（今南京）通判。嘉靖二年（1523年）因病致仕归里。嘉靖五年（1526年）卒，享年67岁。

他家学渊源，专攻书法，亦善诗文。其书，隶、楷、行、草诸体均工，尤以草书成就为最特别，其狂草颇受世人赞誉，流传有"唐伯虎的画，祝枝山的字"之说；其诗取材颇富，造句颇妍；其文多奇气，潇洒自如。

3. 文徵明（1470年至1559年），原名壁，字徵明。生于明宪宗成化六年（1470年），卒于明世宗嘉靖三十八年（1559年），年九十岁。自幼习经籍诗文，喜爱书画，文师吴宽，书法学李应祯，绘画宗沈周。少时即享才名，然在科举道路上却很坎坷，从弘治乙卯年（1495年）26岁到嘉靖壬午年（1522年）53岁，十次应举均落第，直至54岁才受工部尚书李充嗣的推荐以贡生进京，经过吏部考核，被授职低俸微的翰林院待诏。此时其书画已负盛名，由此受到翰林院同僚的嫉妒和排挤，心中悒悒不乐。57岁辞归出京，放舟南下，回苏州定居，潜心于诗文书画。不再求仕进，以戏墨弄翰自遣。晚年声誉卓著，号称"文笔遍天下"，购求他书画的人踏破门槛。他年近90岁时，还孜孜不倦，为人书墓志铭，未待写完，"便置笔端坐而逝"。他通晓各科绘画之艺，擅长各种细粗之法，其目力和控笔能力极佳，80多岁时还能十分流利地书写蝇头小楷竟日不倦。文徵明的书画造诣极为全面，其诗、文、画无一不精，人称是"四绝"的全才。

4. 徐祯卿（1479年至1511年），字昌谷，一字昌国，常熟梅李镇人，后迁居吴县（今苏州），明代文学家，被人称为"吴中诗冠"，是吴中四才子（亦称江南四大才子）之一。

徐祯卿16岁著《新倩集》。但早年屡试不第，读《离骚》有感，作《叹叹集》；明弘治十四年（1501年）作《江行记》；明弘治十六年（1503年）与文徵明合纂《太湖新录》；明弘治十八年（1505年）闻鞑靼入侵，官兵抗战不力而败，又作长诗《榆台行》。同年中进士，因貌丑，不得入翰林，改授大理左寺副。明正德五年（1510年）被贬为国子监博士。

徐祯卿后期信仰道教，研习养生。明正德六年（1511年）卒于京师，年仅33岁，为四才子中最早过世和享寿最短的。徐祯卿的著述尚有《迪功集》《翦胜野闻》。

（十二）汉字演化

汉字经过了3000多年的变化，其演变过程是："甲、金、篆、隶、草、楷、行"七种字体称为"汉字七体"。

甲骨文→金文→小篆→隶书→草书→楷书→行书

甲骨文				
金 文				
小 篆				
隶 书				
楷 书				
草 书				
行 书				

（十三）对联

对偶是修辞方式，对联是文学形式；对偶是工具，对联是产品，没有对偶的修辞手法写不成对联。

以对偶的手法"对对子"，也称"对仗"。它必须是一对字数相等，词性相对，结构相同，意义相关的短语或句子。两句间的关系有承接、递进、因果、假设和条件等。分类方式不同，从来源上讲，有自撰联和集句联。

1. 对联的特点及其作用：便于吟诵，有音乐美；表意凝练，抒情酣畅。

2. 对联的几种形式

（1）依内容分可分为正对、反对、串对。

正对：上下句意思相似、相近、相补、相衬。

例如，天连五岭银锄落，地动三河铁臂摇。

反对：上下句意思相反、相对。

例如，宜将剩勇追穷寇，不可沽名学霸王。

串对：又称"流水对"。上下句意思具有承接、递进、因果、假设、条件等关系。

例如，为有牺牲多壮志，敢教日月换新天。

（2）依形式分可分为工对、宽对。

工对：就是字数、词性、结构、平仄、用字等严格按对仗要求；

宽对：就是基本符合对仗要求，但某些方面稍有出入。也就是说形式要求稍宽松一点。

（3）依结构分可分为成分对偶和句子对偶。

成分对偶，例如，山水本无知，蝶雁亦无情。但它们对待人类最公平，一视同仁，即不因达官显贵而呈欢卖笑，也不因山野渔樵而吝丽啬彩。

句子对偶，例如，墙上芦苇，头重脚轻根底浅；山间竹笋，嘴尖皮厚腹中空。

平仄：平仄就是四声。平就是一声、二声；仄就是三声、四声。

（十四）四大楷书书法家

楷书四大家是对书法史上以楷书著称的四位书法家的合称，也称四大楷书。他们分别是指：唐朝颜真卿（颜体）、唐朝柳公权（柳体）、唐朝欧阳询（欧体）、元朝赵孟頫（fǔ）（赵体）。

1. 颜真卿的书法风格特点

唐代名臣、杰出的书法家。40岁左右的作品为早期作品，如《郭虚己墓志铭》《多宝塔碑》，用笔清俊遒美；结体方正匀稳，端庄谨密。

60岁左右的作品为中期作品，如《大唐中兴颂》《麻姑仙坛记》，其用笔质朴浑厚，苍劲端稳，起、收笔处少有华饰；结体内疏外密，重心下移，体势宽绰。

70岁左右的作品为晚期作品，如《颜勤礼碑》《颜家庙碑》，用笔横细竖粗，圆劲刚毅，朴中寓华，拙中有巧；结体中宫疏朗、外部收敛的特征更强。化瘦硬为丰腴雄浑，结体宽博而气势恢宏。由于颜真卿的崛起，使唐楷形成了一种崭新的风貌，是书法史上继王羲之之后的又一座里程碑。

2. 柳公权的书法风格特点

柳公权是唐代著名书法家、诗人。其书法字字严谨，一丝不苟。在字的特色上，以瘦劲著称，所写楷书，体势劲媚，骨力遒健。他的字取均衡瘦硬，点画爽利挺秀，骨力遒劲，结构严谨，有着"颜筋柳骨"的说法。"书贵瘦硬方通神"，他的楷书，较之颜体，则稍均匀瘦硬，有"颜筋柳骨"之称。

结体布局平稳匀整，保留了左紧右舒的传统结构。运笔方圆兼施，运用自如。笔画敦厚，沉着稳健，气势磅礴。字取均衡瘦硬，追魏碑斩钉截铁势，点画爽利挺秀，骨力遒劲，结构严谨，有着"颜筋柳骨"的说法。"书贵瘦硬方通神"的楷书，较之颜体，则稍均匀瘦硬。柳楷书的笔法劲练，稳而不俗，险而不怪，老而不枯，润而不肥，仪态冲和，遒媚绝伦。笔画均匀硬瘦，棱角外露，富于变化，避免单调重复。

横画大都起方圆收，骨力劲健，起止清楚，短横粗壮，长横格外瘦长，神采清秀；竖画顿挫有力，挺劲瘦长，凝练结实，撇画锐利，捺画粗重稍短而踢起，用笔干净利落。总体上内敛外拓，中宫收紧，四肢开展，于严谨中见疏朗开阔的风姿。

3. 欧阳询的书法风格特点

欧阳询是唐朝著名书法家，书法风格上的主要特点是严谨工整、平正峭劲。字形虽稍长，整齐严谨，中宫紧密，主笔伸长，显得气势奔放，有疏有密。结构安排，字体大都向右扩展，但重心仍然十分稳固，无欹（qī）斜倾侧之感。

欧阳询书法用笔方正，略带隶意，笔力刚劲，一丝不苟。写出的笔画结实有力，骨气内含，既不过分瘦劲，又不过分丰满。每一笔画都是增一分太长，减一分太短，轻重得体，长短适宜，恰到好处。用笔讲究笔画中段的力度，一些横画看上去中段饱满，得"中实"之趣；一些字的主笔都向外延伸，更显中宫紧密，尤其是右半边的竖画，常向上作夸张延伸，显示其超人的胆魄。这些都是欧字用笔的独特之处。楷书法度严谨，笔力险峻，世称"唐人楷书第一"，代表作《九成宫醴泉铭》。

4. 赵孟頫（fǔ）的书法风格特点

赵孟頫是一代书画大家，博学多才。南宋末至元初著名书法家、画家、诗人，宋太祖赵匡胤十一世孙。他善篆、隶、真、行、草书，尤以楷、行书著称于世，其书风遒媚、秀逸，结体严整、笔法圆熟、世称"赵体"。赵体楷书用笔不含浑，不故弄玄虚，起笔、运笔、收笔十分清楚。字体的外貌圆润而筋骨富有内涵，其点画华滋遒劲，结体宽绰秀美，点画之间彼引呼应，十分紧密，外似柔润而内实坚强，形体端秀而骨架劲挺。

（十五）郑和七下西洋

1. 第一次下西洋

永乐三年（1405年）6月，郑和第一次下西洋，顺风南下，到达爪哇岛上的麻喏八歇国（今印度尼西亚爪哇岛）。当时，这个国家的东王、西王正在打内战。东王战败，其属地被西王的军队占领。郑和船队的人员上岸到集市上做生意，被占领军误认为是来援助东王的，被西王麻喏八歇王误杀，计170人。

"爪哇事件"发生后，西王十分惧怕，派使者谢罪，要赔偿6万两黄金以赎罪。然而，郑和身负永乐皇帝的秘密使命，怕一旦大开杀戒，沿路西洋各国恐惧明朝前来侵略，之后又得知这是一场误杀，鉴于西王诚惶诚恐，请罪受罚，于是禀明皇朝，化干戈为玉帛，和平处理了这一事件。明王朝决定放弃对麻喏八歇国的赔偿要求，西王知道这件事后，十分感动，两国从此和睦相处。

郑和在处理"爪哇事件"中，不但不动用武力，而且不要赔偿，充分体现了郑和是传播和平的使者，他传播的是"以和为贵"的中国传统礼仪，以及"四海一家""天下为公"的中华文明。

2. 第二次下西洋

永乐五年9月13日（1407年10月13日），郑和回国后，立即进行第二次远航准备，主要是送外国使节回国。这次出访所到国家有占城（今越南中南部）、渤泥（今文莱）、暹罗（今泰国）、真腊（今柬埔寨）、爪哇、满剌加、锡兰、柯枝、古里等。到锡兰时郑和船队向有关佛寺布施了金、银、丝绢、香油等。郑和船队于永乐七年（1409年）夏回国。第二次下西洋人数据载有27000多人。

3. 第三次下西洋

永乐七年9月（1409年10月）皇上命正使太监郑和率领官兵27000余人，船舶48艘，访问锡兰山国，锡兰山国王亚烈苦奈儿"负固不恭，谋害舟师"，被郑和觉察，离开锡兰山前往他国。回程时再次访问锡兰山国，亚烈苦奈儿诱骗郑和到国中，发兵5万围攻郑和船队。郑和带领随从2000官兵，取小道出其不意突袭亚烈苦奈儿王城，破城而入，生擒亚烈苦奈儿并家属。永乐帝怜悯亚烈苦奈儿无知，释放了亚烈苦奈儿和其妻子，给予衣食。选贤者邪把乃耶诰封为锡兰山国王，并遣返亚烈苦奈儿。永乐九年满剌加国王拜里米苏剌，率领妻子陪臣540多人来朝。从此"海外诸番，益服天子威德"。

4. 第四次下西洋

永乐十一年11月（1413年11月）正使太监郑和统军27000余人，驾海舶40艘，到苏门答腊。郑和奉帝命统率官兵追剿，生擒苏干剌送京伏诛。首次绕过阿拉伯半岛，航行东非麻林迪（肯尼亚），永乐十三年七月初八回国。同年11月，榜葛剌特使来中国进献"麒麟"（即长颈鹿）。

5. 第五次下西洋

永乐十五年5月（1417年6月）出发，护送各国使者及旧港宣慰使归国。郑和奉命在柯枝诏赐国王印诰，封国中大山为镇国山，并立碑铭文。永乐十七年七月十七（1419年8月8日）回国。

6. 第六次下西洋

永乐十九年正月三十日（1421年3月3日），明成祖命令郑和送十六国使臣回国。最远处到达了蒙巴萨（今肯尼亚的蒙巴萨）。永乐二十年八月十八日

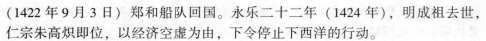

（1422 年 9 月 3 日）郑和船队回国。永乐二十二年（1424 年），明成祖去世，仁宗朱高炽即位，以经济空虚为由，下令停止下西洋的行动。

7. 第七次下西洋

宣德帝以外番多不来朝贡，命郑和往西洋忽鲁谟斯等国公干，五年闰十二月初六（1430 年 1 月），郑和率领二万七千余名官兵，驾驶宝船六十一艘出发，途经多国，完成使命。八年二月十八日开船回洋。返航途中，因劳累过度，于宣德八年（1433 年）四月初在印度西海岸古里去世。

（十六）玄武门事变

唐朝开国皇帝李渊，立长子李建成为太子，封次子李世民为秦王，三子李元吉为齐王。李世民文功武略均不是他人可比。太子一直视李世民为隐患，多次与三弟李元吉图谋陷害李世民。

公元 626 年 7 月 2 日，李世民率领尉迟恭等人，带了一支人马埋伏在玄武门。不多久，太子李建成和齐王李元吉也骑着马来了，他们都是奉李渊之命来见驾的，可是到了玄武门，他们觉得有点不对劲。

李建成掉转马头就往回跑。这时李世民骑马赶来，搭弓一箭，射死了李建成。这时尉迟恭带了七十名骑兵赶到，一阵乱箭把李元吉射下马来。李元吉吓得拼命逃，又被尉迟恭一刀砍死。

李渊在宫中等着三个儿子，却听到外面乱成一片。尉迟恭已手持长矛带着人马拥了进来。他向李渊禀报说，李建成、李元吉阴谋作乱，已被秦王杀了，"秦王怕乱兵惊动皇上，特派我来护驾。"他又要李渊下令，让太子宫和齐王府的护卫停止抵抗。李渊听了，大吃一惊。面对这样的形势，他只好顺势应变，立李世民为太子。两个月后，他又传位给李世民，史称唐太宗。李渊自己做了"太上皇"。玄武门事变，开创了中国第一个兴盛历史阶段"贞观之治"。

（十七）陈桥兵变

陈桥兵变是赵匡胤发动取代后周、建立宋朝的兵变事件。公元 959 年，周世宗柴荣死，七岁的恭帝即位。殿前都点检、归德军节度使赵匡胤，与禁军高级将领石守信、王审琦等结义兄弟掌握了军权。翌年正月初，传闻契丹兵将南下攻周，宰相范质等未辨真伪，急遣赵匡胤统率诸军北上御敌。

周军行至陈桥驿，赵匡义（赵匡胤之弟）和赵普等密谋策划，发动兵变，众将以黄袍加在赵匡胤身上，拥立他为皇帝。随后，赵匡胤率军回师开封，京城守将石守信、王审琦开城迎接赵匡胤入城，胁迫周恭帝禅位。赵匡胤即位后，改国号为宋，仍定都开封。史称这一事件为"陈桥兵变"。

（十八）十八般武艺、十八般兵器

"十八般武艺"：一弓、二弩、三枪、四刀、五剑、六矛、七盾、八斧、九钺、十戟、十一鞭、十二简、十三挝、十四殳（shū）、十五叉、十六把、十七绵绳套索、十八白打。前十七种都是兵器的名称，第十八般名目"白打"，就是"徒手拳术"。

"十八种兵器"：刀、枪、剑、戟、斧、钺、钩、叉、鞭、铜、锤、挝、锐、棍、槊、棒、拐、流星。

（十九）中国古代酷刑

1. 剥皮：剥的时候由脊椎下刀，一刀把背部皮肤分成两半，慢慢用刀分开皮肤和肌肉，像蝴蝶展翅一样撕开来。另外还有一种剥法，是把人埋在土里，只露出一颗脑袋，在头顶用刀割个"十"字，把头皮拉开以后，向里面灌水银下去。由于水银很重，会把肌肉跟皮肤拉扯开来，埋在土里的人会痛得不停扭动，又无法挣脱，最后身体会从定的那个口"光溜溜"地跳出来，只剩下一张皮留在土里。皮剥下来之后制成两面鼓，挂在衙门口，以昭炯戒。最早的剥皮是死后才剥，后来发展成活剥。

2. 腰斩：由于腰斩是把人从中间切开，而主要的器官都在上半身，因此犯人不会一下子就死，斩完以后还会神志清醒，得过好一段时间才会断气。

明成祖杀方孝孺就是用腰斩，传说一刀下去之后，方孝孺还以肘撑地爬行，以手沾血连书"篡"字，一共写了十二个半才断气。

3. 车裂：即五马分尸，很简单，就是把受刑人的头跟四肢套上绳子，由五匹快马拉着向五个方向急奔，把人撕成六块。商鞅就是受五马分尸之刑。

要把人的头跟四肢砍下来都得花不少力气，更何况是用拉扯的。而受刑人身受的苦处可想而知。真到撕开的时候，恐怕受刑人已经不会觉得痛苦了。痛苦的是正在拉扯的时候。

4. 俱五刑：把砍头、刖（yuè）、割手、挖眼、割耳合一，即大卸八块，通常是把人杀死以后，才把人的头、手脚剁下来，再把躯干剁成三块。

汉高祖死后，吕后把他的宠妾戚夫人抓来，剁去手脚，割掉鼻子耳朵舌头，挖出眼睛，丢在猪圈里喂养，取名"人彘"。结果吕后的儿子看到，给活活吓死了。

5. 凌迟：最早是把人杀死之后再剁成肉酱，称为"醢（hǎi）"，受过此刑的记载有子路，还有周文王的长子伯邑考。

后来发展得更加精细，目的还是要让犯人受最大的痛苦，因此不但是活的时候施刑，还要求受刑人必须身受多少刀以后才死。

凌迟分为三等；第一等，要割三千三百五十七刀。第二等，要割两千八百九十六刀。第三等，要割一千五百八十五刀。不管割多少刀，最后一刀下去，都应该正是犯人毙命之时，如果没割足刀数犯人已经毙命，或是割足了刀数犯人未死都算刽子手的失误。宋代有一个刽子手，因执刑凌迟多用了一刀，被犯人家属上告，当朝皇上知道此事后下旨，将这个刽子手处以死刑，这个刽子手因此丢了生命。

凌迟到了清朝中晚期时，一般执刑五百刀。

6. 缢（yì）首：在国外，绞刑是普遍使用的刑罚。中国人的绞刑是用弓弦缢杀。就是把弓套在受刑人的脖子上，弓弦朝前，行刑人在后面开始旋转那张弓，弓越转越紧，受刑人的气就越来越少，最后断气。

岳飞父子就是这样死在风波亭（因为他是功臣，不能斩首，要留全尸），而明末流亡的桂王也是这样被吴三桂亲手缢杀。

7. 烹煮：即"请君入瓮"，那是唐朝时期，武则天当皇帝的时候，朝中有位酷吏叫来俊臣，崇尚严刑峻法，对不肯招供的犯人往往以酷刑对待。方法是找个大瓮，把人塞进去，然后在瓮下面用柴火加热。温度越来越高，受刑人也越来越受不了，如果不肯招供的话，往往就会被烧死在瓮里。后来武则天听说了这件事，就把来俊臣找来，问他犯人不肯招供要怎么办？来俊臣很得意地把这个方法说了出来，武则天就淡淡地说了句：则请君入瓮，把来俊臣烧死。

8. 宫刑：司马迁就是受了宫刑，才会写出《史记》。首先要拿绳子把阴茎与睾丸一并绑起来让血液不流通，自然坏死，然后拿利刃一刀子全部割掉。割掉了以后拿香灰一盖，止血，还得拿根鹅毛插在尿道里。等过了几天把鹅毛拿掉，如果尿得出来，阉割就算成功了。要是尿不出来，那个人就算废了，大概最后会死于尿毒症吧。所以如果是要阉来当宦官的话，最好趁年纪还小就阉掉，年纪大了危险性要高很多。此刑常被贵族冲抵死刑。

9. 刖刑：关于刖（yuè）刑，大家的说法不太一样。有人说是把膝盖以下都砍掉，也有人说是把膝盖骨削掉，以后者比较可信。总之，刖刑是一种类似于截肢的酷刑。

战国时代，孙膑受庞涓陷害，受的就是刖刑。听说他名字本来叫孙宾，受刑之后，才改为孙"膑"。如果是把膝盖骨削掉，大腿小腿之间失去了保护，这个人可能连站都站不起来，所以稗官野史上说，孙膑受刑之后，上阵打仗连骑马都没办法，必须要坐车（马车或人力车）。

10. 插针：用针插手指甲缝。常用于女囚。

11. 活埋：活埋是战争时常用的手段。因为省力，速度也快。战争里的活埋，都是叫战俘自己挖坑，有时会先杀死俘虏再把他们推下去，但时间不够的时候（或是要省子弹时），就直接把他们推进去以后盖土。中国的酷刑中，活埋古已有之。不过没听过有什么名人受过这种刑罚。比较狠一点的，会把人直挺挺地埋在土里，只露出一个头，然后开始凌虐。

12. 鸩毒：鸩（zhèn）毒大概算是酷刑之中唯一比较人道的方式。中国古代的毒药中，最有名的应该是鸩这种毒药，成语中的"饮鸩止渴"便是源自于此。

13. 棍刑：即木桩刑。这里要说的棍刑，不是用棍子打人，而是拿根棍子直接从人的嘴或肛门里插进去，整根没入，穿破胃肠，让人死得苦不堪言。

正史上没有看过用这种刑罚的记载，不过金庸小说《侠客行》里有提到，还给这种酷刑起了个美名叫"开口笑"。

14. 锯割：把人用铁锯活活锯死，其惨状似乎与凌迟、剥皮也在伯仲之间，难怪在地狱酷刑中，就专门有把人锯开的酷刑。然而，锯死活人不仅在传说的地狱中存在，在人间也是确确实实存在着的。据《三国志·吴书·孙皓传》记载，三国时，吴帝孙皓的爱妾指使近侍到集市上抢夺百姓的财物，主管集市贸易的中郎将陈声原是孙皓的宠臣，他捕获抢劫者绳之以法。爱妾告诉孙皓，孙皓大怒，假借其他事端逮捕陈声，命令武士用烧红的大锯锯断陈声的头，把他的尸体投到四望台下。

15. 断椎：当一个人对另一个人仇恨之极致时，往往会想到要打断他的脊椎骨。打断脊椎骨确实是一种很解气的行为，因为人的脊梁骨若是断了，他也就一命呜呼了。在中国历史上，断椎也是一种很重要的酷刑。据《商君书·赏刑篇》载，春秋时姬重耳打算明文规定刑律，使国内百姓人人守法，就和大夫们一同商议。姬重耳的著名朝臣颠颉（jié）很晚才到，有人认为颠颉有罪，应该处罚。于是，姬重耳批准，将颠颉断椎处死。晋国的士大夫们都非常害怕，他们说：颠颉跟随姬重耳流亡列国十九年，功劳很大，现在偶尔有小过尚且受到如此严厉的刑罚，更何况我们呢！从此人人畏刑守法。

16. 灌铅：灌锡或灌铅的酷刑。锡的熔点是 232 摄氏度，铅的熔点是 327.4 摄氏度，无论灌锡或灌铅都能把人烫死。而且熔化的锡或铅一入肚腹就会凝固成硬块，这种重金属的坠力也能致人死命。

汉代广川王刘去的王后昭信因妒忌而施暴虐。刘去宠爱另一位名叫荣爱的美姬，多次和她一块饮酒，昭信妒性大发，就说荣爱有私情。刘去信以为真。荣爱见刘去生气，投井寻死。刘去命人把她捞出来，杖责荣爱。荣爱受刑不过，胡乱招供。刘去就把荣爱绑在柱子上，用烧红的尖刀剜掉她的两只眼珠，再割下她两条大腿上的肉，最后用熔化的铅灌入她的口中，这样一直把荣爱摧残至死。

17. 梳洗：梳洗之刑的真正发明者是朱元璋。进行梳洗之刑时，刽子手把犯人剥光衣服，裸体放在铁床上，用滚开的水往他的身上浇几遍，然后用铁刷子一下一下地刷去他身上的皮肉。就像民间杀猪用开水烫过之后去毛一般，直到把皮肉刷尽，露出白骨，而受刑的人等不到最后早就气绝身亡了。梳洗之刑与凌迟有异曲同工之妙。据《旧唐书·桓彦范传》记载，武三思曾派周利贞逮捕桓彦范，把他在竹槎上曳来曳去，肉被尽，露出白骨，然后又把他杖杀。

（二十）武则天与唐朝

时　　间	在位时间	名字	武则天的身份
618 年至 626 年	在位 9 年	李渊（唐高祖）	儿媳、孙媳
627 年至 649 年	在位 23 年	李世民（唐太宗）	夫妻，武则天被封为"媚娘"
649 年至 683 年	在位 34 年	李治（唐高宗）	夫妻，武则天被封皇后
683 年至 684 年、705 年至 710 年	在位共 7 年	李显（唐中宗）	母亲，武则天的第三个儿子
684 年至 690 年、710 年至 712 年	在位共 8 年	李旦（唐睿宗）	母亲，武则天的第四个儿子
690 年至 705 年	在位 16 年	武则天（圣神皇帝）	自己做了皇帝
710 年至 710 年	不足 1 个月	李重茂（唐殇帝）	奶奶，武则天的孙子
712 年至 756 年	在位 44 年	李隆基（唐玄宗）	奶奶，武则天的孙子
756 年至 762 年	在位 7 年	李亨（唐肃宗）	曾祖母，武则天的曾孙

说明：唐朝（618 年至 907 年）289 年，历经 28 个皇帝。从唐高祖李渊到唐玄宗李隆基 138 年间，属于逐步走上繁荣兴盛的阶段，达到唐朝顶峰。上表涉及的关键人物是武则天。

（二十一）安史之乱

"开元之治"晚期，唐玄宗改元天宝后，政治愈加腐败。唐玄宗更沉于享乐，宠幸杨贵妃。安禄山为自保和升官拜杨贵妃为母亲。杨国忠因杨贵妃得到宠幸而出任宰相，朝政腐败，让安禄山有机可乘。

"安史之乱"是由唐朝将领安禄山与史思明向唐朝发动的战争，是同唐朝争夺统治权的内战，是唐由盛而衰的转折点，也促使唐代开始出现藩镇割据的局面。又由于其爆发于唐玄宗天宝年间，也称天宝之乱。历时八年的安史之乱发生后，对唐朝的发展产生了重大的影响，是唐朝走向衰落的起点。

（二十二）文学常识

1. 第一位女诗人：蔡琰（文姬）。

2. 第一部纪传体通史：《史记》。

3. 第一部词典：《尔雅》。

4. 第一部大百科全书：《永乐大典》。

5. 第一部诗歌总集：《诗经》。

6. 第一部文选：《昭明文选》。

7. 第一部字典：《说文解字》。

8. 第一部神话集：《山海经》。

9. 第一部文言志人小说集：《世说新语》。

10. 第一部文言志怪小说集：《搜神记》。

11. 第一部语录体著作：《论语》。

12. 第一部编年体史书：《春秋》。

13. 第一部断代史：《汉书》。

14. 第一部兵书：《孙子兵法》。

15. 文章西汉两司马：司马迁、司马相如。

16. 乐府双璧：《木兰诗》《孔雀东南飞》，加上《秦妇吟》为"乐府三绝"。

17. 史学双璧：《史记》《资治通鉴》。

18. 大李杜：李白、杜甫，小李杜：李商隐、杜牧。

19. 中国现代文坛的双子星：鲁迅、郭沫若。

20. 三不朽：立德、立功、立言。

21. 三代：夏、商、周。

22. 《春秋》三传：左传、公羊传、谷梁传。

23. 三王：夏禹、商汤、周公。

24. 三教：儒、释、道。

25. 三公：周时为司马、司徒、司空；西汉时为丞相、太尉、御史大夫；明清时为太师、太傅、太保。

26. 公安三袁：袁宗道、袁宏道、袁中道。

27. 三辅：左冯翊、右扶风、京兆尹。

28. 科考三元：乡试、会试、殿试和各自的第一名（解元、会元、状元）。

29. 殿试三鼎甲：状元、榜眼、探花。

30. 儒家经典三礼：《周礼》《仪礼》《礼记》。

31. 三吏：《新安吏》《石壕吏》《潼关吏》。

32. 三别：《新婚别》《垂老别》《无家别》。

33. 第一部国别史：《国语》。

34. 第一部记录谋臣策士门客言行的专集：《战国策》，也称《国策》。

35. 第一部专记个人言行的历史散文：《晏子春秋》。

36. 第一位伟大的爱国诗人：屈原。

37. 第一首长篇叙事诗：《孔雀东南飞》（357 句，1785 字）。

38. 第一部文学批评专著：《典论·论文》（曹丕）。

39. 第一位田园诗人：东晋陶渊明。

40. 第一部文学理论和评论专著：南北朝梁人刘勰（xié）的《文心雕龙》。

41. 第一部诗歌理论和评论专著：南北朝梁人钟嵘的《诗品》。

42. 第一部科普作品，以笔记体写成的综合性学术著作：北宋沈括的《梦溪笔谈》。

43. 第一部日记体游记：明代徐宏祖的《徐霞客游记》。

44. 第一位女词人，亦称"一代词宗"：宋代女词人李清照。

45. 我国第一部长篇讽刺小说：《儒林外史》。

46. 我国第一部介绍进化论的译作：严复译的赫胥黎的《天演论》。

47. 我国第一部个人创作的文言短篇小说集：《聊斋志异》。

48. 我国新文学史上第一篇短篇小说：《狂人日记》。

49. 第一位开拓"童话园地"的作家：叶圣陶。

50. 我国第一部浪漫主义神话小说：《西游记》。

51. 新中国第一位获得"人民艺术家"称号的作家：老舍，其作品是：《龙须沟》。

52. 先秦时期的两大显学是：儒、墨。

53. 儒家两大代表人物是：孔丘和孟子，分别被尊为至圣和亚圣。

54. 唐代开元、天宝年间，有两大词派：以高适、岑参为代表的边塞诗派；以王维、孟浩然为代表的田园诗派。

55. 宋词分为豪放、婉约两派。前者以苏轼、辛弃疾为代表；后者以柳永、周邦彦、李清照为代表。

56. 元曲四大家：关汉卿、马致远、白朴、郑光祖。

57. 四库全书：经、史、子、集。乾隆皇帝亲自组织的中国历史上一部规模最大的丛书。

58. 八股文中的八股：破题、承题、起讲、入手、起股、中股、后股、束股。

59. 九章：《惜诵》《涉江》《哀郢》《抽思》《怀沙》《思美人》《惜往日》《橘颂》《悲回风》。

60. 九歌：《东皇太一》《云中君》《湘君》《湘夫人》《大司命》《少司命》《东君》《河伯》《山鬼》《国殇》《礼魂》。

61. 中国十大古典悲剧：《窦娥冤》《赵氏孤儿》《精忠旗》《清忠谱》《桃花扇》《汉宫秋》《琵琶记》《娇红记》《长生殿》《雷峰塔》。

62. 四大古典小说：《三国演义》《水浒传》《西游记》《红楼梦》。

63. 四大谴责小说：《官场现形记》（晚清，李宝嘉）、《二十年目睹之怪现状》（晚清，吴趼人）、《老残游记》（清末，刘鹗）、《孽海花》（清朝，曾朴）。

64. 民间四大传说：《牛郎织女》《孟姜女寻夫》《梁山伯与祝英台》《白蛇与许仙》。

65. 四史：《史记》《汉书》《后汉书》《三国志》，属于二十四正史中的前四部。

66. 有很高史学和文学价值的三史：《史记》《汉书》《后汉书》。

67. 三班父子：指汉朝的三位历史学家——父亲班彪、儿子班固、和幼女班昭。

68. 旧书塾使用的三种教本简称为"三百千"：《三字经》《百家姓》《千字文》。

69. 郑板桥（郑燮）的三绝：绘画、诗作、书法。

70. 鲁迅的三部短篇小说集：《呐喊》《彷徨》《故事新编》。

71. 我国当代文学史上的三大散文作家是：刘白羽、杨朔、秦牧。

72. 老舍小说《四世同堂》也是三部曲，指：《惶惑》《偷生》《饥荒》。

73. 五大奇书：《儒林外史》《孽海花》《二十年目睹之怪现状》《官场现形记》《老残游记》。

74. 造字六书：象形、指示、会意、形声、转注、假借。

75. 诗经六义：风、雅、颂、赋、比、兴。

（二十三）历史常识

1. 在中国境内生活的最古老的原始人类，是"元谋猿人"。在中国云南省元谋盆地发现的一颗古人类牙齿化石，经科学鉴定，距今已有170多万年了。

2. 约70万年前，北京猿人生活在北京周口店龙骨山的洞穴里，他们已经具备了人类的基本特征。

3. 北京猿人已经知道使用天然火。人类第一次具有了支配一种自然力的能力。

4. 山顶洞人不仅会人工取火，而且制造出了中国缝制工艺史上的第一枚骨针，骨针约火柴棍般粗细，长82毫米。

5. 距今六七千年前，中国出现了古老的彩陶文化和黑陶文化。

6. 大约4000年前，发生了一些部落战争。黄帝是其中一个部落的首领，因为他深得人心又聪明勇敢，取得了最后的胜利。

7. 在古老的华夏族逐渐形成的过程中，黄帝发挥了重要的作用。黄帝被后世尊为华夏族（即中华民族前身）的"人文初祖"。

8. 黄帝之后，中华民族先后又出现了几位杰出的人物：尧、舜、禹。尧禅位于舜，舜禅位于禹。

9. 尧、舜、禹的时代，洪水泛滥成灾。大禹奉命治水，终于制服了洪水。

10. 禹的儿子启继承了王位，建立了第一个奴隶制王朝——夏朝（约公元前 22 世纪至公元前 17 世纪）。

11. 相传在 4000 多年前的夏朝，就有了历法，所以人们都把中国古老的传统历法叫夏历。

12. 夏历是按月亮的运行周期制定的，又叫阴历。由于历法中有节气变化和农事安排，所以又称农历。

13. 夏朝最后一个统治者桀（jié），暴虐无道。东方的商部落，在汤的领导下强大起来，打败了夏建立商朝（约公元前 17 世纪初至公元前 11 世纪）。

14. 商代末期，黄土高原，一个叫"周"的部落强盛起来。到周文王时，周国成了多方诸侯的新盟主。

15. 商朝最后的统治者纣王好酒淫乐。周武王时，周联合其他部落讨伐商朝，经过牧野之战，推翻了商朝，建立了周朝（约公元前 11 世纪至公元前 256 年）。

16. 周朝建立后，分封了大大小小 71 个小国，有鲁、齐、魏、晋、宋、燕等。小国的国君叫诸侯。

17. 公元前 770 年，周平王将都城东迁至洛邑（洛阳），名"东周"。分为"春秋""战国"两个时期。

18. 春秋时期，100 多个诸侯国林立，互相争夺，胜者成为霸主，出现了"春秋五霸"：齐桓公、晋文公、秦穆公、宋襄公、楚庄王。

齐桓公：公元前 685 年即位，在位 43 年。齐国乃姜太公的封地，桓公是姜太公吕尚的十二代孙，齐襄公弟。襄公死后，公子纠回国即位，并用管仲为相，是最早的诸侯盟主，死于公元前 643 年。

晋文公：公元前 637 年即位，在位 9 年。晋文公姓姬名重耳，晋国是周成王（周武王子）弟唐叔虞的封地，是周室宗亲。重耳是晋献公的次子，早年因怕被献公杀而出逃，周游各国，尝尽人间酸苦，直到公元前 637 年才回国即位，已经是 62 岁高龄了。他即位后注意发展农业、手工业，使晋国很快强盛起来。公元前 632 年在与楚国的城濮大战中，大败楚军而名镇天下，成为盟主。"退避三舍"的成语就出自此次战争。晋文公在位 9 年死，但晋国的霸业则长达 80 多年。

秦穆公：公元前 659 年即位，在位 38 年。秦穆公嬴任好，公元前 656 年娶了晋献公的女儿，与晋国结成秦晋之好，但秦国与晋国还是爆发了殽之战，秦国战败，穆公励精图治，用百里奚等人，终于于公元前 624 年打败晋军，遂霸西戎。

宋襄公：公元前 650 年即位，在位 13 年。宋襄公姓子名兹父，宋国是商纣王兄微子的封地。襄公未即位就贤名远扬，即位后又一派盟主作风，号盟诸侯，只有一些小国参加，襄公怒，发兵攻楚，与楚国战于"泓"，楚军过河，宋将要半渡击之，宋襄公不准，等楚军过河后，列好队，宋军被楚军打得大败。宋襄公"以礼治军"，贻误战机，被后人耻笑。

楚庄王：公元前613年即位，在位22年。楚庄王姓芈名侣，楚穆王的儿子。庄王即位三年，不出号令，日夜淫乐。后经大臣伍举谏言，勤理政事，三年而霸，这就是"一鸣惊人"的来历。他任孙叔敖为相，整顿吏治，兴修水利，楚强。先后征服大小国20多个，成为中原霸主。

19. 公元前606年，楚庄王"问鼎大小轻重"。鼎是王权的象征，传说大禹铸了九个鼎，代表九州。楚庄王问鼎，表明他有做天子的野心。

20. 春秋中后期，吴、越两国交恶。先是吴王阖（hé）闾战败受伤而死。其子吴王夫差立志报仇，让人每天高声提醒他："夫差，你忘了杀父之仇了么？"后来，吴国在夫差的领导下打败了越国。

21. 越王勾践决心雪耻。他"卧薪尝胆"，每天高声自问："勾践，你忘了亡国的耻辱了么？"越国经过十年生聚，十年教训，再次打败吴国，吴王夫差自杀。

22. 孙武，是春秋末期一位杰出的军事家。传世有著名的兵书《孙子兵法》十三篇。

23. 《孙膑兵法》是战国时期另一位杰出的军事家孙膑所著，孙膑是孙武的后代。

24. 战国时期开始后，各个诸侯国都和周王一样，自称为王，其中的七个强国号称"战国七雄"。

25. 秦在公元前770年才被封为中国西部的一个诸侯国，始终被中原诸侯鄙视。但自从实行了商鞅变法后，很快便成为战国七雄中的强国。

26. 公元前238年，雄才大略的秦王嬴政，开始亲理朝政，经过短短的17年，灭其他六国，于公元前221年统一了中国，建立了秦朝。

27. 秦灭六国后，嬴政称"皇帝"，意即"德过三皇，功高五帝"。

28. 为尽快改变春秋战国500多年分裂造成的各种混乱，巩固秦王朝的统一，秦始皇下令统一币制，使用圆形方孔的秦"半两"钱，作为全国统一的货币。

29. 秦始皇还下诏统一度量衡，并继续采取一系列措施，如"修驰道，车同轨，书同文"，来巩固秦万里长城秦王朝的政权。

30. 秦统一后，规定小篆（丞相李斯负责简化春秋文字而成）为统一字体，通行全国。后来，秦朝出现了一种更加便于书写的隶书，这种字体从汉朝起在官方和民间通行，至今仍在广泛使用。

31. 秦、赵、燕等北方诸侯国，为抵御北部游牧民族的入侵，曾分别修筑

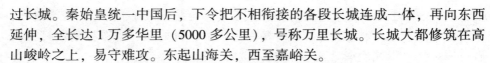

过长城。秦始皇统一中国后，下令把不相衔接的各段长城连成一体，再向东西延伸，全长达1万多华里（5000多公里），号称万里长城。长城大都修筑在高山峻岭之上，易守难攻。东起山海关，西至嘉峪关。

32. 公元前209年，陈胜、吴广领导了一次声势浩大的农民起义；公元前206年，秦朝被刘邦领导的武装力量推翻。

33. 项羽和刘邦为争夺帝位，进行了四年的楚汉战争。

34. 在发生于巨鹿的一次大战中，项羽命士兵砸破锅鼎，凿沉船只（"破釜沉舟"），只带三天的口粮，以示决战必胜的决心。结果项羽的军队九战九捷，立下首功，分封天下，自称为"西楚霸王"。

35. 刘邦曾与秦朝关中父老"约法三章"："杀人者死，伤人及盗抵罪"，并且下令废除秦朝全部苛法，明令禁止犒（kào）军扰民。由于实施德政，得到广泛拥护，刘邦被封为"汉王"。

36. 公元前202年，刘邦围项羽于垓下，项羽自刎。刘邦（汉高祖）建立西汉王朝（公元前206年至公元25年）。为顺应民心思安、期盼休养生息的现实，刘邦制定了各种减轻人民负担的政策，使社会经济迅速发展起来。

37. 汉高祖之后，汉文帝、汉景帝继续推行休养生息的政策。经过汉初六七十年的努力，中国出现了政治升平、经济繁荣的盛世，史称"文景之治"。

38. 汉武帝即位后，以其雄才大略，开拓西部疆域，建立起丰功伟业，使西汉进入鼎盛时期。历史上把"秦皇汉武"并称，正是因为他们先后完成了中国统一、稳固发展的伟大事业。

39. 西汉帝国的强大，使中原人不再被称为"秦人"，而通称为"汉人""汉族"了。

40. 公元8年，王莽篡汉，改国号为"新"，但由于他施行暴政，引起赤眉、绿林军起义，隗嚣、公孙述等拥兵自立。公元23年9月，绿林军攻入长安，王莽被杀。

41. 刘秀是刘邦之后，王莽内乱时期起兵争夺天下，于公元25年重建东汉政权，定都洛阳，自号"汉光武帝"，史称"光武中兴"。

刘邦→生汉文帝→生汉景帝→生长沙王刘发→生春陵侯刘买→生郁林太守刘外→生钜鹿都尉刘回→生南顿令刘钦→生光武帝刘秀。

42. 汉武帝为了巩固大一统的政权，施行了董仲舒提出的"罢黜百家，独尊儒术"国政，以孔子学说为核心内容的儒家思想开始占统治地位，并逐渐形成儒教。

43. 东汉将亡之际，刘备、曹操、孙权争夺天下，此后各种大小战争不断，著名的有官渡之战、赤壁之战，还有夷陵之战。最终的结果是形成三足鼎立的局面，史称三国。

44. 经过四五百年的战乱，公元 581 年隋朝建立。公元 589 年，隋文帝杨坚重新统一中国。

45. 隋文帝是个明君，他励精图治，治国有方。十几年后，各地府库皆已盈满，无处再容纳粮食布帛。因此隋朝的典章制度后来都在唐朝得到继承，有的长期为后世所沿用。

46. 隋朝创立了科举制，后又设进士科。"科举"即分科举士，"进士"即晋仕之意。隋朝创立的科举制，沿袭 1000 多年，直到清末才终止。

47. 公元 618 年，唐朝建立。公元 626 年，李世民继位当了皇帝，即唐太宗。唐太宗十分注意安抚百姓，他经常引用荀子的话："君者，舟也。庶人者，水也。水则载舟，水则覆舟"，以警醒自己，告诫朝廷官员。

48. 唐玄宗李隆基开元年间，是中国古代历史上最为繁盛的时期，号称"开元盛世"。当时的都城长安（今陕西西安）有百万人口，各国的使节、商人、留学生数以万计。四方珍奇积聚，极盛极富。

49. 唐贞观十五年，文成公主远嫁西藏，带去许多工匠、技艺、典籍、物种，对西藏的开发起到了积极的作用。

50. 武则天是中国历史上唯一的女皇帝，她改国号为"周"。武则天富权略，能用人，执政 47 年，当皇帝 16 年，死后，唐中宗复位。

51. 唐玄宗早期政治清明，任用贤相，称为开元盛世。晚年因宠爱杨贵妃，酿成"安史之乱"，长安沦陷，从此唐朝由盛而衰，一蹶不振。

52. 公元 907 年，唐朝节度使朱温废掉唐朝皇帝，建立梁朝，历史上称为后梁。在此后的 50 多年里，后梁、后唐、后晋、后汉、后周五个朝代，相继统治黄河流域，合称五代。同一时期，在南方各地和北方的山西，先后出现了 10 个割据政权，总称十国。到公元 960 年，宋朝建立，五代十国的分裂局面结束。

53. 公元 960 年，后周大将赵匡胤在陈桥驿（今河南开封东北）发动兵变，手下将士们把黄袍加到他身上，拥立他为皇帝，取国号为"宋"，定都在开封，历史上称为北宋。赵匡胤就是宋太祖。

54. 宋太祖为了巩固统治，采纳宰相赵普的建议，加强中央集权。他设酒宴，解除了石守信等人的兵权。这就是历史上有名的"杯酒释兵权"。

55. 王安石是北宋著名的文学家和政治家，他被宋神宗任命为宰相后实行变法，整理财政和军政，称为"王安石变法"。后来由于司马光等人的强烈反对，变法维持不到十年就结束了。

56. 五代十国时期，各地佛教盛行。宋朝时宋太祖下令雕版刻印《大藏经》，这是中国历史上第一次大规模印刷佛经。

57. 宋朝时期，中国境内还有一些其他民族建立的政权，如契丹族建立的辽，女真族建立的金，党项族建立的西夏等。1127 年，金朝的军队攻破开封，俘虏了北宋皇帝宋徽宗、宋钦宗父子，徽宗的另一个儿子赵构称帝。逃到南方，在杭州建立政权，历史上称为南宋。

58. 蒙古族是中国北方一个古老的民族。12 世纪末，铁木真经过十多年战争统一了蒙古各部，1206 年被推举为蒙古的大汗，尊称为"成吉思汗"，意思是"坚强的君主"。

59. 忽必烈是成吉思汗的孙子。1271 年他建立了元朝，称为元世祖。元朝在成立过程中及成立以后，发动了大规模的扩地战争，向西一直打到欧洲的多瑙河流域，对世界历史发展进程产生了重大影响。

60. 在中国历史上，元朝的疆域比以往任何朝代都要大。元朝实行行省制度，对全国实行有效的统治。元朝的首都大都，是闻名世界的商业中心，大都就是现在的北京。

61. 1368 年，朱元璋率领农民起义，推翻元朝政权，建立了明朝，朱元璋即明太祖。明初定都南京，后来，明成祖朱棣把都城迁到了北京。

第八部分　中国国粹之说

一、三大国粹之说

京剧、国画、中医，被世人称为"中国的三大国粹"。这三大国粹具有鲜明的民族特色，显示出中华民族独特的艺术渊源以及技艺发展轨迹。

1. 国画，是世界东方画中的主要画种，已有几千年的历史。

2. 京剧，有近 200 年的历史，是全国流行最广的剧种。

3. 中医，有数千年的历史。中医的基本理论体系为阴阳五行学说；中医诊察疾病的手段主要为望、闻、问、切"四诊"。

二、四大国粹之说

1. 中国武术——中华民族创造和发展起来的，具有健身、护体、防敌、制胜的作用。

2. 中医——中国的传统医学。

3. 京剧——中国戏曲三鼎甲"榜首"。

4. 书法——汉字的书写艺术。汉字一方面起着思想交流、文化继承等重要的社会作用，另一方面它本身又形成了一种独特的造型艺术。书法艺术的自觉化至东汉末年。我国最早的古汉字资料，是商代中后期（约前 14 世纪至 11 世纪）的甲骨文和金文。从书法的角度审查，这些最早的汉字已经具有了书法形式美的众多因素，如线条美、单字造型的对称美、变化美以及章法美、风格美等。

三、二十大国粹之说

1.《易经》是我国最古老而深邃的经典，是华夏五千年智慧与文化的结晶。《易经》由伏羲创制，以后，又有神农作《连山易》，轩辕黄帝作《归藏易》，殷商末年出现了《周易》。由此可见，《易经》这部哲学经典是由我们中华民族的三位伟大始祖伏羲、神农、轩辕黄帝共同开创完成的。

《易经》至今已有三千多年的历史。到春秋时期，孔子为《易经》作《易传》，它是我国最早的一部哲学著作，是中华文化的根基，也是中国哲学的源头。

2.《道德经》是中国历史上首部完整的哲学著作。《道德经》《易经》和《论语》被认为是对中国人影响最深远的三部思想巨著。

3. 中医一般是指中国以汉族劳动人民创造的传统医学为主的医学，所以，中医也称为汉医。中药源于距今 7000 年前的神农时代，中药的鼻祖就是我们中华民族的伟大始祖神农。中医的理论基础和源泉就是《黄帝内经》。《黄帝内经》这部伟大的中医经典完成于距今五千年前的轩辕黄帝时代。

4. 中华衣装（汉服或华服）。汉服是中国汉民族的传统民族服饰，其由来可追溯到三皇五帝时期一直到明代。自炎黄时代黄帝垂衣裳而天下治，汉服已具基本形式，历经周朝代的规范制式，到了汉朝已全面完善并普及，汉人汉服由此得名。

5. 丝绸（种桑养蚕缫丝织绸技术）。中国是世界上最早发明了丝绸（养蚕缫丝织绸）的国家。而丝绸的发明家，就是我们中华民族的伟大始祖轩辕黄帝的妻子嫘祖。在五千多年以前，嫘（léi）祖作为中华第一夫人，与黄帝并称为"人文初祖"。西方国家认识中国是从认识丝绸开始的。

6. 茶叶。我国是世界上最早发现茶树和利用茶树的国家，中国是世界茶叶的故乡，这是世界公认的。茶，是中华民族的国饮。神农不仅是中国的茶叶鼻祖，同时，他也是全世界的茶叶鼻祖。

7. 瓷器是中华民族的伟大创造和发明，也是中华民族的文化瑰宝。中国瓷器是中华民族对世界文明作出的伟大贡献。中国也博得了"世界瓷国"的光荣称号。

8. 国画是中国汉族传统绘画形式。国画是用毛笔蘸水、墨、彩作画于绢或纸上，这种画种被称为"中国画"，简称"国画"。国画工具和材料有毛笔、墨、国画颜料、宣纸、绢等，题材可分人物、山水、花鸟等，技法可分工笔和写意，它的精神内核是"笔墨"。

9. 书法。距今五千年前的轩辕黄帝时代，文字开始出现。传说轩辕黄帝命令大臣仓颉（jié）造字，仓颉就发明创造了文字，被后人尊为文字始祖。又因祖先发明了用毛笔书写，便产生了书法，书法是汉字的书写艺术。殷商时期的甲骨文，周朝时的金文、石刻文，秦代的篆书，汉代的隶书，从东晋到唐朝的楷书、行书、草书。到了唐代，中国的书法艺术臻于成熟。书法有五种基本书体：篆书、隶书、楷书、行书、草书。其中，楷书也叫真书、正书、正楷。

10. 古琴。也称瑶琴、玉琴、七弦琴，为中国最古老的弹拨乐器之一。古琴是在孔子时代就已盛行的乐器，有文字可考的历史有四千多年。琴的创制者有"伏羲作琴""神农作琴""舜作五弦之琴"等说。古琴最初只有五根弦，内合五行（金、木、水、火、土）；外合五音（宫、商、角、徵、羽）。后来周文王加弦一根，是为文弦；武王伐纣，加弦一根，是为武弦。合称文武七弦琴。

11. 围棋是一种古老的智力游戏，起源于中国。围棋是中国"五帝"之一的尧帝发明的，至今已有 4000 多年的历史。围棋最早被称为"弈"或"棋"，后来，有人根据下棋时黑白双方总是互相攻击、互相包围的特点，称"下棋"是"围棋"。这样，"围棋"作为一个专用名词固定了下来。南北朝时，棋盘定型为现在的 19 道棋盘，并且出现了评定棋手水平的围棋九品制。

12. 文房四宝。中国古代的"文房四宝"一般是指笔、墨、纸、砚这四种用具。"文房四宝"一词也可以是专指湖笔、徽墨、宣纸、端砚。

湖笔，产于浙江省湖州市。徽墨，产于安徽的徽州。宣纸的原产地是安徽省的泾县。

中国四大名砚：端砚、歙砚、洮砚、澄泥砚。

端砚，产于广东省肇庆市。

歙砚，产于安徽省古歙州的歙县、黟县、休宁、婺源等地。歙砚与端砚齐名。

洮砚，洮砚产于甘肃省甘南藏族自治州的卓尼县、临潭县、岷县一带。

澄泥砚，澄泥砚的制造材料是泥，而不是石。澄泥砚最早产于山西绛州。"四大名砚"中的其他三种均为石砚，唯有绛州澄泥砚是泥砚。

13. 道教是中国唯一的本土宗教。道教产生于东汉时期，距今已有 1800 余年的历史。道教的创立者为张道陵，是西汉开国功臣张良的第八世后代。张道陵也被尊称为"张天师"。道教奉道家学派的创始人——老子为教祖，尊称老子为"太上老君"。道教将老子的《道德经》作为道教的理论指导思想。

14. 中国建筑，中国园林、客家民居。

15. 武术，太极拳、气功。

16. 昆剧又名昆曲，原名"昆山腔"或简称"昆腔"，是我国古老的戏曲声腔、剧种，产生于江苏昆山一带。昆剧诞生于元朝末年，至今已有 650 多年的历史。昆剧被称为"百戏之祖、百戏之师"，同时，昆剧还有"中国戏曲之母"的雅称。昆剧是中华文化的瑰宝。

17. 中国烹饪（中国菜）、中国节日饮食文化。中国烹饪（中国菜）：中国各地区、各民族、各种菜肴的总称。具有历史悠久、技术精湛、品类丰富、流派众多、风格独特的特点，是中国烹饪数千年发展的结晶，在世界上享有盛誉。

中国八大菜系：粤菜、苏菜、浙菜、湘菜、徽菜、川菜、闽菜、鲁菜。

中国节日饮食文化：春节吃饺子、元宵节吃元宵、端午节吃粽子、中秋节吃月饼等。

18. 针灸是针法和灸法的合称。针法是把毫针按一定的穴位刺入患者体内，运用捻转与提插等针刺手法来治疗疾病。灸法是把燃烧着的艾绒按一定的穴位熏灼皮肤，利用热的刺激来治疗疾病。

针灸由"针"和"灸"构成，是中医学的重要组成部分之一，是一种中国特有的治疗疾病的手段。

19. 对联、灯谜、曲水流觞（shāng）。曲水流觞（shāng），是中国古代流传的一种游戏。夏历的三月人们举行袚禊（fú xì）仪式之后，大家坐在河渠两旁，在上游放置酒杯，酒杯顺流而下，停在谁的面前，谁就得即兴赋诗并取杯饮酒。曲水流觞这种游戏非常古老，有数千年的历史。晋代有名的大书法家王羲之所书的流传千古的书法作品"天下第一行书"——《兰亭集序》，记录的就是在浙江绍兴兰亭一带进行曲水流觞游戏的过程。

20. 中国结、剪纸、刺绣、黎族织锦（黎锦）。

四、中国戏剧

（一）京剧

京剧曾称平剧，中国五大戏曲剧种之一，腔调以西皮、二黄为主，用胡琴和锣鼓等伴奏，被视为中国国粹。清代乾隆五十五年（1790年）起，原在南方演出的三庆、四喜、春台、和春四大徽班陆续进入北京，他们与来自湖北的汉调艺人合作，同时接受了昆曲、秦腔的部分剧目、曲调和表演方法，又吸收了一些地方民间曲调，通过不断的交流、融合，最终形成京剧。京剧形成后在清朝宫廷内开始快速发展，直至民国得到空前的繁荣。

1. 代表人物

梅兰芳、谭鑫培、程长庚、裘盛戎。

2. 京剧流派

"四大名旦"：梅兰芳、尚小云、程砚秋、荀慧生，是京剧走向鼎盛的重要标志。

"四大流派"：梅派、程派、荀派、尚派。

梅派：由梅兰芳创立。梅兰芳毕生追求艺术的最高境界，用自己的表演创造出大量善良、温柔、华贵、典雅而具有正义感的古代妇女形象。

程派：由程砚秋创立。主要以深邃曲折的唱腔，通过娴静凝重的舞台形象表现古代的女性，尤其善于塑造遭遇悲惨、具有外柔内刚性格的中下层女性。

荀派：由荀慧生创立。善于塑造天真、活泼、热情的少女形象，具有柔媚娇婉的风格。

尚派：由尚小云创立。以刚健婀娜为特有风格，唱、念、做、打均不尚纤巧，以气与力取胜，具有阳刚之美。

"四大须生"：老生中的余叔岩、高庆奎、言菊朋、马连良。

"四小名旦"：李世芳、张君秋、毛世来、宋德珠。

3. 名词解释

工尺：泛指戏曲曲谱上曲词右侧所注的音阶符号。我国传统民族音乐，以"合、四、上、尺、工、凡、六"等字作为音阶的符号，相当于西洋音乐简谱的"56712345"。

板眼：传统唱曲时，常以鼓板按节拍，凡强拍均击板，故称该拍为板。次强拍和弱拍则以鼓签敲鼓或用手指按拍，分别称为中眼、小眼，合称板眼。

过门：指在唱句与唱句之间，唱段与唱段之间的间奏音乐。唱句与唱句之间常用小过门儿，唱段与唱段之间常用大过门。

行旋：指在演员表演动作或对话、独白时的衬托音乐。行旋多为曲牌或简单旋律的反复演奏，主要起烘托气氛的作用。

调门：凡用弦乐器伴奏，都根据演员嗓音的高度自由定调。京剧调门，一般以正宫调为适度，最高的唱乙字调，最低的唱凡字调，俗称趴字调。

定弦：指弦乐器（胡琴、阮等）定"调门"的高低。一般都以笛子作为定弦的标准。

趟马：由于京剧中多以马鞭来代替马，或作为骑马的象征，凡手持马鞭上场后运用圆场、翻身、卧鱼、砍身、摔叉、掏翎、亮相等做出打马、勒马或策马疾驰的舞蹈动作就是京剧的趟马。

4. 表现手法

唱、念、做、打，也是京剧表演的四项基本功。

5. 行当分类

七行即生行、旦行（亦称占行）、净行、丑行、杂行、武行、流行。

6. 角色划分

生、旦、净、丑四种类型。

"生"，除花脸和丑角以外的男性正面角色的统称，分老生、武生、小生、红生、娃娃生。

"旦"，女性正面角色的统称，分青衣（正旦）、花旦、闺门旦、刀马旦、武旦、彩旦。

"净"，俗称花脸，主要分为文净、武净两大类。

"丑"，扮演喜剧角色，因在鼻梁上抹一小块白粉，俗称小花脸。

7. 脸谱

概述：民族特色的一种特殊的化妆方法。

谱的分类：整脸、三块瓦脸、十字门脸、六分脸。

形成：大约在 150 年前。

色画方法：揉脸、抹脸、勾脸。

脸谱色彩：红色、黑色、白色、黄色、蓝色、金色、紫色、银色。

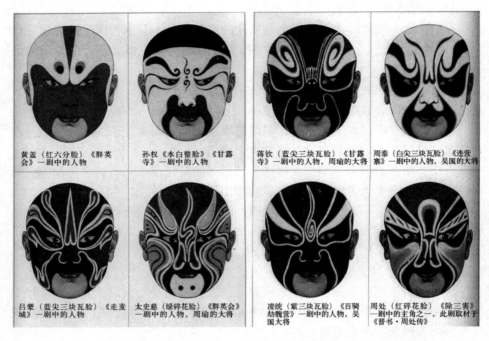

黄盖（红六分脸）《群英会》一剧中的人物

孙权《水白整脸》《甘露寺》一剧中的人物

蒋钦（蓝尖三块瓦脸）《甘露寺》一剧中的人物，周瑜的大将

周泰（白尖三块瓦脸）《连营寨》一剧中的人物，吴国的大将

吕蒙（蓝尖三块瓦脸）《走麦城》一剧中的人物

太史慈（绿碎花脸）《群英会》一剧中的人物，周瑜的大将

凌统（紫三块瓦脸）《百骑劫魏营》一剧中的人物，吴国大将

周处（红碎花脸）《除三害》一剧中的主角之一，此剧取材于《晋书·周处传》

（1）红色：一般代表忠贞、勇敢、侠义、耿直，多为正面角色，如关公等。其他：有讽刺意义，表示假好人。

（2）黑色：一般来讲，既表现性格严肃，不苟言笑，直爽刚毅，勇猛、智慧、无私，如"包公戏"里的包拯；又象征威武有力、粗鲁豪爽，如"三国戏"里的张飞，"水浒戏"里的李逵。

（3）白色：一般表现奸诈、自负，如"三国戏"里的曹操、司马懿。

（4）紫色：一般表现肃穆、稳重，富有正义感，刚正威武，不媚权贵，如荆轲。

（5）黄色：表现勇猛而暴躁，如宇文成都。

（6）金色：象征威武庄严，表现神怪人物，如《闹天宫》里的如来佛、二郎神、孙悟空、杨戬等。

（7）绿色：一般象征勇猛、暴躁、莽撞。其他：绿林好汉。

（8）蓝色：代表刚强、爽直、骁勇、桀骜不驯、阴险有心计的人物性格，如《连环套》里的窦尔墩。

（二）评剧

评剧是流传于中国北方的一个戏曲剧种，是广大人民所喜闻乐见的剧种之一，位列中国五大戏曲剧种，曾有观点认为是中国第二大剧种。清末在河北滦县一带的小曲"对口莲花落"基础上形成，先是在河北农村流行，后进入唐山，称"唐山落子"。20世纪20年代前后流行于东北地区，出现了一批女演员。20世纪30年代以后，评剧表演在京剧、河北梆子等剧种影响下日趋成熟，出现了李金顺、刘翠霞、白玉霜、喜彩莲、爱莲君等流派。1950年以后，以《小女婿》《刘巧儿》《花为媒》《杨三姐告状》《秦香莲》等剧目在全国产生了很大的影响，出现新凤霞、小白玉霜、魏荣元等著名演员。现在评剧仍在华北、东北一带流行。

（三）豫剧

豫剧起源于中原（河南），是中国五大戏曲剧种之一，中国第一大地方剧种。近几年，豫剧跟随河南卫视、河南豫剧院、台湾豫剧团等演出团体去了世界诸多国家，如到澳大利亚、意大利、以色列、马来西亚、法国、巴西、加拿大、委内瑞拉、新西兰、德国、新加坡、土耳其、英国、美国等国家演出，被西方人称赞是"东方咏叹调""中国歌剧"等。豫剧也是全国拥有专业戏曲团体和从业人员数量最多的剧种，为中国各地方戏曲剧种之首。

（四）越剧

越剧是中国第二大剧种，有"第二国剧"之称，又被称为是"流传最广的地方剧种"，有观点认为是"最大的地方戏曲剧种"，在国外被称为"中国歌剧"。亦为中国五大戏曲剧种（依次为京剧、越剧、黄梅戏、评剧、豫剧）之一。发源于浙江嵊州，发祥于上海，繁荣于全国，流传于世界，在发展中汲取了昆曲、话剧、绍剧等特色剧种之大成，经历了由男子越剧到女子越剧为主的历史性演变，为首批国家级非物质文化遗产名录。

（五）黄梅戏

黄梅戏旧称黄梅调或采茶戏，是中国五大戏曲剧种之一，也是与徽剧、庐剧、泗州戏并列的安徽四大优秀剧种之一。

黄梅戏是源于湖北、安徽、江西三省交界处黄梅一带的采茶调。清末传入毗邻的安徽省怀宁县等地区，与当地民间艺术结合，并用安庆方言歌唱和念白，逐渐发展为一个新生的戏曲剧种。一度被称为"怀腔""皖剧"。

黄梅戏唱腔淳朴流畅，以明快抒情见长，具有丰富的表现力。表演质朴细致，以真实活泼著称。成为演绎、传播中国传统文化的重要手段。

五、茶道

(一) 名词解释

1. 茶祖：神农为农之神。《神农本草经》中记载："神农尝百草，日遇七十二毒，得茶而解。"而神农就是炎、黄二帝中的炎帝，作为炎黄子孙，应该保留对祖先的敬畏和崇敬。

2. 茶圣、茶神：陆羽（733 年至 804 年）的一生正像一杯茶，初尝时带着苦涩，余味却清香悠长。他生于湖北天门，自幼被父母遗弃，由一位禅师收养。在寺庙中长大，禅师为锻炼他，曾教其烹茶。离开寺庙后，陆羽曾周游大江南北。一路上，他秉承神农衣钵，每种茶都要亲历其境，逢山则驻马采茶，遇泉则下鞍接水，并且要"亲揖而比""亲灸啜饮""嚼味嗅香"。在尝遍名茶名水后，陆羽隐居江南，写出了世界上第一部茶叶研究专著《茶经》。他在书中创立的茶学、茶艺、茶道思想，成为中国茶文化开始的标志。陆羽死后不久，就被祀为"茶神"，茶商茶农们多供奉着用陶瓷做成的陆羽神像。

3. 制茶祖师杨太白君：茶农每家都供奉着杨太白君的牌位。每年清明节过后，开始采茶、制茶，事先都要祭祀他，求他"保佑"茶叶丰收，制茶顺利。有的人说：如果不祭祀他，茶叶就会减产，制出的茶叶质量不好。现在还流传着有关杨太白君的传说。

杨太白与茶的故事

不知是什么时候，杨太白的家乡遭了一场大水，他孤身一人逃难到了福建崇安武夷山。那时，他找到一个小村庄，帮人做点零活。他 20 多岁，正当青年，有的是力气，做事从不偷懒，周围的居民都很喜欢他。武夷山中终日云雾缭绕，雨水多，日照短，气候温和、湿润，满山遍野都是野生的茶树，谁也不知道它有什么大的用处，自生自灭。听老人说，碰到荒年，没有吃的，茶叶比树皮、草根还要好吃一些呢。不过武夷山的群众有个习惯，认为茶树的叶子可以治病，提神、消化、止痢、解暑，还有一定的疗效，所以到谷雨前后，每家每户都要让妇女、小孩去摘一点回来准备着，万一有个小毛病，就拿来煮水喝。

有一年，杨太白跟着一群妇女、小孩上山去采摘茶叶，他挑了一担竹筐，跑到山上，边走边采，也不觉得劳累，一直往前走去，只剩下他独自一人。到下午，当他坐下来休息的时候，才感到肚子很饿，疲惫不堪，精神恍惚，不觉睡去了。杨太白所采的茶叶，经过太阳暴晒，全部晒软了，像空心菜被开水烫过一样。当他一觉醒来时，太阳已经落山了，山区天黑得早，他赶忙起来准备回家，后悔不该贪睡。他见茶叶都蔫巴巴的，用手去抖、去抄，因叶子枯连在一起，怎么也抖不开，抄不散了，却闻到一阵阵清香，跟过去看到的茶叶不一样。他随便抓了几片叶子塞进嘴里嚼起来，越嚼越香，口中生津，精神倍增，也不觉得劳累和眼花了。他好不喜欢，赶忙挑着竹筐下山回家去了。

杨太白挑着茶回到家，生火煮饭，灶火很旺，屋里暖烘烘的，等吃过饭，放在一边的茶叶又干了许多，一阵阵的清香溢出门外，全村的人都闻到了，感到奇怪，不知香从何来？第二天早上，才知道是太白家里的树叶香，都跑来看，一进屋更感到香气扑鼻。

杨太白经过多少年的实践、摸索，发明了晾干、揉青、烘、焙、分级的一整套制茶工艺。杨太白制的茶为人们所称道，一传十，十传百，整个武夷山人都跟着杨太白制茶，制出了许多的名茶，武夷山也出名了。这种制茶工艺，一直流传到现在，所以武夷山的茶农，把杨太白看成是制茶师祖，尊称他为杨太白君，传说他是天上的"茶星"下凡，家家供奉祭祀，表示不忘他的功绩。

4. 普洱茶祖：孔明。孔明率军南征到云南地区，将士们遇到大山中的瘴气中毒染病。一日，诸葛亮梦见白发老人托梦，顿悟出以茶祛病的方法。茶到病除，士气大振。为了答谢白发老人的托梦之恩，更为了造福当地百姓，在征战结束后，诸葛亮在当地大山中播下大量茶籽，种茶成林，并把烹茶技艺传授给当地人。在云南古茶区，有"孔明山""孔明茶"，每年农历七月二十三孔明诞辰日，当地人都要举办"茶祖会"，纪念孔明带来茶种，带来健康，带来先进文化的贤德。

5. 蒙山茶祖：吴理真，家住蒙山之麓。吴理真父早逝，母亲积劳成疾。他是个孝子，每当雄鸡报晓，便带上工具，登上蒙山顶，割草拾柴，换米糊口，为母亲治病。一日，吴理真拾好柴，口干得直冒火，顺手揪了一把"万年青"（野生茶树）叶子，放在口里慢慢咀嚼，口渴渐止，困乏渐消，精神倍增，颇感奇异。又摘了些带回家中用开水冲泡，让老母喝下，果有效果。连服数日，母亲病情好转，续饮月余，身体康复。乡亲们病了，他便热情地用这种叶子泡水给他们饮用，效果也很好。可惜这种树不多，所生长的叶子远远不能满足治病救人的需要，于是他决心培育出更多的茶树。

6. 日本茶祖：荣西，于1141年生于日本冈山市一个神官之家。14岁出家受戒，荣西在21岁时立志，步先哲的后尘，到中国学法。1168年，27岁的荣西，最后到了浙江天台山的万年寺，拜禅宗法师虚庵大师为恩师，虔诚学习佛法。荣西为了报答恩师的厚恩，为筹集建寺良材，重回日本，经多方奔走，广集良材，组成木筏，在两年之后，历尽艰险，再次在明州登陆，并鼎力协助虚庵怀敞大师，完成了景德寺的改建计划。

荣西居住的国清寺一带，每年从春到夏都能看到农民采茶、制茶等茶事活动。僧俗嗜茶的情景蔚然成风，这些都对荣西产生了深刻的影响。荣西在钻研浩瀚的佛教经典之余，也在埋头于茶的研究。

荣西于1191年7月（南宋绍熙二年），拜别虚庵大师回国时，除带了许多经典外，同时也带了大量的茶树种子。荣西回国后，播下中国茶树种子，以致后来发展成为日本的著名产茶地。

荣西为了向日本全国推广饮茶之风，在归国后，用日式汉字写出了日本的第一部茶书《吃茶养生记》二卷，献给了镰仓幕府。这部后来被称为日本国民健身法鼻祖的《吃茶养生记》，在时隔500年后于1694年以木刻版在京都问世，引起了茶道界，以及学习中国医术养生之道的人们的广泛重视。

荣西禅师在日本被尊为"茶祖"。这同我们中国称陆羽为"茶圣"一样。荣西的《吃茶养生记》要比陆羽的《茶经》晚400多年。但荣西的功绩正是他热诚研究中国茶文化，并广泛向日本大众传播，还将中国的茶树种子，播进了本国的土壤之中，使茶叶得以在日本生根、繁殖，蔚成片片茶园。也正是由于荣西的这些奠基之功，为其后被称为"茶道天才"的千利休所创造的、以"和敬清寂"为主旨的日本茶道文化开辟了道路。

（二）茶艺的六要素

茶艺的六要素是人、茶、水、器、境、艺。

1. 人之美：一方面是人所表现的外在的形体美；另一方面是内在的心灵美。

2. 名之美：我们在茶艺中赏析茶之美，不仅是欣赏茶的色、香、味、形之美，而且欣赏茶的名之美。

3. 水之美：陆羽的《茶经》中说："其水用山水上、江水中、井水下。"水以"清、轻、甘、冽、活"五项指标俱全才称得上宜茶美水。

4. 器之美：茶具的工艺美术效果，令人叹为观止。到了近代，茶的品种已发展到六大类，上千种，而茶具更是琳琅满目，美不胜数。

5. 境之美：中国茶艺要求在品茶时要做到环境、艺境、人境、心境四境俱美。

6. 艺之美：茶艺程序编排的内涵美和茶艺表演的动作美、神韵美、服装道具美等几个方面。

（三）茶道六君子

茶道六君子（茶艺六用）指的是茶筒、茶匙、茶漏、茶则、茶夹、茶针。

1. 茶筒：盛放茶艺用品的器皿茶器筒。

2. 茶匙：又称"茶扒"，像汤匙，其主要用途是挖取泡过的茶壶内的茶叶，茶叶冲泡过后，往往会紧紧塞满茶壶，加上一般茶壶的口都不大，用手挖出茶叶既不方便也不卫生，故皆使用茶匙。

3. 茶漏：茶漏则于置茶时放在壶口上，以导茶入壶，防止茶叶掉落壶外。

4. 茶则：茶则为盛茶入壶之用具。

5. 茶夹：又称"茶铲"，功用与茶匙相同，将茶渣从壶中夹出，也常有人拿它来夹着茶杯洗杯。

6. 茶针（茶通）：疏通茶壶的内网，保持水流畅通，或放入茶叶后把茶叶拨匀。

"茶道六君子"材质通常为竹木，竹制品气质清雅，木制品质感纯然，与茶香墨香相得益彰。其他茶道配件：茶盘、茶席、茶巾、茶宠、茶垫、养壶笔、茶滤网。

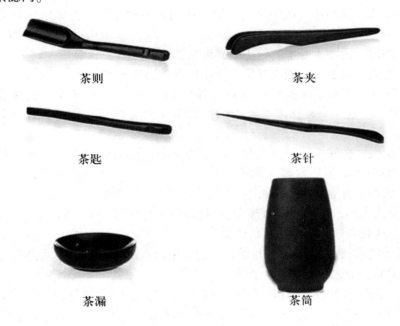

茶则　　　　　　　　　　　　茶夹

茶匙　　　　　　　　　　　　茶针

茶漏　　　　　　　　　　　　茶筒

（四）中国功夫茶十一程式

泡制功夫茶，茶壶讲究用宜兴的紫砂茶壶；茶杯最好是景德镇产的小瓷杯；水须山泉，最差的也要井水，自来水是万万不入流的。用水也有名堂，最好是用橄榄核烧火，次为蔗渣，最次是炭火，蜂窝煤乃大忌。

当今世界，茶叶产量最丰者、饮茶之风最甚者均是中国。且茶叶的原产地也在中国。中国的茶饮始于殷周，兴于汉唐，盛于宋代。茶艺是中国民俗文化的精髓，是我中华民族的根，自有其成为茶道的历史背景。此悠久的饮茶历史，又有这等雄厚而普及的饮茶基础，中国茶道自古就有清淳独到的艺术造诣。中国功夫茶便是自古流传的中国茶道之一种。

功夫茶系采用功夫泡法泡出的茶叶，有人亦称之为宜兴式品茗法。其制作过程自有一套严格工整的方法步骤，但与日本茶道繁缛复杂用于表演仪式的种

种清规戒律迥然不同。

中国功夫茶操作规程有十一程式，合称为功夫茶十一程式。

1. 嗅茶。主人取来上好的茶叶，介绍该品种的特点、风味，依次传递欣赏嗅品一番。

2. 温壶。放置茶叶之前，先将开水冲入空壶，谓之"温壶"，温壶之水倒进茶船——即茶盘，一种紫砂浅盆。

3. 装茶。应备有茶匙、漏斗，不宜用手抓茶置放，以免手气、杂味混入，通常将茶叶装至茶壶的三分之二，甚至满溢，数量之多令人咋舌。

4. 润茶。沸水冲入壶中至满，使竹筷刮去壶面茶沫，当即倾于茶船或茶海———一种较大的茶杯。

5. 冲泡。再冲入开水，但不要沸滚的，这便是第一泡茶。

6. 浇壶。盖上茶盖浇之开水，使壶内壶外温度一致。

7. 温杯。等候茶水泡好的当儿，用刚才温壶及润茶的茶水，就在茶船中清洗茶杯——这是一种比酒盅略小的小茶盅（便是茶壶本身也不过一个拳头大小）。

8. 运壶。在泡好第一泡茶时，提壶沿茶船边沿运行数周，俗称"游山玩水"，为的是不让壶底水滴入茶杯串味。

9. 倒茶。将温洗好的小茶盅一字排开，依次来回浇注，又称"巡河"，或将壶中茶水先倒入茶海再注入杯中，切忌倒茶时一杯倒满再倒第二杯，免得浓淡不均，这是一般饮者容易犯的错误。

10. 敬茶。尊老爱幼、互相谦让，这是中国人的传统美德，尤以敬第一杯茶最为重要，受之者必在座"首席"。

11. 品茶。功夫茶全套步骤中最讲究的一环，从欣赏茶色、茶味、茶香到嗅、啜并举，玩味再三，苏东坡说："从来佳茗似佳人。"可见个中之味，余味无穷。

（五）茶道基础

1. 水温的界定。应用约 75 摄氏度到 85 摄氏度的水。千万不要用 100 摄氏度沸腾中的水。

要高冲，低倒。因为"高冲"时可增加水柱接触空气的面积，令到冷却的效果更加有效率。茶泡好，倒出茶汤后，若不打算立即冲泡，就该把茶盅的盖子打开，不要合上。

2. 茶叶的分量。茶叶刚好把茶盅底遮盖就够了。冲泡的时间要随冲泡次数而增加。

3. 冲茶之法

第一治器：起火、掏火、扇炉、洁器、候水、淋杯等六个动作。好比打太极拳中的"太极起势"，是一个预备阶段。起火后十几分钟，砂铫（diào）中就飕飕作响，当它的声音突然变小时，那就是鱼眼水将成了，应立即将砂铫提起，淋罐淋杯，再将砂铫置于炉上。

第二纳茶：打开茶叶，把它倒在一张洁白的纸上，分别粗细，把最粗的放在罐底和滴嘴处，再将细末放在中层，最后将粗叶放在上面，纳茶的功夫就完成了。纳茶，每一泡茶，以茶壶为准，放有七成茶叶在里面就够了。如果太多，不但泡出的茶太浓，味带苦涩，而且好茶叶多是嫩芽紧卷，一泡以开水之后，舒展开来，变得很大，纳茶太多，连水也冲不进去了。但太少也不行，没有味道。

第三候汤：一沸太稚，谓之婴儿沸；三沸太老，谓之百寿汤；若水面浮珠，声若松涛，是为二沸，正好之候也。

第四冲茶：当水二沸，提铫后走了七步，揭开茶壶盖，将滚汤环壶口，缘壶边冲入，切忌直冲壶心。提铫宜高，所谓"高冲低洒"是也。走七步再冲，目的在于滚水稍凉一点，以免破坏维生素 C。

第五刮沫：冲水一定要满，茶壶是否"三山齐"，好茶壶水满后茶沫浮起，绝不能溢出提壶盖，从壶口轻轻刮去茶沫，然后盖定。

第六淋罐：盖好壶盖，再以滚水淋于壶上。谓之淋罐。淋罐有个作用：一是使热气内外夹攻，逼使茶香精迅速挥发，追加热气；二是小停片刻，罐身水分全干，即是茶熟；三是冲去壶外茶沫。

第七烫杯：烫杯，在淋罐之后，用开水淋杯，淋杯时要注意，开水要直冲杯心。烫杯完了，添冷水于砂铫中，复置于炉上，回身"洗杯"。杯洗完了，把杯中、盘中之水倾倒到茶洗里去，这时，茶壶外面的水分也刚好被蒸发完了，正是茶熟之时，便可洒茶敬客了。

第八洒茶：几经数度功夫，最后一手就是洒茶。洒茶也有四字诀：低、快、匀、尽。

"低"就是"高冲低斟"的"低"。洒茶切不可高，高则香味散失，泡沫四起，对客人极不尊敬。

"快"为了使香味不散失，可保持茶的热度。

"匀"洒茶时像车轮转动一样，杯杯轮流洒匀。因为茶初出色淡，后出色浓。

"匀"字是极为重要的。

"尽"就是不要让余水留在壶中。

4. 鉴赏绿茶茶艺十二道

第一道　点香：焚香除妄念。

第二道　洗杯：冰心去凡尘。

第三道　凉汤：玉壶养太和。

第四道　投茶：清宫迎佳人。

第五道　润茶：甘露润莲心。

第六道　冲水：凤凰三点头

第七道　泡茶：碧玉沉清江。

第八道　奉茶：仙人捧玉瓶。

第九道　赏茶：春波展旗枪。

第十道　闻茶：慧心悟茶香。

第十一道　品茶：淡中品致味。

第十二道　谢茶：自斟乐无穷。

（六）我国所产的茶叶分类

1. 乌龙茶：铁观音、黄金桂、武夷岩茶（大红袍、水金龟、白鸡冠、铁罗汉、武夷肉桂、武夷水仙）、漳平水仙、漳州黄芽奇兰、永春佛手、台湾冻顶乌龙、广东凤凰水仙、凤凰单枞等。

乌龙茶也就是青茶，是一类介于红、绿茶之间的半发酵茶。乌龙茶在六大类茶中工艺最复杂费时，泡法也最讲究，所以喝乌龙茶也被人称为喝功夫茶。

2. 红茶：正山小种、金骏眉、银骏眉、坦洋工夫、祁门工夫、宁红等。

红茶与绿茶恰恰相反，是一种全发酵茶（发酵程度大于80%）。红茶的名字得自其汤色红。

3. 绿茶：龙井、碧螺春、黄山毛峰、南京雨花茶、信阳毛尖、庐山云雾茶等。

绿茶是不经过发酵的茶，将鲜叶经过摊晾后直接下到一二百摄氏度的热锅里炒制，保持其绿色的特点。

4. 白茶：君山银针、白毫银针、白牡丹、贡眉、寿眉等。

白茶则基本上就是靠日晒制成的。白茶和黄茶的外形、香气和滋味都是非常好的。

5. 黑茶：普洱茶、茯砖茶、六堡茶等。

黑茶原来主要销往边区，像云南的普洱茶就是其中的一种。普洱茶是在已经制好的绿茶上浇上水，再经过发酵制成的。在东南亚和日本很普及。减肥效果最显著的还是乌龙茶。

6. 黄茶：黄芽茶、君山银针茶、蒙顶黄芽、霍山黄芽等。

黄芽茶、君山银针茶就属于黄茶，黄茶的制法有点像绿茶，不过中间需要闷黄三天。

（七）中国茶的传说

1. 神农尝茶的传说

很早以前，中国就有"神农尝百草，日遇七十二毒，得茶而解之"的传说。那时候的人，吃东西都是生吞活剥的，因此经常得病。神农为了解除人们的疾苦，就把看到的植物都尝试一遍。神农长年累月地跋山涉水，尝试百草，每天都得中毒几次，全靠茶来解救。但是最后一次，神农来不及吃茶叶，还是被毒草毒死了。据说，那时候他见到一种开着黄色小花的小草，那花萼在一张一合地动着，他感到好奇，就把叶子放在嘴里慢慢咀嚼。一会儿，他感到肚子很难受，还没来得及吃茶叶，肚肠就一节一节地断开了，原来是中了断肠草的毒。

2. 陆羽煎茶的传说

唐朝代宗皇帝李豫喜欢品茶，宫中也常常有一些善于品茶的人供职。有一次，积公和尚被召到宫中。宫中煎茶能手，用上等茶叶煎出一碗茶，请积公品尝。积公饮了一口，便再也不尝第二口了。皇帝问他为何不饮，积公说："我所饮之茶，都是弟子陆羽为我煎的。饮过他煎的茶后，旁人煎的就觉淡而无味了。"皇帝听罢，记在心里，事后便派人四处寻找陆羽，终于在吴兴县苕溪的天杼山上找到了他，并把他召到宫中。皇帝见陆羽其貌不扬，说话有点结巴，但言谈中看得出他的学识渊博，出言不凡，甚感高兴。当即命他煎茶。陆羽立即将带来的清明前采制的紫笋茶精心煎后，献给皇帝，果然茶香扑鼻，茶味鲜醇，清汤绿叶，真是与众不同。皇帝连忙命他再煎一碗，让宫女送到书房给积公去品尝，积公接过茶碗，喝了一口，连叫好茶，于是一饮而尽。他放下茶碗后，走出书房，连喊："渐儿（陆羽的字）何在？"皇帝忙问："你怎么知道陆羽来了呢？"积公答道："我刚才饮的茶，只有他才能煎得出来，当然是到宫中来了。"

（八）品茶三乐

品茶三乐：独品得神、对品得趣、众品得慧。

品茶有三乐：一曰：独品得神，一个人对青山绿水或高雅的茶室，通过品茗，心驰宏宇，神交自然，物我两忘，此一乐也；二曰：对品得趣，两个知心朋友相对品茗，或无须多言即心有灵犀一点通，或推心置腹述衷肠，此亦一乐也；三曰：众品得慧，孔子曰："三人行必有我师。"众人相聚品茶，互相沟通，相互启迪，可以学到许多书本上学不到的知识，这同样是一大乐事。

第九部分 传 说

中国民间传说是中国民间口头叙事文学，由与历史事件、历史人物及地方风物有关的故事组成。

中国民间传说题材多样，内容广泛，包括民间故事、神话传说、历代名女、帝王将相、诗联趣话、现代故事、爱情等诸多内容，是世世代代传承的文化传统，对人类文化多样性发展有巨大贡献，是中华文化中的一颗璀璨明珠。

一、龙生九子

龙：据说龙集九种动物的特征于一身：头似驼、角似鹿、眼似兔、耳似牛、项似蛇、腹似蜃、鳞似鲤、爪似鹰、掌似虎。后世龙的形象，基本由半坡长鱼纹演变而来，最早的龙应该是生活在水中的一种蛇状长鱼。

约公元前 6000 至公元前 4000 年，原始人聚落而居，开始产生图腾崇拜。原始人认为，每个氏族都与某种动物、植物有着亲族关系。这种动物或植物就被该氏族视作他们的象征或保护者，这就是图腾。龙是古老炎黄子孙的图腾。

古往今来，海内外亿万中华儿女都把自己称为"龙的传人"，将中华文化称为"龙的文化"。

龙生九子是指龙生的九个儿子，九个儿子都不成龙，各有不同。所谓"龙生九子"，并非龙恰好生九子。中国传统文化中，以九来表示极多，九又是贵数，所以用来描述龙子。"龙有九子"这个说法由来已久，但是究竟是哪九种动物一直没有说法，直到明朝才出现了各种说法，如李东阳的《怀麓堂集》、杨慎的《升庵集》等。

　　老大——囚牛（qiú niú），是龙生九子中的老大，平生爱好音乐。它常常蹲在琴头上欣赏弹拨弦拉的音乐，因此琴头上便刻上它的形象。称其为"龙头胡琴"。

　　老二——睚眦（yá zì），平生好斗喜杀。刀环、刀柄、龙吞口便是它的形象。更大量地用在仪仗和宫殿守卫者的武器上，从而更显得威严庄重。

　　老三——嘲风（cháo fēng），形似兽，平生好险又好望，殿台角上的走兽是它的形象。这些走兽排列着单行队，挺立在垂脊的前端，走兽的领头是一位骑禽的"仙人"，后面依次为：龙、凤、狮子、天马、海马、狻猊、押鱼、獬豸、斗牛和行什。它们的安放有严格的等级制度，只有北京故宫的太和殿才能十样俱全，次要的殿堂则要相应减少。

　　老四——蒲牢（pú láo），形似盘曲的龙，排行第四，平生好鸣好吼，洪钟上的龙形兽钮是它的形象。人们根据其"性好鸣"的特点，"凡钟欲令声大音"，即把蒲牢铸为钟钮，而把敲钟的木杵做成鲸鱼形状。敲钟时，让鲸鱼一下又一下撞击蒲牢，使之"响入云霄"且"专声独远"。

　　老五——狻猊（suān ní），形似狮子，平生喜静不喜动，好坐，又喜欢烟火，因此佛座上和香炉上的脚部装饰就是它的形象。它布置的地方多是在结跏趺坐或交脚而坐的佛菩萨像前。明清之际的石狮或铜狮颈下项圈中间的龙形装饰物也是狻猊的形象，它使守卫大门的中国传统门狮更显威武。

　　老六——霸下（bà xià），又名赑屃（bì xì），形似龟，是老六，平生好负重，力大无穷，碑座下的龟趺是其形象。传说霸下上古时代常驮着三山五岳，在江河湖海里兴风作浪。后来大禹治水时收服了它，它服从大禹的指挥，推山挖沟，疏遍河道，为治水作出了贡献。洪水治服了，大禹担心霸下又到处撒野，便搬来顶天立地的特大石碑，刻上霸下治水的功绩，叫霸下驮着，沉重的石碑压得它不能随便行走。

老七——狴犴（bì àn），又名宪章，形似虎，是老七。它平生好讼，却又有威力，狱门上部那虎头形的装饰便是其形象。传说狴犴不仅仗义执言，而且能明辨是非，秉公而断。因此除装饰在狱门上外，还匍匐在官衙的大堂两侧。每当衙门长官坐堂，行政长官衔牌和肃静回避牌的上端，便有它的形象。

老八——负屃（fù xì），似龙形，排行老八，平生好文，石碑两旁的文龙是其形象。负屃十分爱好这种闪耀着艺术光彩的碑文，它甘愿化作图案文龙去衬托这些传世的文学珍品，把碑座装饰得更为典雅秀美。它们互相盘绕着，看去似在慢慢蠕动，和底座的霸下相配在一起，更觉壮观。

老九——螭吻（chī wěn），又名鸱尾（chī wěi），又名鸱尾、鸱吻，龙形的吞脊兽。口阔噪粗，平生好吞，殿脊两端的卷尾龙头是其形象。螭吻属水性，用它作镇邪之物以避火。

二、神话传说

（一）开天辟地的盘古

相传，天地本来是黑暗混沌的一团，好像一个大鸡蛋。盘古就孕育在中间，过了一万八千年，突然山崩地裂一声巨响，大鸡蛋裂开了。其中一些重而浊的东西渐渐下降变成了地，轻而清的东西冉冉上升，变成了天。混沌不分的天地被盘古分开了，他手托着天，脚踏着地。天每天升高一丈，地每天加厚一丈，盘古的身体每天也增长一丈。这样又过了一万八千年，盘古的身体长得有九万里高，像一根巨大无比的柱子，立在天地当中，使天地无法重新合拢，不再变得黑暗混沌。但盘古也十分疲劳了，终于倒下来死去了。

盘古临死之前，天地又发生了奇怪的变化，他发出的声音变成了隆隆的雷霆，他呼出的气变成了风云，他的左眼变成了太阳，右眼变成了月亮，他的身躯和四肢变成了大地的四极和五岳，他的血液变成了江河湖海，筋脉变成了道路，肌肉变成了田土，头发和胡须变成了天上的星星，皮肤和汗毛变成了花草树木，他的牙齿、骨头变成闪光的金属、坚硬的石头和圆亮的珍珠玉石，他流出的汗水变成了雨露。长在他身上的各类寄生物，受到阳光雨露的滋养，变成了大地上的黎民百姓。这样，盘古开天辟地以后，又用他的整个身体孕育了天地万物。

关于盘古的神力，还有传说。他哭泣时流的眼泪成了江河，眼睛的闪光变成闪电。说他一欢喜，就是丽日晴天；一恼怒，天空就乌云密布。还说他睁开眼睛就是白天，闭上眼睛就是黑夜。

开天辟地的盘古，受到人们的崇敬。我国西南地区的一些民族中，还流传着崇拜盘古的各种仪式和神话。传说南海有绵亘八百里的盘古墓，用来收葬他的魂魄。

（二）炼石补天的女娲

据说天地开辟以后，大地上虽然有了山川、湖泊、花草鸟兽，可是还没有人类的踪迹。大母神女娲想创造一种新的生命，于是她抓起了地上的黄土，仿照自己映在水中的形貌，揉团捏成一个个小人的形状。这些泥人一放到地面上，就有了生命，活蹦乱跳，女娲给他们取名叫作"人"，就这样她用黄泥捏造了许多男男女女的人。但是用手捏人毕竟速度太慢，于是女娲顺手拿起一截草绳，搅拌上深黄的泥浆向地面挥洒，结果泥点溅落的地方，也都变成了一个个活蹦乱跳的人。于是大地上到处都有了人类活动的踪迹。女娲还使男女相配，叫他们生育后代，一代一代绵延。在神话中女娲不但是创造人类的始祖母，而且是最早的婚姻之神。

后来不知是什么原因，宇宙突然发生了一场大变动，半边天空坍塌下来，露出了一个个可怕的黑窟窿，地上也出现一道道巨大的裂口，山林燃起炎炎烈火，地底喷涌出滔滔洪水，各种猛兽、恶禽、怪蟒纷纷窜出来危害人类。女娲见人类遭受这样惨烈的灾祸，就全力修补天地。她先在灌河中挑选出许多五彩石，熔炼成胶糊，把天上的窟窿一个个补好。又杀了一只大龟，砍下它的四只脚竖在大地四方，把天空支撑起来。接着杀了黑龙，赶走各种恶禽猛兽，用芦苇灰阻塞了横流的洪水。从此灾难得以平息，人类得到拯救，人世间又有了欣欣向荣的景象。为了让人类更愉快地生活，女娲还造了一种名叫"笙簧"的乐器，使人们在劳作之余进行娱乐。

女娲是产生在母系氏族社会的神话人物。这个神话，反映出当时人类对自身起源和自然现象的天真认识。至今在我国西南的苗族、侗族中还流传着女娲的神话传说，并把她作为本民族的始祖加以崇拜。

（三）逐日英雄夸父

身材高大的夸父，立下宏愿，决心去追赶太阳，做出一番惊天动地的事业来。夸父耳朵上挂着两条黄蛇，手里也握着两条黄蛇，随身还携带着一根手杖。一天，太阳升起了，他迈开大步追去，一直追到禺谷。传说禺谷是太阳休息的地方。在太阳落到这里洗浴后，就在巨大无比的若木上休息。到第二天再升起来。这时只见一团巨大红亮的火球就在眼前，夸父已进入太阳的光轮，完全处在光明的包围中。当他正在庆幸自己的胜利时，却感到极度口渴。于是他俯下身子，大口大口地喝黄河、渭水里的水，几下就把两条河里的水喝干了，可还是口渴难忍。他又向北方奔去，想去喝大泽的水，大泽是一片纵横千里的水域。可是夸父还没有达到目的地，就死了，像一座大山一样倒了下来。手杖掉落的地方，出现了一片枝叶繁茂、鲜果累累的桃林。

传说河南、陕西两省交界处的灵宝县东南，有一座夸父山，是夸父留在人间的遗迹，山的北面，有一座好几百里宽的桃树林。还传说湖南也有一座夸父山，上面还有夸父架锅的三块巨石。

（四）撞断天柱的共工

女娲修补好天宇以后，好长时间日月星辰的运行都很正常。可是后来一场战争打乱了这个局面。交战的双方是水神共工和天帝颛顼。

共工是火神祝融的儿子。他长着人的脸，蛇的身子，红色的头发。共工常掌管海洋、江湖、河流、池沼等世界十分之七的领域。在黄帝和炎帝的一次大战中，共工曾用水帮助他的祖上炎帝作战，颛顼是黄帝的曾孙，黄帝一度让他代行神权。但在他执掌神权期间，他并不顾念人间的黎民百姓，还派人断绝了人间和天界的通道，也压迫他所不满意的诸神。更为无理的是，他把太阳、月亮、星星都拴系在北方的天空上，固定在那里不能移动。这样，大地上有的地方永远明亮，有的地方却永远黑暗，给人们带来了灾难，水神共工乘机率领部下发难，起来推翻颛顼的统治，夺取天帝宝座。

（五）猛志常在的刑天

黄帝用强大的武力打败了炎帝，坐上了中央天帝的宝座，炎帝被迫退到南方。但炎帝的部下刑天并不甘心失败，刑天发誓要与黄帝争夺神位。他左手握一面盾，右手拿一把斧，与天帝开始了一场激战。他们一直杀到常阳山，黄帝看准机会一剑向刑天的脖颈砍去，刑天那颗巨大的头颅就被砍落了下来。刑天见头被砍落，愈加震怒。他毫不示弱，以两只乳头当作眼睛，肚脐当作嘴巴，挥舞武器，继续呐喊战斗。

刑天虽然失败了，但他不屈不挠，战斗到底的英雄精神常常为后人所称颂。晋代大诗人陶渊明用"刑天舞干戚，猛志固常在"的诗句，盛赞这位断头英雄。

（六）衔石填海的精卫

相传，太阳神炎帝的小女儿去东海边游玩，不料掉进大海淹死了，她死后，灵魂化作一只小鸟，叫作"精卫"，花头、白嘴、红足，长得活泼可爱，她被悲恨无情的海涛毁灭了，又想到别人也可能会被夺走年轻的生命，因此不断从西山衔来一条条小树枝、一颗颗小石头，丢进海里，想要把大海填平。她无休止地往来飞翔于西山和东海之间。

精卫锲而不舍的精神、善良的愿望、宏伟的志向受到人们的尊重。晋代诗人陶渊明在诗中写道:"精卫衔微木,将以填沧海",热烈赞扬精卫敢于向大海抗争的悲壮战斗精神。后世人们也常常以"精卫填海"比喻志士仁人所从事的艰巨卓越的事业。

三、八仙传说

八仙是民间广为流传的道教的八位神仙。八仙之名,明代以前众说不一。有汉代八仙、唐代八仙、宋元八仙,所列神仙各不相同。至明吴元泰《八仙出处东游记》始定为:铁拐李、汉钟离(钟离权)、吕洞宾、张果老、曹国舅、韩湘子、蓝采和、何仙姑。

传说八仙分别代表着男、女、老、少、富、贵、贫、贱。由于八仙均为凡人得道,所以个性与百姓较为接近。俗称八仙所持的檀板、扇、拐、笛、剑、葫芦、拂尘、花篮八物为"八宝",代表八仙之品。

八仙每人都有一至两样宝物或法器,一般称为"暗八仙"或八宝,常出现于刺绣、民间艺术之中,均代表吉祥之意,而且随场景不同而变换。其中较为通俗的暗八仙为:

芭蕉扇(钟离权)　　葫芦(铁拐李)　　花篮(蓝采和)　　荷花(何仙姑)
剑(吕洞宾)　　　　笛子(韩湘子)　　鱼鼓(张果老)　　玉板(曹国舅)

1. 铁拐李:传说中为八仙之首。姓李,名洪水,隋朝峡人。学道于终南山。《历代神仙通鉴》称,其原本是一俊伟丈夫,善道术,会使导出元神的法术,修炼于砀山岩穴中,有次应师父老子之约,行"元神出壳"法术,赴千里之外的华山,数日后回归,发现其肉身被其徒误焚,突见附近一饿殍,灵机一动说:"即此可矣。"即从饿殍脑门而入,神魂归壳后则成一蓬头卷须、黑脸巨眼,并且还跛了一只右脚的丑陋汉子。成为诸事附会而成的道家仙人。

2. 汉钟离:姓钟离,名权,东汉咸阳人,名气仅次于铁拐李,在八仙中地位较高。钟离权长大以后,俊目美髯,身长八尺,一表人才,不久官谏议大夫。当时吐蕃造反,钟离权奉诏出征。权臣梁冀妒忌,怕他立了头功,就给他老弱残兵两万,军至前防扎营未稳,敌人乘机劫营,军士尽散。钟离权败走独骑逃往山谷,迷失道路,夜进深山密林,后遇到一个蓬头佛额、身穿草衣的胡僧,引钟离权行走数里来到了一个村庄。说:"此处是东华先生成道的地方,将军可以歇息矣。"钟离权未敢惊动庄中人,不一会儿,忽听有人说:"此碧眼胡僧饶舌也!"只见来人身披白鹿裘、扶青藜杖,接着又问说:"来者非汉大将军钟离权否?"钟离权应声道:"是。"老人又说:"你为何不寄宿山僧之所?"钟离权闻而大惊,仔细一想,老人怎么已知道我前来,此必异人。此时钟离权已饥饿交迫,疲惫不堪,已有鸾鹤之志,乃回心向道,向老人哀求度世之方。这位老人乃东华先生,叫王玄甫,是位上仙。他授钟离权以长生真诀、金丹火候和青龙剑法。《续文献通考》曰：东华少阳帝君号帝君于终南凝慢洞以道授徇钟离权。后来，又遇到华阳真人传其太乙刀圭、火符内丹、洞晓玄玄之道。在崆洞紫金四皓峰得玉匣秘诀，成了真仙。玉帝封其为太极左宫真人。

此后，钟离权或隐或现，历魏至晋，又做了边关大将。改名为"金重见"，即"钟"字的重显。此时的金重见长相与打扮有些古怪："丫头坦腹，手摇棕扇自若，赤面伟体，龙眼虬髯（qiú rán），见晋帝骄奢，遂解印而去。"到了唐末，他又出现，度了吕洞宾。

3. 吕洞宾：在道教中，全真道奉其为"纯阳祖师"，又称"吕祖"。吕洞宾姓吕名岩，唐末人。据说他是京兆人（今陕西、西安一带）。唐咸通中及第，曾当过两任县令。有说他是九江人，原为唐宗室，姓李，因避武后之祸，易姓为吕。他始名绍光，二十余年科场不第，遂罢举而纵游天下，后被钟离权点化成道。他是八仙中人情味最浓的一个，潇洒、风趣，为民除暴安良，斩妖除怪，还好酒好色。世间流传有《吕洞宾三戏白牡丹》的传说，是唐代一位慕道的士人，后被人们神化成仙。

4. 张果老：八仙中年迈的仙翁，名"张果"，因在八仙中年事最高，人们尊称其为"张果老"。

传说武则天时，他隐居中条山，自称年龄有数百岁。武则天曾派使者召见，张果老佯死不赴。

据说唐玄宗对其传闻有疑，曾叫善算夭寿善恶的邢和璞给张算命，邢却懵然不知张的甲子，又有道师"夜光"善视鬼，玄宗令他看张果，他却问："张果在哪儿？"居然对面而看不见。唐玄宗问术士"叶法善"张的来历，叶法善说："臣不敢说，一说立死。"后言道："张果是混沌初分时一白蝙蝠精。"言毕跌地而亡，后经玄宗求情，张果才救活他。

5. 曹国舅：排名八仙之末的曹国舅出现的时间最晚，流传的仙话也较少。其身世，说法大同小异，都和宋仁宗的曹皇后有关。《宋史》有传，曹佾，字公伯，曹彬之孙，曹皇后的弟弟。他性情和易，通晓音律，喜爱作诗，封济阳郡王，身历数朝而一帆风顺，年七十二而寿终。《神仙通鉴》云：曹国舅天性纯善，不喜富贵，却慕恋于仙道，其弟则骄纵不法，恃势妄为，曹国舅对其恶行深以为耻，遂入山修炼，遇钟离权、吕洞宾而收他为徒，很快曹国舅修成仙道。

6. 韩湘子：唐代著名文学家韩愈的侄子（有说侄孙）。他成仙的传说，最早见于唐代段成式的《酉阳杂俎》。书中称韩愈有一年少远房侄子，为人轻狂不羁，不喜读书，韩愈曾责怪他，他却能在七日之内使牡丹花按其叔的要求改变颜色，并且每朵上边还有"云横秦岭家何在……"的诗句，韩愈惊奇万分。还有说韩湘子是韩愈的外甥，其事迹和《酉阳杂俎》所言大同小异，韩湘子的人物原型为韩愈的族侄，五代时即被仙化。

7. 蓝采和：八仙中有位玩世不恭，似狂非狂的行乞道仙，名叫蓝采和，是唐末至五代时人。其行为怪僻，贪杯喜唱，平时穿一身破蓝衫，一只脚穿只靴子，另一只则光着脚丫子。更不近常情的是，夏天他穿棉衣，冬天却躺卧雪中而全身冒热气（《续仙传》）。平时他手持三尺有余的大拍板，一边打着竹板，一边踏歌而行，沿街行乞，他唱的歌很多，大都是触景而生，不仅令世人觉得高深莫测，而且颇具仙意。其一云："踏歌蓝采和，世界能几何？红颜一春树，流年一掷梭，古人混混去不返，今人纷纷来更多。朝骑鸾凤到碧波，暮见桑田生白波。长景明晖在空际，金银宫阙高嵯峨。"他行为癫狂，有人施钱给他，他大都送给贫苦人，蓝采和居无定所，四海为家。这个仙人的人物原型本是一江湖流浪汉。

8. 何仙姑：八仙中唯一的女性，有关其身世说法不一。

传说一：称有"何二娘"者，是位以织鞋为业的农妇，后因嫌家居太闹，游于罗浮山，在山寺中住下，经常采集山果供众寺僧充斋。一次，远在四百里外的循州山寺僧来罗浮山寺，称某日曾有仙女去彼山采摘杨梅果子。那天正好是二娘采果的日子，再加之大家又不知二娘从何处采来这众多山果，便认为二娘即为循州山寺采果之仙女，从此二娘远近闻名，她也借此不再寄居山寺了。

传说二：何仙姑为唐武则天时广东增城县人，出生时头顶出现六道豪光，天生一副"仙科"，十三岁时在山中遇一道士，吃了道士的一只仙桃，从此不饥不渴，身轻如飞，并可预见人生祸福。后来她应召进京，途中离去。

传说三：她是宋朝人。宋代的一些文人笔记多称她为北宋永州（零陵）人，有称她幼遇异人，得食仙桃成仙。有称她放牧于郊野，遇异人送仙枣，食后而成仙，宋人笔记中还记载了何仙姑的一些为人占卜休咎、预测祸福的事迹，一时士大夫和好奇者争相前往彼处占卜，可见她不过是一位精于占卜的民间女巫。

第十部分　古诗文

一、小学古诗文

1.《山村咏怀》　宋　邵康节
一去二三里，烟村四五家。亭台六七座，八九十枝花。

2.《咏鹅》　唐　骆宾王
鹅，鹅，鹅，曲项向天歌，白毛浮绿水，红掌拨清波。

3.《画鸡》　明　唐寅
头上红冠不用裁，满身雪白走将来。平生不敢轻言语，一叫千门万户开。

4.《画》　唐　王维
远看山有色，近听水无声。春去花还在，人来鸟不惊。

5.《静夜思》　唐　李白
床前明月光，疑是地上霜。举头望明月，低头思故乡。

6.《悯农》　唐　李绅
锄禾日当午，汗滴禾下土。谁知盘中餐，粒粒皆辛苦。

7.《春晓》　唐　孟浩然
春眠不觉晓，处处闻啼鸟。夜来风雨声，花落知多少。

8.《村居》　清　高鼎
草长莺飞二月天，拂堤杨柳醉春烟。儿童散学归来早，忙趁东风放纸鸢。

9.《所见》　清　袁枚
牧童骑黄牛，歌声振林樾。意欲捕鸣蝉，忽然闭口立。

10.《小池》　宋　杨万里
泉眼无声惜细流，树阴照水爱晴柔。小荷才露尖尖角，早有蜻蜓立上头。

11.《赠刘景文》　宋　苏轼
荷尽已无擎雨盖，菊残犹有傲霜枝。一年好景君须记，最是橙黄橘绿时。

12.《山行》　唐　杜牧
远上寒山石径斜，白云生处有人家。停车坐爱枫林晚，霜叶红于二月花。

13.《回乡偶书》 唐 贺知章

少小离家老大回，乡音无改鬓毛衰。儿童相见不相识，笑问客从何处来。

14.《赠汪伦》 唐 李白

李白乘舟将欲行，忽闻岸上踏歌声。桃花潭水深千尺，不及汪伦送我情。

15.《草》 唐 白居易

离离原上草，一岁一枯荣。野火烧不尽，春风吹又生。
远芳侵古道，晴翠接荒城。又送王孙去，萋萋满别情。

16.《宿新市徐公店》 宋 杨万里

篱落疏疏一径深，树头花落未成阴。儿童急走追黄蝶，飞入菜花无处寻。

17.《望庐山瀑布》 唐 李白

日照香炉生紫烟，遥看瀑布挂前川。飞流直下三千尺，疑是银河落九天。

18.《绝句》 唐 杜甫

两个黄鹂鸣翠柳，一行白鹭上青天。窗含西岭千秋雪，门泊东吴万里船。

19.《敕勒歌》 北朝民歌

敕勒川，阴山下，天似穹庐，笼盖四野。天苍苍，野茫茫，风吹草低见牛羊。

20.《小儿垂钓》 唐 胡令能

蓬头稚子学垂纶，侧坐莓台草映身。路人借问遥招手，怕得鱼惊不应人。

21.《夜书所见》 宋 叶绍翁

萧萧梧叶送寒声，江上秋风动客情。知有儿童挑促织，夜深篱落一灯明。

22.《九月九日忆山东兄弟》 唐 王维

独在异乡为异客，每逢佳节倍思亲。遥知兄弟登高处，遍插茱萸少一人。

23.《饮湖上初晴后雨》 宋 苏轼

水光潋滟晴方好，山色空蒙雨亦奇。欲把西湖比西子，淡妆浓抹总相宜。

24.《望天门山》 唐 李白

天门中断楚江开，碧水东流至此回。两岸青山相对出，孤帆一片日边来。

25.《春日》 宋 朱熹

胜日寻芳泗水滨，无边光景一时新。等闲识得东风面，万紫千红总是春。

26.《咏柳》 唐 贺知章

碧玉妆成一树高，万条垂下绿丝绦。不知细叶谁裁出，二月春风似剪刀。

27.《游子吟》 唐 孟郊

慈母手中线，游子身上衣。临行密密缝，意恐迟迟归。谁言寸草心，报得三春晖。

28.《嫦娥》 唐 李商隐

云母屏风烛影深，长河渐落晓星沉。嫦娥应悔偷灵药，碧海青天夜夜心。

29.《乞巧》 唐 林杰

七夕今宵看碧霄，牵牛织女渡河桥。家家乞巧望秋月，穿尽红丝几万条。

30.《游山西村》 宋 陆游

莫笑农家腊酒浑，丰年留客足鸡豚。山重水复疑无路，柳暗花明又一村。
箫鼓追随春社近，衣冠简朴古风存。从今若许闲乘月，拄杖无时夜叩门。

31.《题西林壁》 宋 苏轼

横看成岭侧成峰，远近高低各不同。不识庐山真面目，只缘身在此山中。

32.《送元二使安西》 唐 王维

渭城朝雨浥轻尘，客舍青青柳色新。劝君更尽一杯酒，西出阳关无故人。

33.《早发白帝城》 唐 李白

朝辞白帝彩云间，千里江陵一日还。两岸猿声啼不住，轻舟已过万重山。

34.《黄鹤楼送孟浩然之广陵》 唐 李白

故人西辞黄鹤楼，烟花三月下扬州。孤帆远影碧空尽，唯见长江天际流。

35.《过故人庄》 唐 孟浩然

故人具鸡黍，邀我至田家。绿树村边合，青山郭外斜。
开轩面场圃，把酒话桑麻。待到重阳日，还来就菊花。

36.《清明》 唐 杜牧

清明时节雨纷纷，路上行人欲断魂。借问酒家何处有？牧童遥指杏花村。

37.《望洞庭》 唐 刘禹锡

湖光秋月两相和，潭面无风镜未磨。遥望洞庭山水色，白银盘里一青螺。

38.《独坐敬亭山》 唐 李白

众鸟高飞尽，孤云独去闲。相看两不厌，只有敬亭山。

39.《渔歌子》 唐 张志和

西塞山前白鹭飞，桃花流水鳜鱼肥。青箬笠，绿蓑衣，斜风细雨不须归。

40.《忆江南·乡村》 唐 白居易

江南好，风景旧曾谙。日出江花红胜火，春来江水绿如蓝。能不忆江南？

41.《四时田园杂兴》 宋 范成大

昼出耘田夜绩麻，村庄儿女各当家。童孙未解供耕织，也傍桑阴学种瓜。

42.《乡村四月》 宋 翁卷

绿遍山原白满川，子规声里雨如烟。乡村四月闲人少，才了蚕桑又插田。

43.《秋思》 唐 张籍

洛阳城里见秋风，欲作家书意万重。复恐匆匆说不尽，行人临发又开封。

44.《泊船瓜洲》 宋 王安石

京口瓜洲一水间，钟山只隔数重山。春风又绿江南岸，明月何时照我还？

45. 《舟过安仁》　宋　杨万里

一叶渔船两小童，收篙停棹坐船中。怪生无雨都张伞，不是遮头是使风。

46. 《浪淘沙》　唐　刘禹锡

九曲黄河万里沙，浪淘风簸自天涯。如今直上银河去，同到牵牛织女家。

47. 《牧童》　唐　吕岩

草铺横野六七里，笛弄晚风三四声。归来饱饭黄昏后，不脱蓑衣卧月明。

48. 《凉州词》　唐　王翰

葡萄美酒夜光杯，欲饮琵琶马上催。醉卧沙场君莫笑，古来征战几人回？

49. 《清平乐（yuè）·村居》　宋　辛弃疾

茅檐低小，溪上青青草。醉里吴音相媚好，白发谁家翁媪（ǎo）？

大儿锄豆溪东，中儿正织鸡笼。最喜小儿无赖，溪头卧剥莲蓬。

50. 《长相思》　清　纳兰性德

山一程，水一程，身向榆关那畔行，夜深千帐灯。

风一更，雪一更，聒（guō）碎乡心梦不成，故园无此声。

51. 《诗经·采薇》（节选）

昔我往矣，杨柳依依。今我来思，雨雪霏霏。

52. 《马诗》　唐　李贺

大漠沙如雪，燕山月似钩。何当金络脑，快走踏清秋。

53. 《春夜喜雨》　唐　杜甫

好雨知时节，当春乃发生。随风潜入夜，润物细无声。

野径云俱黑，江船火独明。晓看红湿处，花重锦官城。

54. 《己亥杂诗》　清　龚自珍

浩荡离愁白日斜（xiá），吟鞭东指即天涯。落红不是无情物，化作春泥更护花。

55. 《惠崇春江晓景》　宋　苏轼

竹外桃花三两枝，春江水暖鸭先知。芦蒿满地芦芽短，正是河豚欲上时。

56. 《西江月·夜行黄沙道中》　宋　辛弃疾

明月别枝惊鹊，清风半夜鸣蝉。稻花香里说丰年，听取蛙声一片。

七八个星天外，两三点雨山前。旧时茅店社林边，路转溪桥忽见。

57. 《天净沙·秋》　元　白朴

孤村落日残霞，轻烟老树寒鸦，一点飞鸿影下。青山绿水，白草红叶黄花。

58. 《伯牙绝弦》　唐　薛涛

伯牙善鼓琴，钟子期善听。伯牙鼓琴，志在高山，钟子期曰："善哉，峨峨兮若泰山！"志在流水，钟子期曰："善哉，洋洋兮若江河！"伯牙所念，钟子期必得之。子期死，伯牙谓世再无知音，乃破琴绝弦，终身不复鼓。

59.《元日》 宋 王安石

爆竹声中一岁除，春风送暖入屠苏。千门万户曈曈日，总把新桃换旧符。

60.《天竺寺八月十五日夜桂子》 唐 皮日休

玉颗珊珊下月轮，殿前拾得露华新。至今不会天中事，应是嫦娥掷与人。

61.《七步诗》 三国魏 曹植

煮豆持作羹，漉菽以为汁。萁在釜下燃，豆在釜中泣。本自同根生，相煎何太急？

62.《鸟鸣涧》 唐 王维

人闲桂花落，夜静春山空。月出惊山鸟，时鸣春涧中。

63.《芙蓉楼送辛渐》 唐 王昌龄

寒雨连江夜入吴，平明送客楚山孤。洛阳亲友如相问，一片冰心在玉壶。

64.《江畔独步寻花》 唐 杜甫

黄四娘家花满蹊，千朵万朵压枝低。留连戏蝶时时舞，自在娇莺恰恰啼。

65.《石灰吟》 明 于谦

千锤万凿出深山，烈火焚烧若等闲。粉骨碎身全不怕，要留清白在人间。

66.《竹石》 清 郑燮

咬定青山不放松，立根原在破岩中。千磨万击还坚劲，任尔东西南北风。

67.《卜算子·送鲍浩然之浙东》 宋 王观

水是眼波横，山是眉峰聚。欲问行人去那边，眉眼盈盈处。

才始送春归，又送君归去，若到江南赶上春，千万和春住。

68.《闻官军收河南河北》 唐 杜甫

剑外忽传收蓟北，初闻涕泪满衣裳。却看妻子愁何在，漫卷诗书喜欲狂。

白日放歌须纵酒，青春作伴好还乡。即从巴峡穿巫峡，便下襄阳向洛阳。

69.《己亥杂诗》 清 龚自珍

九州生气恃风雷，万马齐喑究可哀。我劝天公重抖擞，不拘一格降人才。

70.《浣溪沙》 宋 苏轼

游蕲山清泉寺，寺临兰溪，溪水溪流。

山下兰芽短浸溪，松间沙路净无泥。

潇潇暮雨子规啼。谁道人生无再少？门前流水尚能西！休将白发唱黄鸡。

71.《江南》 汉乐府

江南可采莲，莲叶何田田。鱼戏莲叶东，鱼戏莲叶西，鱼戏莲叶南，鱼戏莲叶北。

72.《登鹳雀楼》 唐 王之涣

白日依山尽，黄河入海流。欲穷千里目，更上一层楼。

73.《风》 唐 李峤

解落三秋叶，能开二月花。过江千尺浪，入竹万竿斜。

74.《出塞》 唐 王昌龄

黄河远上白云间，一片孤城万仞山。羌笛何须怨杨柳，春风不度玉门关。

75.《鹿柴》 唐 王维

空山不见人，但闻人语响。返景入深林，复照青苔上。

76.《古郎月行》节选 唐 李白

小时不识月，呼作白玉盘。又疑瑶台镜，飞在青云端。

77.《别董大》 唐 高适

千里黄云白日曛，北风吹雁雪纷纷。莫愁前路无知己，天下谁人不识君。

78.《绝句》 唐 杜甫

迟日江山丽，春风花草香。泥融飞燕子，沙暖睡鸳鸯。

79.《枫桥夜泊》 唐 张继

月落乌啼霜满天，江枫渔火对愁眠。姑苏城外寒山寺，夜半钟声到客船。

80.《江雪》 唐 柳宗元

千山鸟飞绝，万径人踪灭。孤舟蓑笠翁，独钓寒江雪。

81.《塞下曲》 唐 卢纶

月黑雁飞高，单于夜遁逃。欲将轻骑逐，大雪满弓刀。

82.《池上》 唐 白居易

小娃撑小艇，偷采白莲回。不解藏踪迹，浮萍一道开。

83.《寻隐者不遇》 唐 贾岛

松下问童子，言师采药去。只在此山中，云深不知处。

84.《江南春》 唐 杜牧

千里莺啼绿映红，水村山郭酒旗风。南朝四百八十寺，多少楼台烟雨中。

85.《乐游原》 唐 李商隐

向晚意不适，驱车登古原。夕阳无限好，只是近黄昏。

86.《蜂》 唐 罗隐

不论平地与山尖，无限风光尽被占。采得百花成蜜后，为谁辛苦为谁甜。

87.《江上渔者》 宋 范仲淹

江上往来人，但爱鲈鱼美。君看一叶舟，出没风波里。

88.《书湖阴先生壁》 宋 王安石

茅檐长扫净无苔，花木成畦手自栽。一水护田将绿绕，两山排闼（tà）送青来。

89.《六月二十七日望湖楼醉书》 宋 苏轼

黑云翻墨未遮山，白雨跳珠乱入船。卷地风来忽吹散，望湖楼下水如天。

90.《夏日绝句》　宋　李清照

生当作人杰，死亦为鬼雄。至今思项羽，不肯过江东。

91.《示儿》　宋　陆游

死去元知万事空，但悲不见九州同。王师北定中原日，家祭无忘告乃翁。

92.《秋夜将晓出篱门迎凉有感》　宋　陆游

三万里河东入海，五千仞岳上摩天。遗民泪尽胡尘里，南望王师又一年。

93.《晓出净慈寺送林子方》　宋　杨万里

毕竟西湖六月中，风光不与四时同。接天莲叶无穷碧，映日荷花别样红。

94.《题临安邸》　宋　林升

山外青山楼外楼，西湖歌舞几时休？暖风熏得游人醉，直把杭州作汴州。

95.《游园不值》　宋　叶绍翁

应怜屐齿印苍苔，小扣柴扉久不开。春色满园关不住，一枝红杏出墙来。

96.《墨梅》　元　王冕

我家洗砚池头树，朵朵花开淡墨痕。不要人夸颜色好，只留清气满乾坤。

97.《逢雪宿芙蓉山主人》　唐　刘长卿

日暮苍山远，天寒白屋贫。柴门闻犬吠，风雪夜归人。

98.《马诗》　唐　李贺

此马非凡马，房星是本星。向前敲瘦骨，犹自带铜声。

99.《学弈》（本文选自《孟子·告子》）

弈秋，通国之善弈者也。使弈秋诲二人弈，其一人专心致志，惟弈秋之为听；一人虽听之，一心以为有鸿鹄将至，思援弓缴而射之。虽与之俱学，弗若之矣。为是其智弗若与？曰：非然也。

100.《两小儿辩日》（本文选自《列子·汤问》）

孔子东游，见两小儿辩斗，问其故。一儿曰："我以日始出时去人近，而日中时远也。"一儿以日初出远，而日中时近也。一儿曰："日初出大如车盖，及日中则如盘盂，此不为远者小而近者大乎？"一儿曰："日初出沧（cāng）沧凉凉，及其日中如探汤，此不为近者热而远者凉乎？"孔子不能决也，两小儿笑曰："孰为汝多知乎？"

二、初中文言文 16 篇

1.《论语》十则　春秋时期　孔子及其弟子

子曰：学而时习之，不亦说（yuè）乎？有朋自远方来，不亦乐乎？人不知而不愠，不亦君子乎？

曾子曰：吾日三省吾身：为人谋而不忠乎？与朋友交而不信乎？传不习乎？

子曰：温故而知新，可以为师矣。

子曰：学而不思则罔（wǎng），思而不学则殆。

子曰：由，诲女知之乎！知之为知之，不知为不知，是知也。

子曰：见贤思齐焉，见不贤而内自省也。

子曰：三人行，必有我师焉。择其善者而从之，其不善者而改之。

曾子曰：士不可以不弘毅，任重而道远。仁以为己任，不亦重乎？死而后已，不亦远乎？

子曰：岁寒，然后知松柏之后凋也。

子贡问曰：有一言而可以终身行之者乎？子曰：其恕乎！己所不欲，勿施于人。

译文：

孔子说：学习了知识，然后时常温习它，不也很高兴吗？有志同道合的朋友从远处来这儿，不也很快乐吗？人家不了解我，但我不怨恨，不也是有道德修养的人吗？

曾子说：我每天多次地反省自己：替别人办事是不是尽心尽力呢？跟朋友交往是不是诚实呢？老师传授的学业是不是复习过呢？

孔子说：温习旧知识，得到新的理解，可以凭（这一点）当老师了。

孔子说：只读书但不思考，就会迷惑，只空想但不读书，就会有害。

孔子说：由，教给你认识事物的道理吧：知道就是知道，不知道就是不知道——这是聪明的。

孔子说：看见品德高尚的贤人要想着向他看齐，看见品德不好的人要反省自己有没有跟他相似的毛病。

孔子说：几个人一起走路，其中必定有我的老师。我要选择他们的长处来学习，（看见自己也有）他们的短处就要改正。

曾子说：有抱负的人不可以不胸怀宽广、意志刚毅，因为他肩负着重大的使命，路程又很遥远。把实现"仁"的理想看作自己的使命，不也很重大吗？到死为止，不也很遥远吗？

孔子说：（碰上）寒冷的冬天，才知道松柏树是最后落叶的。

子贡问：有没有一句可以终身奉行的话？孔子说：大概是"恕"吧！自己不喜欢的事情，不要施加在别人身上。

2.《桃花源记》 东晋 陶渊明

晋太元中，武陵人捕鱼为业。缘溪行，忘路之远近。忽逢桃花林，夹岸数百步，中无杂树，芳草鲜美，落英缤纷。渔人甚异之。复前行，欲穷其林。

林尽水源，便得一山，山有小口，仿佛若有光。便舍船，从口入。初极狭，才通人。复行数十步，豁然开朗。土地平旷，屋舍俨然，有良田美池桑竹之属。阡陌交通，鸡犬相闻。其中往来种作，男女衣着，悉如外人。黄发垂髫，并怡然自乐。

见渔人，乃大惊，问所从来。具答之。便要还家，设酒杀鸡作食。村中闻有此人，咸来问讯。自云先世避秦时乱，率妻子邑人来此绝境，不复出焉，遂与外人间隔。问今是何世，乃不知有汉，无论魏晋。此人一一为具言所闻，皆叹惋。余人各复延至其家，皆出酒食。停数日，辞去。此中人语云："不足为外人道也。"

既出，得其船，便扶向路，处处志之。及郡下，诣太守，说如此。太守即遣人随其往，寻向所志，遂迷，不复得路。

南阳刘子骥，高尚士也，闻之，欣然规往。未果，寻病终。后遂无问津者。

译文：

东晋太元年间，有个武陵人以捕鱼为业。有一天他沿小溪行船，忘记了路的远近。忽然遇到一片桃花林，夹着小溪两岸几百步，中间没有别的树，草鲜艳美丽，落花繁多交杂。渔人很为这种景象惊异。他又向前行船，想走尽这片桃花林。

桃花林在溪水发源处没有了，就有一座山，山上有个小洞，隐约好像有光。渔人就离开船，从洞进去。洞开始很狭窄，仅能通过一个人。渔人又走了几十步，突然开阔明亮了。洞外，土地平坦开阔，屋舍整齐。有肥沃的田地、美丽的池塘、桑树、竹子之类。田间小路交错相通，村落间鸡狗的叫声互相听见。这里面的人来来往往耕田劳动，男女的衣着，全像桃花源以外的世人。老人小孩全快快乐乐的。

其中有一个人看见渔人，竟然很吃惊，问渔人从哪儿来。渔人详细回答他。他便邀请渔人回家，备酒杀鸡做饭菜款待渔人。村中人听说有这样一个人，都来问消息。他们说祖先躲避秦朝的祸乱，带领妻子、儿女、乡邻来到这个与世隔绝的地方，不再从这儿出去，就和外面的人断绝了来往。他们问渔人现在是什么朝代，他们竟然不知道有汉朝，更不用说魏朝和晋朝了。渔人一一给他们详细说出所知道的，他们都感叹惋惜。其余的人各自又邀请渔人到自己家，拿出酒食款待渔人。渔人停留了几天，告辞离开。这里面的人告诉他："这里的情况不值得对外面的人说啊。"

渔人出去后，找到他的船，就顺着原来的路回去了，一路上处处做标志。回到武陵郡，拜见太守，报告了这些情况。太守立即派人跟随渔人前往，寻找原来所做的标志，竟然迷路了，再也找不到原来的路。

南阳的刘子骥，是一个志趣清高的人，听到这件事，高兴地计划前往寻找桃花源。但没有实现，不久病死了。从此以后就没有探访桃花源的人了。

3.《陋室铭》 唐 刘禹锡

山不在高，有仙则名。水不在深，有龙则灵。斯是陋室，惟吾德馨。苔痕上阶绿，草色入帘青。谈笑有鸿儒，往来无白丁。可以调素琴，阅金经。无丝竹之乱耳，无案牍（dú）之劳形。南阳诸葛庐，西蜀子云亭。孔子云：何陋之有？

译文：

山不一定要高，有了仙人就出名了。水不一定要深，有了龙就灵异了。这是简陋的房子，只是我的品德美好（就不感到简陋了）。青苔碧绿，长到台阶上，草色青葱，映入帘子中。与我谈笑的是博学的人，往来的没有不懂学问的人。可以弹奏朴素的古琴，阅读珍贵的佛经。没有嘈杂的音乐扰乱两耳，没有官府公文使身心劳累。它好比南阳诸葛亮的茅庐，西蜀扬子云的玄亭。孔子说："有什么简陋的呢？"

4.《爱莲说》 宋 周敦颐

水陆草木之花，可爱者甚蕃（fán）。晋陶渊明独爱菊。自李唐来，世人盛爱牡丹。予独爱莲之出淤泥而不染，濯（zhuó）清涟而不妖，中通外直，不蔓不枝，香远益清，亭亭净植，可远观而不可亵玩焉。

予谓菊，花之隐逸者也；牡丹，花之富贵者也；莲，花之君子者也。噫！菊之爱，陶后鲜有闻。莲之爱，同予者何人？牡丹之爱，宜乎众矣。

译文：

水中、地上各种草木的花，值得爱的很多。晋朝的陶渊明唯独喜欢菊花。自唐朝以来，人们很喜爱牡丹。我唯独喜爱莲，莲从淤积的污泥里长出来，却不受沾染；在清水里洗涤过，但并不显得妖媚；它的茎内空外直，不生枝蔓，不生枝节；香气远播，越发清芬；笔直洁净地立在那里，可以在远处观赏却不能贴近去玩弄啊！

我认为，菊是花中的隐士，牡丹是花中的富贵者，莲是花中的君子。唉，对于菊花的爱好，陶渊明以后就很少听到了。对于莲花的爱好，像我一样的还有什么人呢？对于牡丹的爱好，人数应当很多了！

5.《三峡》 北朝（北魏） 郦道元

自三峡七百里中，两岸连山，略无阙处。重岩叠嶂，隐天蔽日。自非亭午夜分，不见曦月。

至于夏水襄陵，沿溯（sù）阻绝。或王命急宣，有时朝发白帝，暮到江陵，其间千二百里，虽乘奔御风，不以疾也。

春冬之时，则素湍绿潭，回清倒影。绝巘（yǎn）多生怪柏，悬泉瀑布，飞漱其间。清荣峻茂，良多趣味。

每至晴初霜旦，林寒涧肃，常有高猿长啸，属引凄异，空谷传响，哀转久

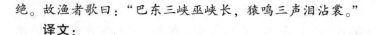

绝。故渔者歌曰:"巴东三峡巫峡长,猿鸣三声泪沾裳。"

译文:

从三峡开始的七百里当中,江流两岸都是连绵不断的大山,连一点儿缺断的地方也没有。重重叠叠的悬崖峭壁,把天空和太阳都遮蔽了,如果不是正午,就看不见太阳,如果不是半夜,就看不见月亮。

到了夏天江水漫上丘陵的时候,下行和上行的航路都被阻绝了。有时皇帝有命令需要急速传达,这时候只要清早坐船从白帝城出发,傍晚便到江陵了,中间相距一千二百里,即使骑上快马、驾着风也没有这样快。

在春、冬这两个季节,则是雪白的急流,碧绿的潭水,回旋着清波,倒映着各种景物的影子。在极高的山峰上,生长着许多奇形怪状的柏树,(在山峰之间)有悬泉和瀑布飞流冲荡。江水清清,树木苍郁,山势险峻,百草丰茂,真是情趣无限。

每到秋天初晴的日子或下霜的早晨,树林和山涧一片清凉和寂静,常有猿猴在高处放声长鸣,声音连续不断,凄凉怪异,空旷的山谷传来猿鸣的回声,悲哀婉转,很久才消失。所以当地打鱼的人的歌中唱道:"巴东三峡巫峡最长,(人们听到)猿猴的几声哀鸣,泪水就要沾湿衣裳。"

6.《记承天寺夜游》 宋 苏轼

元丰六年十月十二日夜,解衣欲睡,月色入户,欣然起行。念无与为乐者,遂至承天寺寻张怀民。怀民亦未寝,相与步于中庭。庭下如积水空明,水中藻、荇交横,盖竹柏影也。何夜无月?何处无竹柏?但少闲人如吾两人者耳。

译文:

元丰六年十月十二日晚上,解开衣服想睡觉时,月光从窗口射进来,我愉快地起来行走。想到没有可与自己一起游乐的人,于是到承天寺找张怀民。张怀民也没有睡觉,我们一起在庭院中散步。院子里,月色洒在地面,如水一般空灵清明,"水"中藻、荇(xìng)交缠错杂,都是竹子和柏树的影子。哪夜没有月光?哪里没有绿竹和翠柏?只是缺少像我俩这样的闲人罢了。

7.《马说》 唐 韩愈

世有伯乐,然后有千里马。千里马常有,而伯乐不常有。故虽有名马,祇(zhǐ)辱于奴隶人之手,骈(pián)死于槽枥之间,不以千里称也。

马之千里者,一食或尽粟一石。食马者不知其能千里而食也。是马也,虽有千里之能,食不饱,力不足,才美不外见,且欲与常马等不可得,安求其能千里也?

策之不以其道,食之不能尽其材,鸣之而不能通其意,执策而临之,曰:"天下无马!"呜呼!其真无马邪?其真不知马也。

译文：

世间有了伯乐，然后才会有千里马。千里马经常有，可是伯乐却不会经常有。所以即使是雄健的马，也只能在仆役的手下受屈辱，和普通的马一起死在马厩里，不会获得"千里马"的称号。

日行千里的马，一餐或许能吃下一石粮食。喂马的人不懂得要根据它日行千里的本领来喂养它。（所以）这样的马，虽然有日行千里的才能，却吃不饱，力气不足，它的才能和美好的素质也就表现不出来，想要跟普通的马相等尚且办不到，又怎么能要求它日行千里呢？

驾驭它不是按照驾驭千里马的方法，喂养它，不足以使它充分发挥自己的才能，听它嘶叫，却不懂它的意思，（反而）拿着鞭子站在它面前说："天下没有千里马！"唉！难道果真没有千里马吗？其实是他们真不识得千里马啊！

8.《送东阳马生序》 明 宋濂

余幼时即嗜（shì）学。家贫，无从致书以观，每假借于藏书之家，手自笔录，计日以还。天大寒，砚冰坚，手指不可屈伸，弗之怠。录毕，走送之，不敢稍逾约。以是人多以书假余，余因得遍观群书。既加冠，益慕圣贤之道。又患无硕师名人与游，尝趋百里外，从乡之先达执经叩问。先达德隆望尊，门人弟子填其室，未尝稍降辞色。余立侍左右，援疑质理，俯身倾耳以请；或遇其叱咄，色愈恭，礼愈至，不敢出一言以复；俟其欣悦，则又请焉。故余虽愚，卒获有所闻。

当余之从师也，负箧（qiè）曳屣（xǐ）行深山巨谷中。穷冬烈风，大雪深数尺，足肤皲（jūn）裂而不知。至舍，四支僵劲不能动，媵（yìng）人持汤沃灌，以衾（qīn）拥覆，久而乃和。寓逆旅，主人日再食，无鲜肥滋味之享。同舍生皆被绮（qǐ）绣，戴朱缨宝饰之帽，腰白玉之环，左佩刀，右备容臭，烨（yè）然若神人；余则缊袍敝衣处其间，略无慕艳意，以中有足乐者，不知口体之奉不若人也。盖余之勤且艰若此。

译文：

我小时就爱好读书。家里穷，没有办法得到书，每次向有书的人家去借，亲手用笔抄写，计算着约定的日子按期归还。天气特别冷的时候，砚池里的墨水结成坚冰，手指不能屈伸，也不敢放松。抄写完毕，赶快把书送还，不敢稍稍超过约定的期限。因此，人家多愿意把书借给我，我也因此能够看到各种各样的书。成年以后，更加仰慕古代圣贤的学说，又担心不能遇到渊博的老师、名人交流，曾经跑到百里以外捧着经书向同乡有道德学问的前辈请教。前辈德高望重，向他求教的学生挤满了屋子，他从不把言辞和表情放温和些。我站在旁边侍候着，提出疑难，询问道理，弯着身子，侧着耳朵，向他请教；有时遇到他斥责，我的表情更加恭顺，礼节更加周到，一句话也不敢多说；等到他高兴了，就又去请教。所以我虽然愚笨，但终于能够有所收获。

当我从师求学的时候，背着书箱，拖着鞋子，行走在深山大谷里。深冬季节，刮着猛烈的寒风，踏着几尺深的积雪，脚上的皮肤冻裂了还不知道。到了客店，四肢僵硬不能动弹，服侍的人拿来热水给我洗手洗脚，用被子给我盖上，很久才暖和过来。住在客舍里，每天只吃两顿饭，没有新鲜肥美的东西可以享受。跟我住在一起的同学，都穿着华丽的衣服，戴着红缨装饰成的缀着珠宝的帽子，腰上系着白玉环，左边佩着刀，右边挂着香袋，浑身光彩照耀，像神仙一样。我却穿着破棉袄、旧衣衫，生活在他们当中，一点儿也不羡慕他们，因为我心中有足以快乐的事，不感到衣食的享受比不上其他的人。我求学时的勤奋和艰苦大概就是这样。

9.《小石潭记》 唐 柳宗元

从小丘西行百二十步，隔篁竹，闻水声，如鸣珮环，心乐之。伐竹取道，下见小潭，水尤清冽。全石以为底，近岸，卷石底以出，为坻，为屿，为嵁（kān），为岩。青树翠蔓，蒙络摇缀，参差披拂。

潭中鱼可百许头，皆若空游无所依，日光下澈，影布石上。怡（yǐ）然不动，俶（chù）尔远逝，往来翕（xī）忽。似与游者相乐。

潭西南而望，斗折蛇行，明灭可见。其岸势犬牙差互，不可知其源。

坐潭上，四面竹树环合，寂寥无人，凄神寒骨，悄怆（chuàng）幽邃。以其境过清，不可久居，乃记之而去。

同游者：吴武陵、龚古、余弟宗玄。隶而从者，崔氏二小生：曰恕己，曰奉壹。

译文：

从小土丘向西走一百二十步，隔着竹林，听到了水声，好像人身上佩戴的玉佩、玉环相碰发出的声音。（我的）心情感到愉快。便砍倒竹子开辟出一条小道（走过去），看见下面有一个小潭，潭水特别清凉。（潭）用整块石头为底，靠近岸的地方，石底有些部分翻卷过来露出水面，成为坻、屿、嵁、岩等不同的形状。青葱的树，翠绿的茎蔓，覆盖、缠绕、摇动、联结，参差不齐，随风飘荡。

潭中的鱼有一百来条，都好像在空中游动，什么凭借也没有。阳光直照到水底，鱼的影子映在石上，（鱼影）呆呆地一动不动；又忽然间向远处游去了，来来往往轻快敏捷。好像和游人一同欢乐。

向小石潭的西南方向望去，（泉水）像北斗星那样曲折，像蛇那样弯曲前行，（望过去）一段看得见，一段又看不见。溪岸的形状像狗的牙齿那样互相交错，不知道它的源头在哪里。

坐在小石潭上，四面被竹子和树木围绕着，寂静寥落，空无一人，不觉感到心情凄凉，寒气透骨，忧伤极了，幽深极了。因为这里的环境太凄清，不可以久留，就题字离去。

同游的人有吴武陵、龚古以及我的弟弟宗玄。跟着一同去的，还有姓崔的两个年轻人，一个叫恕己，一个叫奉壹。

10.《岳阳楼记》　　宋　范仲淹

庆历四年春，滕子京谪守巴陵郡。越明年，政通人和，百废具兴。乃重修岳阳楼，增其旧制，刻唐贤今人诗赋于其上。属予作文以记之。

予观夫巴陵胜状，在洞庭一湖。衔远山，吞长江，浩浩汤汤，横无际涯。朝晖夕阴，气象万千。此则岳阳楼之大观也，前人之述备矣。然则北通巫峡，南极潇湘，迁客骚人，多会于此，览物之情，得无异乎？

若夫淫雨霏霏，连月不开，阴风怒号，浊浪排空；日星隐曜，山岳潜形；商旅不行，樯倾楫摧；薄暮冥冥，虎啸猿啼。登斯楼也，则有去国怀乡，忧谗畏讥，满目萧然，感极而悲者矣。

至若春和景明，波澜不惊，上下天光，一碧万顷；沙鸥翔集，锦鳞游泳；岸芷汀兰，郁郁青青。而或长烟一空，皓月千里，浮光跃金，静影沉璧，渔歌互答，此乐何极！登斯楼也，则有心旷神怡，宠辱偕忘，把酒临风，其喜洋洋者矣。

嗟夫！予尝求古仁人之心，或异二者之为，何哉？不以物喜，不以己悲；居庙堂之高则忧其民；处江湖之远则忧其君。是进亦忧，退亦忧。然则何时而乐耶？其必曰"先天下之忧而忧，后天下之乐而乐"乎。噫！微斯人，吾谁与归？

时六年九月十五日。

译文：

宋仁宗庆历四年的春天，滕子京被贬谪到岳州当了知州。到了第二年，政事顺利，百姓和乐，许多已废弛不办的事情都兴办起来。于是重新修建岳阳楼，扩大它原来的规模，在楼上刻了唐代名人和当代人的诗赋。嘱托我写一篇文章来记述这件事。

我观赏那巴陵的美好景色，都在洞庭湖之中。它含着远处的山，吞长江的水，水势浩大，无边无际。早晨阳光照耀、傍晚阴气凝结，景象千变万化。这就是岳阳楼的雄伟景象，前人的记述已经很详尽了。然而，北面通到巫峡，南面直到潇水和湘江，降职的官吏和来往的诗人，大多在这里聚会，观赏自然景物所产生的感情能没有不同吗？

像那连绵的阴雨下个不断，连续许多日子不放晴，阴惨的风狂吼，浑浊的浪头冲白天空；太阳和星星失去了光辉，高山隐藏了形迹；商人和旅客不能成行，桅杆倒了、船桨断了；傍晚时分天色昏暗，老虎怒吼猿猴悲啼。在这时登上这座楼，就会产生离开国都怀念家乡，担心奸人的诽谤、害怕坏人的讥笑，满眼萧条冷落，极度感慨而悲愤不端的种种情绪了。

就像春日晴和、阳光明媚，波浪不起，蓝天和水色相映，一片碧绿广阔无边；成群的沙鸥，时而飞翔时而停落，美丽的鱼儿，时而浮游，时而潜游；岸边的香草，小洲上的兰花，香气浓郁，颜色青葱。有时大片的烟雾完全消散了，明月照耀着千里大地，浮动的月光像闪耀着的金光，静静的月影像现下的白璧，渔夫的歌声互相唱和，这种快乐哪有穷尽！在这时登上岳阳楼，就有心胸开朗，精神愉快；荣辱全忘，举酒临风，高兴极了的种种感慨和神态了。

唉！我曾经探求古代品德高尚的人的思想感情，或许跟上面说的两种思想感情的表现不同，为什么呢？他们不因为环境好而高兴，也不因为自己遭遇坏而悲伤；在朝廷里做高官就担忧他的百姓；处在僻远的江湖间就担忧他的君王。这就是进入朝廷做官也担忧，辞官隐居也担忧。那么，什么时候才快乐呢？他们大概一定会说"在天下人的忧愁之先就忧愁，在天下人的快乐之后才快乐"吧。唉！如果没有这种人，我同谁一道呢？

写于庆历六年九月十五日（1046年）。

11.《醉翁亭记》 宋 欧阳修

环滁（chú）皆山也。其西南诸峰，林壑尤美，望之蔚（wèi）然而深秀者，琅琊（yá）也。山行六七里，渐闻水声潺潺而泻出于两峰之间者，酿泉也。峰回路转，有亭翼然临于泉上者，醉翁亭也。作亭者谁？山之僧智仙也。名之者谁？太守自谓也。太守与客来饮于此，饮少辄（zhé）醉，而年又最高，故自号曰醉翁也。醉翁之意不在酒，在乎山水之间也。山水之乐，得之心而寓之酒也。

若夫日出而林霏开，云归而岩穴暝，晦明变化者，山间之朝暮也。野芳发而幽香，佳木秀而繁阴，风霜高洁，水落而石出者，山间之四时也。朝而往，暮而归，四时之景不同，而乐亦无穷也。

至于负者歌于途，行者休于树，前者呼，后者应，伛偻（yǔ lǔ）提携，往来而不绝者，滁人游也。临溪而渔，溪深而鱼肥，酿泉为酒，泉香而酒冽，山肴野蔌（sù），杂然而前陈者，太守宴也。宴酣之乐，非丝非竹，射者中，弈者胜，觥（gōng）筹交错，起坐而喧哗者，众宾欢也。苍颜白发，颓然乎其间者，太守醉也。

已而，夕阳在山，人影散乱，太守归而宾客从也。树林阴翳（yì），鸣声上下，游人去而禽鸟乐也。然而禽鸟知山林之乐，而不知人之乐；人知从太守游而乐，而不知太守之乐其乐也。醉能同其乐，醒能述以文者，太守也。太守谓谁？庐陵欧阳修也。

译文：

环绕着滁（chú）州城的都是山。它西南面的许多山峰、树林、山谷尤其优美，远望那树木茂盛，既幽深又秀丽的地方，是琅琊山。沿着山路走六七里，渐渐听到水声潺潺，从两座山峰中间倾泻出来的是酿泉。山势回环，山路转弯，有亭子四角翘起，像鸟张开翅膀一样，高踞在泉水上边的是醉翁亭。修建亭子的人是谁？是山中的和尚智仙。给它取名的人是谁？是太守用自己的别号（醉翁）来命名的。太守和客人到这里来喝酒，喝一点就醉了，而且年龄又最大，所以自己取号叫醉翁。醉翁的情趣不在于喝酒，而在于山水之间。欣赏山水的乐趣，领会它在心里，并寄托它在酒上。

像那太阳出来，树林中的雾气消散，暮云聚拢来，山岩洞穴就昏暗了，阴暗明朗（交替）变化，（就是）山间的早晨和傍晚。野花开放，散发清幽的香气，美好的树木枝叶繁茂，形成浓郁的绿荫，天高气爽，霜色洁白，水位低落，石头显露，这是山里四季的景色。早晨上山，傍晚返回，四季的景色不同，因而乐趣也没有穷尽。

至于背着东西的人在路上唱歌，走路的人在树下休息，前面的人呼唤，后面的人答应，老老少少来来往往不间断的，这是滁州人在出游。到溪边捕鱼，溪水深，鱼儿肥，用酿泉的水酿酒，泉水香甜而酒色清洌，山中野味，田野蔬菜，杂乱地在前面摆着，这是太守举行的酒宴。酒宴上畅饮的乐趣，不在于管弦音乐，投壶的人投中了，下棋的人得胜了，酒杯和酒筹交互错杂，人们有时站立，有时坐着，大声喧嚷，宾客们（尽情）欢乐。脸色苍老，头发花白，醉醺醺地在宾客们中间，太守喝醉了。

不久夕阳落山，人影纵横散乱，太守返回，宾客跟随。这时树林里浓荫遮蔽，鸟儿到处鸣叫，游人离开后禽鸟快乐了。然而禽鸟只知道山林的乐趣，却不知道人的乐趣，人们只知道跟随太守游玩的乐趣，却不知道太守在享受自己的乐趣。喝醉了能够和大家一起享受快乐，酒醒了能够用文章记述的人，是太守。太守是谁？是庐陵人欧阳修。

12.《出师表》　东汉三国　诸葛亮

先帝创业未半而中道崩殂，今天下三分，益州疲弊，此诚危急存亡之秋也。然侍卫之臣不懈于内，忠志之士忘身于外者，盖追先帝之殊遇，欲报之于陛下也。诚宜开张圣听，以光先帝遗德，恢弘志士之气，不宜妄自菲薄，引喻失义，以塞忠谏（jiàn）之路也。

宫中府中，俱为一体，陟（zhì）罚臧否，不宜异同。若有作奸犯科及为忠善者，宜付有司论其刑赏，以昭陛下平明之理，不宜偏私，使内外异法也。

侍中、侍郎郭攸之、费祎（yī）、董允等，此皆良实，志虑忠纯，是以先帝简拔以遗陛下。愚以为宫中之事，事无大小，悉以咨之，然后施行，必能裨补阙漏（bì bǔ quē lòu），有所广益。

将军向宠（chǒng），性行淑均，晓畅军事，试用于昔日，先帝称之曰能，是以众议举宠为督。愚以为营中之事，悉以咨之，必能使行阵和睦，优劣得所。

亲贤臣，远小人，此先汉所以兴隆也；亲小人，远贤臣，此后汉所以倾颓也。先帝在时，每与臣论此事，未尝不叹息痛恨于桓（huán）、灵也。侍中、尚书、长史、参军，此悉贞良死节之臣，愿陛下亲之信之，则汉室之隆，可计日而待也。

臣本布衣，躬耕于南阳，苟全性命于乱世，不求闻达于诸侯。先帝不以臣卑鄙，猥自枉屈，三顾臣于草庐之中，咨臣以当世之事，由是感激，遂许先帝以驱驰。后值倾覆，受任于败军之际，奉命于危难之间，尔来二十有一年矣。

先帝知臣谨慎，故临崩寄臣以大事也。受命以来，夙（sù）夜忧叹，恐托付不效，以伤先帝之明，故五月渡泸，深入不毛。今南方已定，兵甲已足，当奖率三军，北定中原，庶竭驽钝，攘除奸凶，兴复汉室，还于旧都。此臣所以报先帝而忠陛下之职分也。至于斟酌损益，进尽忠言，则攸之、祎、允之任也。

愿陛下托臣以讨贼兴复之效，不效，则治臣之罪，以告先帝之灵。若无兴德之言，则责攸之、祎、允等之慢，以彰其咎（jiù）；陛下亦宜自谋，以咨诹（zōu）善道，察纳雅言，深追先帝遗诏，臣不胜受恩感激。

今当远离，临表涕零，不知所言。

译文：

先帝创建（统一全国的）大业还没有完成一半就中途去世了。现在天下分裂为三国，（我们）蜀国军力疲惫、贫困衰弱，这实在是形势危急，决定生死存亡的时刻啊。可是，侍卫大臣们在宫廷里毫不懈怠，忠诚的将士们在外奋不顾身，这是因为（他们）追念先帝（对他们）特殊的待遇，想将此报答给陛下啊。（陛下）确实应该广泛地听取别人的意见，发扬光大先帝遗留下来的美德，振奋鼓舞志士们的勇气，而不应随便看轻自己，说一些不恰当的话，以致堵塞人们向您忠诚进谏的道路啊。

宫廷中的侍臣和朝廷中的官员，本都是一个整体，奖惩功过、好坏，不应该因在宫中或在府中而有差别。如果有做坏事、触犯法令的以及尽忠做了好事的人，都应该交给有关主管部门评判他们应得的惩罚和奖赏，来显示陛下公正严明的治理，不应当出于私心偏袒一方，造成宫内和朝廷刑赏之法不同。

侍中、侍郎郭攸之、费祎、董允等人，这些都是善良、诚实的人，他们的志向和心思忠诚无二，因此先帝把他们选拔出来留给陛下。我认为宫中的事情，无论大小，都要征询他们的意见，然后再去实行，这样一定能够弥补缺点和疏漏之处，得到更多的益处。

将军向宠，性情品德善良平正，精通军事，从前试用他的时候，先帝称赞他有才干，因此大家商议推举他做中部督。我认为军队中的事情，都要征询他的意见，就一定能使军队中的将士团结和睦，才能高的和才能低的都能安排得当。

亲近贤臣，疏远小人，这是先汉能够兴盛的原因；亲近小人，疏远贤臣，这是后汉倾覆衰败的原因。先帝在世的时候，每逢跟我谈论这些事情，没有一次不对桓、灵二帝的做法感到痛心遗憾的。侍中、尚书、长史、参军，这些人都是坚贞正直，能以死报国的忠臣，希望陛下亲近他们，信任他们，这样汉朝的兴隆就为期不远了。

我本来是一个平民，在南阳耕田种地，只想在动荡不安的乱世中苟且保全性命，不希求在诸侯那里显声扬名。先帝不因为我身份低微、见识短浅，降低自己的身份，三次到茅屋中来拜访我，向我征询对当代大事的看法，我因此甚为感动，于是答应为先帝奔走效劳。后来遇到兵败，在战争失利之际我接受了任命，在艰难困危之中领受了使命，从那时以来已经二十一年了。

先帝知道我做事谨慎细心，所以临终时把国家大事托付给我。接受遗命以来，我日夜忧愁叹息，唯恐先帝的托付不能完成，以致损伤先帝的英明，所以我五月率兵渡过泸水，深入到荒凉偏僻的地方（去作战）。现在南方已经平定，武器装备已经充足，应当激励并率领全军，进军北方，平定中原。我希望竭尽自己平庸的才智，铲除奸诈凶恶的敌人，复兴汉朝天下，返回到原来的国都。这就是我用来报答先帝，效忠陛下的职责。至于（处理事务）酌情酌理掌握分寸，毫无保留地向陛下提出忠诚的建议，那就是郭攸之、费祎、董允等人的责任了。

希望陛下把讨伐奸贼、复兴汉朝的重任交给我，如果我不能实现，那就惩罚我失职的罪过，用来告慰先帝的英灵。如果没有发扬美德的言论，那就责罚攸之、祎、允等人的怠慢，来揭示他们的过失。陛下也应该自己多加思虑谋划，征询治国良策，明察和采纳正确的意见，深切追念先帝遗诏。（这样）我就受恩感激不尽了。

如今我正当远离陛下，面对奏章我落泪纷纷，不知道自己说了些什么。

13.《生于忧患，死于安乐》 战国时期 孟子

舜发于畎（quǎn）亩之中，傅说举于版筑之间，胶鬲（gé）举于鱼盐之中，管夷吾举于士，孙叔敖举于海，百里奚举于市。故天将降大任于斯人也，必先苦其心志，劳其筋骨，饿其体肤，空乏其身，行拂乱其所为，所以动心忍性，曾益其所不能。

人恒过，然后能改；困于心，衡于虑，而后作；征于色，发于声，而后

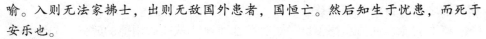

喻。入则无法家拂士，出则无敌国外患者，国恒亡。然后知生于忧患，而死于安乐也。

译文：

舜从田野耕作之中被起用，傅说从筑墙的工作中被举用，胶鬲从卖鱼盐的工作中被举用，管夷吾从狱官手里释放后被举用，孙叔敖从海边被举用，百里奚从集市中被举用。所以上天将要下达重大的使命给这样的人，一定要先使他的内心痛苦，使他的筋骨劳累，使他经受饥饿，以致肌肤消瘦，使他受贫困之苦，使他所行不顺，所做的事颠倒错乱，用这些办法来使他的内心警觉，使他的性情坚韧，增加他过去所不具备的才能。

人经常犯错误，这样以后才能改正；内心困苦，思虑阻塞，然后才能有所作为；这一切表现到脸色上，吐露在言语中，然后人们才了解他。一个国家在国内如果没有坚持法度的世臣和辅佐君主的贤士，在国外如果没有敌对国家和外患，便经常导致灭亡，这样人们才会明白，忧患可以激励人奋起，使人生存、发展，而安逸享乐则会使人萎靡死亡。

14.《鱼我所欲也》　战国时期　孟子

鱼，我所欲也；熊掌，亦我所欲也。二者不可得兼，舍鱼而取熊掌者也。生，亦我所欲也；义，亦我所欲也。二者不可得兼，舍生而取义者也。生亦我所欲，所欲有甚于生者，故不为苟得也；死亦我所恶（wù），所恶有甚于死者，故患有所不辟也。如使人之所欲莫甚于生，则凡可以得生者何不用也？使人之所恶莫甚于死者，则凡可以辟患者何不为也？由是则生而有不用也，由是则可以辟患而有不为也。是故所欲有甚于生者，所恶有甚于死者。非独贤者有是心也，人皆有之，贤者能勿丧耳。

一箪（dān）食，一豆羹，得之则生，弗（fú）得则死。呼尔而与之，行道之人弗受；蹴（cù）尔而与之，乞人不屑也。万钟则不辨礼义而受之，万钟于我何加焉？为宫室之美，妻妾之奉，所识穷乏者得我与？乡为身死而不受，今为宫室之美为之；乡为身死而不受，今为妻妾之奉为之；乡为身死而不受，今为所识穷乏者得我而为之；是亦不可以已乎？此之谓失其本心。

译文：

鱼，是我所想要的；熊掌，也是我所想要的。如果这两样东西不能同时得到，就舍弃鱼而选取熊掌。生命，是我所想要的；道义，也是我所想要的。如果两者不能同时得到，就舍弃生命而选取道义。生命也是我所想要的，所想要的东西有比生命更重要的，所以我不去做苟且偷生的事；死亡也是我所厌恶的，所厌恶的东西有比死更厉害的，所以有的祸患我不去躲避。假如人们所想要的没有比生命更重要，那么凡是可以用来求得生存的手段，有什么不可以使用的呢？假如人们厌恶的没有超过死亡的，那么凡是可以用来躲避祸患的事情，有什么不可以去做的呢？通过这种方法，就能得以生存，然而有的人却不愿采用；通过这种行为，就能躲避祸患，然而有的人却不愿这样做。这是因为人所想要的东西有比生命更重要的，令人厌恶的东西有超过死亡的。不只是品德高尚的人有这种本性，人人都有它，只不过品德高尚的人能不丢掉罢了。

一箪食物，一碗汤，得到它就能生存，没有它就会饿死，没有礼貌地吆喝着给他，就是过路的饥人也不会接受；践踏过再给别人吃，乞丐也不愿意接受。对于高位厚禄，不辨别是否合乎礼义，就接受了，高位厚禄对我有什么益处呢？为了宫室的华美、妻妾的侍奉和我所认识的贫穷的人感激我吗？从前为了礼义，宁愿死也不接受施舍，现在为了宫室的华美而接受；从前为了礼义，宁愿死也不接受施舍，现在为了妻妾的侍奉而接受；从前为了礼义，宁愿死也不接受施舍，现在为了所认识的贫穷人的感激而接受；这种做法不也可以停止了吗？这就叫作丧失了他们的天性。

15.《曹刿论战》　《左传》

庄公十年春，齐师伐我。公将战，曹刿（guì）请见。其乡人曰："肉食者谋之，又何间焉？"刿曰："肉食者鄙，未能远谋。"乃入见。问："何以战？"公曰："衣食所安，弗敢专也，必以分人。"对曰："小惠未徧（biàn），民弗从也。"公曰："牺牲玉帛，弗敢加也，必以信。"对曰："小信未孚，神弗福也。"公曰："小大之狱，虽不能察，必以情。"对曰："忠之属也。可以一战。战则请从。"

公与之乘，战于长勺。公将鼓之。刿曰："未可。"齐人三鼓。刿曰："可矣。"齐师败绩。公将驰之。刿曰："未可。"下视其辙，登轼而望之，曰："可矣。"遂逐齐师。

既克，公问其故。对曰："夫战，勇气也。一鼓作气，再而衰，三而竭。彼竭我盈，故克之。夫大国，难测也，惧有伏焉。吾视其辙乱，望其旗靡，故逐之。"

译文：

鲁庄公十年的春天，齐国军队攻打我们鲁国。鲁庄公将要迎战，曹刿请求拜见庄公。他的同乡说："大官们会谋划这件事的，你又何必参与呢？"曹刿说："大官们眼光短浅，不能深谋远虑。"（曹刿）于是进宫拜见庄公。曹刿问："（你）凭什么作战？"庄公说："衣服、食物这类养生的东西，我不敢独自享用，一定把它们分给大家。"曹刿说："小恩惠没有遍及老百姓，老百姓不会听从你的。"庄公说："猪、牛、羊这些祭品，玉器及丝织品，我（祭祀时）不敢虚报，一定按实情对神说。"曹刿说："小信用未能令人信服，神不会保佑你的。"庄公说："大大小小的案件，我即使不能一一细察，也必定按照实情来处理。"曹刿答道："这是（对人民）尽本职的事，可以凭借这一条件去打仗。作战时请允许我跟随您去。"

鲁庄公和曹刿同坐一辆战车，鲁军在长勺和齐军交战。庄公（上阵）就要击鼓进军。曹刿说："（现在）不行。"齐军擂过三通战鼓后，曹刿说："可以（击鼓进军）啦。"齐军大败。庄公正要下令追击，曹刿说："还不行。"曹刿下车去查看齐军的车印，又登上车前横木瞭望齐军（的队形），（这才）说："可以追击了。"于是追击齐军。

战胜齐军后，鲁庄公询问曹刿取胜的原因。曹刿答道："打仗要靠勇气。第一次击鼓能振作士兵们的勇气，第二次击鼓士气减弱，第三次击鼓时士气已经消失了。敌方的士气已经消失而我方士气正旺盛，所以打败了他们。（齐是）大国，难以摸清（它的情况），怕的是在此有埋伏，我发现齐军车印混乱，军旗也倒下了，所以下令追击他们。"

16.《邹忌讽齐王纳谏》 《战国策》

邹忌修八尺有余，而形貌昳丽。朝服衣冠，窥镜，谓其妻曰："我孰与城北徐公美？"其妻曰："君美甚，徐公何能及君也？"城北徐公，齐国之美丽者也。忌不自信，而复问其妾曰："吾孰与徐公美？"妾曰："徐公何能及君也？"旦日，客从外来，与坐谈，问之客曰："吾与徐公孰美？"客曰："徐公不若君之美也。"明日徐公来，孰视之，自以为不如；窥镜而自视，又弗如远甚。暮寝而思之，曰："吾妻之美我者，私我也；妾之美我者，畏我也；客之美我者，欲有求于我也。"

于是入朝见威王，曰："臣诚知不如徐公美。臣之妻私臣，臣之妾畏臣，臣之客欲有求于臣，皆以美于徐公。今齐地方千里，百二十城，宫妇左右莫不私王，朝廷之臣莫不畏王，四境之内莫不有求于王：由此观之，王之蔽甚矣。"

王曰："善。"乃下令："群臣吏民能面刺寡人之过者，受上赏；上书谏寡人者，受中赏；能谤讥于市朝，闻寡人之耳者，受下赏。"令初下，群臣进谏，门庭若市；数月之后，时时而间进；期年之后，虽欲言，无可进者。燕、赵、韩、魏闻之，皆朝于齐。此所谓战胜于朝廷。

译文：

邹忌身高八尺多，而且体形容貌美丽。有一天早上，他穿好衣服，戴上帽子，照着镜子，对他的妻子说："我跟城北的徐公谁漂亮？"他的妻子说："您漂亮极了，徐公哪里比得上您呀！"徐公，是齐国的美男子。邹忌不相信自己，就又问他的妾说："我跟徐公谁漂亮？"妾说："徐公哪里比得上您呢！"第二天，有位客人从外边来，邹忌跟他坐着聊天，问他："我和徐公谁漂亮？"客人说："徐公不如你漂亮啊。"又过了一天，徐公来了，邹忌仔细地看着他，自己认为不如他漂亮；再照着镜子看自己，更觉得相差太远。晚上邹忌躺在床上考虑这件事，终于明白了："我的妻子认为我美，是因为偏爱我；妾认为我美，是因为害怕我；客人认为我美，是对我有所要求。"

于是，邹忌上朝去见齐威王，说："我确实知道我不如徐公漂亮。可是，的我妻子偏爱我，我的妾怕我，我的客人有事想求我，都说我比徐公漂亮。如今齐国的国土方圆一千多里，有一百二十座城，后妃和左右侍从没有不偏爱大王的，朝中臣子没有不害怕大王的，全国的人没有不想求得大王的恩遇的：由此看来，您受蒙蔽一定非常厉害。"

齐威王说："好！"于是下了一道命令："各级官员和百姓能够当面指责我的过错的，得上等奖赏；书面规劝我的，得中等奖赏；能在公共场所评论（我的过错）让我听到的，得下等奖赏。"命令刚下达，许多大臣都来进言规劝，宫门口和院子里像个集市；几个月后，偶尔才有人进言规劝；一年以后，有人即使想规劝，也没有什么可说的了。燕国、赵国、韩国、魏国听说了这件事，都到齐国来朝拜。这就是人们说的"在朝廷上征服了别国"。